高职高专文化基础类规划教材

经济数学（第二版）

主　编　徐　兰　梁　淼
副主编　吴长男
编　者　孙信秀　陈　剑　王　庆　陆卫丰

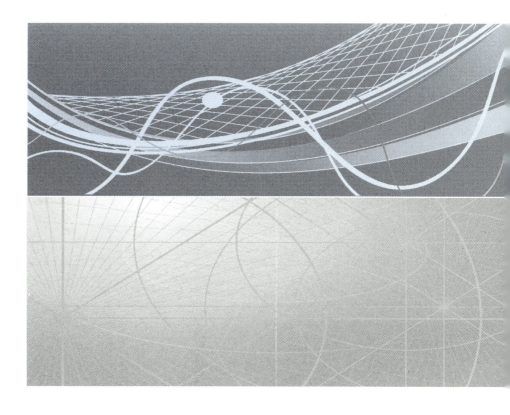

苏州大学出版社
Soochow University Press

图书在版编目(CIP)数据

经济数学 / 徐兰,梁淼主编. -- 2版. --苏州：苏州大学出版社,2024.7. -- ISBN 978-7-5672-4879-3

Ⅰ. F224

中国国家版本馆 CIP 数据核字第 2024RX9825 号

经济数学(第二版)

徐 兰 梁 淼 主编

责任编辑 管兆宁

苏 州 大 学 出 版 社 出 版 发 行
(地址:苏州市十梓街1号 邮编:215006)
镇江文苑制版印刷有限责任公司印装
(地址:镇江市黄山南路18号润州花园6—1号 邮编:212000)

开本 787 mm×1 092 mm 1/16 印张 15.75 字数 364 千
2024 年 7 月第 2 版 2024 年 7 月第 1 次印刷
ISBN 978-7-5672-4879-3 定价:49.00 元

若有印装错误,本社负责调换
苏州大学出版社营销部 电话:0512-67481020
苏州大学出版社网址 http://www.sudapress.com
苏州大学出版社邮箱 sdcbs@suda.edu.cn

前　言

高等职业教育是我国高等教育体系的重要组成部分,为适应新形势下数学教学改革的精神及高等职业教育改革的要求,针对高职学生学习的特点,并结合编者多年的教学实践经验,我们编写了这本《经济数学》教材,供高职院校经济类、管理类、文科类等专业学生使用。

本教材力求反映高职课程和教学内容体系的改革方向,以"育人"为宗旨,以"应用"为载体,以"素质"为目的,在充分考虑数学作为基础工具功能的前提下,注重发挥其文化功能的作用,既为高职学生学习专业课程服务,又为学生的可持续发展打下良好的基础。

本教材具有以下几个方面的特点:

1. 力求突出高职特色

根据高职经济类、管理类各专业对数学的基本要求,以及数学的认知规律,将微积分的基本内容有机地结合在一起来组织和编排全书内容,在不失数学学科特点的情况下,采用了模块化的编写思路,便于教师根据教学时数和专业需求选择教学内容。

2. 贯彻"理解概念、强化应用"的教学原则

以现实、生动的案例引入基本概念,以简洁、明了的语言并配合几何图形、数表来阐述基本知识、基本理论,注重基本方法和基本技能的训练,并给出求解问题的解题程序。同时注重数学概念、数学方法的实用价值,注意培养学生使用定量与定性相结合的方法的能力,以及综合运用所学知识分析问题、解决问题的能力。

3. 体现案例驱动的编写特色

全书的每一节内容都采用案例驱动的方法编写,通常分成六个小模块:"案例提出""相关知识""拓展知识""例题精选""知识应用""知识演练"。由问题引出数学知识,再将数学知识应用于处理各种生活和经济管理的实际问题,加深对概念、方法的理解,培养学生的创新能力。

4. 理论知识与数学实验、数学建模的有机融合

在当今科技飞速发展的时代,计算机已经越来越普及,将数学与计算机结合起来解决实

际问题,应当成为高职学生的一种基本技能。本书以数学实验的形式,结合介绍数学软件包 Mathematica,编排了相应数学运算的内容,既有一般的计算性实验,也有综合的应用性实验,同时还介绍了数学建模的相关知识及应用案例。

本教材共分 5 章:第 1 章介绍函数极限与连续,第 2 章介绍一元函数微分学,第 3 章介绍一元函数积分学,第 4 章介绍多元函数微积分学,第 5 章介绍经济数学模型。在每章最后分别加入了与本章内容相关的数学实验内容和阅读材料。本书另配有练习册,单独成册。

本书由徐兰、梁淼任主编,吴长男任副主编,参加本书编写的还有:孙信秀、陈剑、王庆和陆卫丰。全书由徐兰、梁淼统稿和定稿。

本书在编写过程中,参考了部分相关的文献资料和教材,在此谨向有关作者和编者一并表示感谢!

限于编者的水平,书中难免有不足和疏漏之处,希望专家、同行和读者批评指正。

编者

目 录

第1章 函数极限与连续 1

1.1 函数 1
    1.1.1 函数的概念 1
    1.1.2 初等函数 5
    1.1.3 经济分析中常见的函数 8

1.2 极限 12
    1.2.1 数列的极限 12
    1.2.2 函数的极限 14

1.3 极限运算法则 18
    1.3.1 无穷小与无穷大 18
    1.3.2 极限四则运算法则 20
    1.3.3 两个重要极限 23
    1.3.4 等价无穷小及其代换定理 25

1.4 函数的连续性 26
    1.4.1 函数的连续性概念 26
    1.4.2 连续函数的运算 29

数学实验一 数学软件 Mathematica 和求一元函数的极限 31

阅读材料一 割圆术与中国古代极限思想 35

第2章 一元函数微分学 37

2.1 导数的概念 37

2.2 导数的计算 41
    2.2.1 求导公式与求导法则 41
    2.2.2 隐函数和由参数方程确定的函数的导数 46
    2.2.3 函数的微分 49

2.3 导数的应用 53
    2.3.1 洛必达法则 53
    2.3.2 函数的单调性和极值 56

2.3.3　曲线的凹凸性与拐点 …………………………………………………… 61
　　　2.3.4　函数的最值与最优化问题 …………………………………………… 65
　2.4　导数在经济分析中的应用 …………………………………………………………… 69
　　　2.4.1　边际分析 ……………………………………………………………… 69
　　　2.4.2　弹性分析 ……………………………………………………………… 71
　数学实验二　用 Mathematica 求一元函数的导数 ……………………………………… 75
　阅读材料二　牛顿、莱布尼兹和微积分的创立 ………………………………………… 79

第3章　一元函数积分学 ……………………………………………………………… 81

　3.1　不定积分的概念与性质 …………………………………………………………… 81
　　　3.1.1　不定积分的概念 ……………………………………………………… 81
　　　3.1.2　不定积分的基本积分公式和性质 …………………………………… 83
　3.2　不定积分的计算 …………………………………………………………………… 87
　　　3.2.1　换元积分法 …………………………………………………………… 87
　　　3.2.2　分部积分法 …………………………………………………………… 92
　3.3　定积分的概念与性质 ……………………………………………………………… 95
　　　3.3.1　定积分的概念与性质 ………………………………………………… 95
　　　3.3.2　微积分学基本公式 …………………………………………………… 100
　3.4　定积分的计算 ……………………………………………………………………… 103
　　　3.4.1　定积分的换元法 ……………………………………………………… 103
　　　3.4.2　定积分的分部积分法 ………………………………………………… 105
　3.5　广义积分 …………………………………………………………………………… 106
　3.6　定积分的应用 ……………………………………………………………………… 109
　　　3.6.1　定积分在几何中的应用 ……………………………………………… 109
　　　3.6.2　定积分在经济中的应用 ……………………………………………… 112
　数学实验三　用 Mathematica 计算积分 ………………………………………………… 116
　阅读材料三　历史上的三次数学危机 …………………………………………………… 119

第4章　多元函数微积分学 …………………………………………………………… 121

　4.1　多元函数 …………………………………………………………………………… 121
　　　4.1.1　多元函数的概念 ……………………………………………………… 121
　　　4.1.2　二元函数的极限与连续性 …………………………………………… 128
　4.2　偏导数 ……………………………………………………………………………… 129
　　　4.2.1　偏导数的概念 ………………………………………………………… 129
　　　4.2.2　高阶偏导数 …………………………………………………………… 132
　　　4.2.3　多元复合函数和二元隐函数的求导法 ……………………………… 134
　　　4.2.4　全微分 ………………………………………………………………… 138

4.3 偏导数的应用 ········ 141
4.3.1 多元函数的极值和最值 ········ 141
4.3.2 条件极值——拉格朗日乘数法 ········ 144
4.4 偏导数在经济分析中的应用 ········ 146
4.5 多元函数积分学 ········ 151
数学实验四 用 Mathematica 计算偏导数和二重积分 ········ 163
阅读材料四 萨缪尔森与肯尼迪减税方案 ········ 166

第5章 经济数学模型 ········ 168
5.1 经济数学模型概论 ········ 168
5.1.1 数学模型 ········ 168
5.1.2 经济数学模型 ········ 169
5.2 经济数学模型 ········ 171
5.2.1 最值问题 ········ 171
5.2.2 抵押贷款买房问题 ········ 177
5.2.3 实物交换模型 ········ 181
5.2.4 不允许缺货的存储模型 ········ 182
5.2.5 允许缺货的存储模型 ········ 184
5.2.6 消费者的选择 ········ 184

知识演练参考答案 ········ 187
参考书目 ········ 193
(另附练习册)

第1章 函数极限与连续

在经济领域中,各种变化的量及其相互影响随处可见,例如,某种商品的市场价格是受该商品的市场需求量影响的.这种关系用数学的方法加以抽象和描述便得到一个重要的概念——函数.本章从函数概念和初等函数出发,引入了经济分析中常用的一些经济函数,并提出了函数的极限思想及其运算法则,在极限基础上去讨论函数的连续性概念,从而得到了关于初等函数连续性的重要结论,为我们后面学习微积分打下必要基础.本章包含下列主题:

- 函数的概念和基本初等函数的回顾;
- 如何理解函数的复合和初等函数;
- 极限概念的直观描述;
- 极限的运算法则;
- 两个重要极限;
- 函数的连续性概念.

1.1 函 数

1.1.1 函数的概念

【案例提出】

[案例 1] 某种商品的价格 P 与该商品的市场需求量 Q 之间满足关系式 $P=10-0.25Q$,通过这一关系式,根据不同的市场需求量 Q,可以知道该商品的价格 P.例如,当需求量 $Q=10$ 时,价格 $P=10-0.25\times10=7.5$;当需求量 $Q=20$ 时,价格 $P=10-0.25\times20=5$.

[案例 2] 某一时期某银行的人民币整存整取定期储蓄年利率与存期之间的关系如表 1-1 所示:

表 1-1 银行利率表

存期	三个月	六个月	一年	二年	三年	五年
年利率/%	1.71	1.89	1.98	2.25	2.52	2.79

通过这一表格,根据不同的存期,可以知道这一时期该银行整存整取定期储蓄的年利率,从而计算利息. 例如,存期为一年,年利率为 1.98%,某市民在这一时期办了该银行整存整取定期储蓄业务,本金为 10 万元,存期为一年,到期后的利息为 $100000 \times 1.98\% = 1980$ 元.

【相关知识】

1. 函数的定义

定义 1.1 设 D 为一个非空实数集合,x 和 y 是变量,如果存在一个对应法则 f,使得对 D 内每一个实数 x,都有唯一确定的实数 y 与它对应,则称变量 y 是 x 的**函数**,通常记为 $y = f(x)$. 其中 x 称为**自变量**,y 称为**因变量**或**函数**,非空集合 D 称为函数的**定义域**.

如果我们取定自变量的一个值 x_0,则对应的函数值为 $f(x_0)$,称所有函数值的集合 $Z = \{y | y = f(x), x \in D\}$ 为函数的**值域**.

我们一般用 a, b, c 表示常量,用 x, y, z 表示变量. 在经济数学中,当某些变量有其特定的经济含义时,则用大写字母来表示变量,如 C(成本),R(收入),L(利润),P(价格),Q(产量)等.

2. 函数定义域的求法

求函数定义域主要遵循以下三个原则:

(1) 分式函数中分母不能为零;

(2) 偶次根式中被开方数非负;

(3) 对数中真数部分大于零.(可参看 1.1.2 节中的对数函数部分)

3. 函数的表示法

(1) 公式法;

(2) 图象法;

(3) 表格法.

表示一个函数主要有以上三个方法,在经济数学中最常用的是公式法,也就是用一个解析式来表示函数,如 $y = 2x + 1$,$y = 10^x$,$y = \ln x$,$y = \sin x$ 等. 有时我们也用图象来表示一个函数,如 $y = x^2$ 的图象是一条开口向上的抛物线,如图 1-1 所示.

另外,经济领域中经常用表格来表示一些难以用一个确切的解析式来表示的函数,如案例 2 中表 1-1 所示银行年利率与存期之间的对应关系.

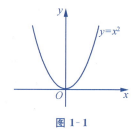

图 1-1

4. 分段函数

有些函数,对于自变量在其定义域内的不同取值,不能用一个数学表达式来表示,而要

用两个或两个以上的数学式子来表示,这样的函数我们称为分段函数.例如,绝对值函数 $y=|x|=\begin{cases}-x, & x\leqslant 0, \\ x, & x>0\end{cases}$ 是分两段的**分段函数**,其图形如图 1-2 所示.

应该注意的是,分段函数是一个函数,只是随着自变量不同,其取值分几段用不同的解析式表示而已,它不是几个函数.分段函数的定义域是几个有定义的区间的并集.

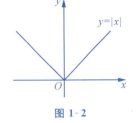

图 1-2

5. **函数基本特性**

(1) 奇偶性;

(2) 单调性;

(3) 周期性;

(4) 有界性.

有关函数的四个基本特性在中学数学中我们都已学过,可以参看中学数学中相关定义,这里不再重述.关于函数的奇偶性,容易得到以下结论:两个奇函数之和是奇函数,两个偶函数之和是偶函数;两个奇函数之积是偶函数,两个偶函数之积是偶函数,而一个奇函数与一个偶函数之积是奇函数.

【拓展知识】*

如果函数 $y=f(x)$ 表示只包含一个自变量 x 的解析式,那么我们称它为**显函数**.例如,函数 $y=2x+1, y=\sin x^2$ 等,它们都是显函数.

如果两个变量之间的对应关系是由一个二元方程 $F(x,y)=0$ 来确定的,那么我们就说这个方程确定了一个函数 $y=y(x)$,我们称它为**隐函数**.例如,方程 $x^3+3xy+y^3=a^3$ 确定的函数 $y=y(x)$ 就是隐函数.

【例题精选】

例 1 求下列函数的定义域:

(1) $y=\dfrac{1}{x^2-x}$;

(2) $y=\sqrt{x^2+x-2}$;

(3) $y=\ln(x-1)+\sqrt{4-x^2}$.

解 (1) 因为函数 $y=\dfrac{1}{x^2-x}$ 是分式函数,所以分母 $x^2-x\neq 0$,即 $x\neq 0$ 且 $x\neq 1$,我们可以用区间表示定义域为 $(-\infty,0)\cup(0,1)\cup(1,+\infty)$.

(2) 因为函数 $y=\sqrt{x^2+x-2}$ 是二次根式,所以 $x^2+x-2\geqslant 0$,即 $(x-1)(x+2)\geqslant 0$,解之得 $x\leqslant -2$ 或 $x\geqslant 1$,或者用区间表示定义域为 $(-\infty,-2]\cup[1,+\infty)$.

(3) 因为此函数由两个函数相加而成,要求每一部分解析式都要有意义,所以 $\begin{cases}x-1>0, \\ 4-x^2\geqslant 0,\end{cases}$ 解之得 $\begin{cases}x>1, \\ -2\leqslant x\leqslant 2,\end{cases}$ 故定义域是 $1<x\leqslant 2$,或者用区间表示为 $(1,2]$.

例2 函数 $f(x)=\ln x^2$ 与 $g(x)=2\ln x$ 是否相同,为什么?

解 因为函数 $f(x)=\ln x^2$ 的定义域是 $\{x|x\neq 0\}$,而函数 $g(x)=2\ln x$ 的定义域是 $\{x|x>0\}$,它们的定义域不同,所以函数也不相同.

例3 设函数 $f(x)=\begin{cases}x+1, & x\leqslant 0,\\ x-1, & 0<x<2,\end{cases}$ 求 $f(-1),f(0),f(1)$.

解 $f(-1)=-1+1=0, f(0)=0+1=1, f(1)=1-1=0$.

例4 判断下列函数的奇偶性:

(1) $f(x)=x^2+\cos x$;

(2) $f(x)=\dfrac{2^x-1}{2^x+1}$.

解 (1) 因为 $f(-x)=(-x)^2+\cos(-x)=x^2+\cos x=f(x)$,所以此函数是偶函数.

(2) 因为 $f(-x)=\dfrac{2^{-x}-1}{2^{-x}+1}=\dfrac{(2^{-x}-1)2^x}{(2^{-x}+1)2^x}=\dfrac{1-2^x}{1+2^x}=-f(x)$,所以此函数是奇函数.

【知识应用】

例5 某商场批发某种服饰类产品,每件定价为80元.为了扩大销售量,商场决定批发量超过100件的,对超过的每件产品打八折计价.试求:(1)该种产品的销售收入 R 与销量 x 之间的函数关系;(2)当产品销量 x 为150件时,该产品的销售收入是多少.

解 (1) 由题意可知:该种产品的销售收入为

$$R=\begin{cases}80x, & 0\leqslant x\leqslant 100,\\ 80\times 100+80\times 0.8\times(x-100), & x>100.\end{cases}$$

(2) 当产品销售量 x 为150件时,该产品销售收入为

$$R=80\times 100+80\times 0.8\times(150-100)=11200 \text{ 元}.$$

【知识演练】

1. 求下列函数的定义域:

(1) $y=\sqrt{x^2-x-2}$; (2) $y=\sqrt{x+1}+\ln(3-x)$;

(3) $y=\dfrac{1}{\ln(x+1)}$; (4) $y=\dfrac{1}{4-x^2}+\sqrt{x-1}$.

2. 设函数 $f(x)$ 的定义域为 $[0,4]$,求 $f(x+1)$ 和 $f(x^2)$ 的定义域.

3. 设函数 $f(x)=x^2+1$,求 $f(0),f(-1)$ 和 $f(x+3)$.

4. 设函数 $f(x)=\begin{cases}2+x, & -2<x\leqslant 1,\\ x^2, & x>1,\end{cases}$ 求 $f(x)$ 的定义域,并求 $f(-1),f(1)$ 和 $f\left(\dfrac{3}{2}\right)$.

5. 判断函数 $f(x)=\ln\dfrac{1-x}{1+x}$ 与 $g(x)=\ln(1-x)-\ln(1+x)$ 是否相同,为什么?

6. 判断下列函数的奇偶性:

(1) $y=x^4\sin x$; (2) $y=\dfrac{e^x+e^{-x}}{2}$;

(3) $y=\ln\dfrac{1+x}{1-x}$;   (4) $y=x^3+\cos x$.

1.1.2 初等函数

【案例提出】

[案例 3] 有些函数的表达式很简单,如 $y=x^2$,$y=\sin x$ 等.但有时我们常会遇到一些由几个简单函数组合而成的较为复杂的函数.例如,给定三角函数 $y=\sin u$,幂函数 $u=x^2$. 我们可以看出,对于任意的 $x\in(-\infty,+\infty)$,通过变量 u,变量 y 都有确定的值与之对应,所以变量 y 是 x 的函数,这个函数可以看作把函数 $u=x^2$ 代入 $y=\sin u$ 而得到,即 $y=\sin x^2$.

【相关知识】

1. 反函数

定义 1.2 我们给定一个函数 $y=f(x)$,定义域为 D,值域为 Z. 反过来,如果对于 Z 中任意的 y,按照一定对应法则,存在唯一确定的 x 与它对应,则称这种对应关系为 $y=f(x)$ 的**反函数**,记为 $x=f^{-1}(y)$,习惯上我们还记 x 为自变量,y 为因变量,那么函数 $y=f(x)$ 的反函数便可记为 $y=f^{-1}(x)$. 例如,案例 1 中商品的价格 P 与它的市场需求量 Q 之间的函数关系为 $P=10-0.25Q$,那么它的反函数为 $Q=40-4P$,它反映的是产品的需求量 Q 与价格 P 之间的关系.

2. 基本初等函数

我们曾经在中学数学中学过下面这些函数,称为**基本初等函数**,主要有以下五类:

(1) 常数函数 $y=c$.

常数函数 $y=c$ 的图形是一条过点 $(0,c)$ 且平行于 x 轴的直线,如图 1-3 所示.

(2) 幂函数 $y=x^\alpha(\alpha\neq 0)$.

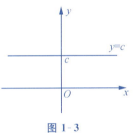

图 1-3

幂函数 $y=x^\alpha$ 由于 α 取不同值,它有不同的定义域和性质,图 1-4 给出了常用的几个幂函数的图形和性质.

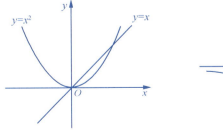
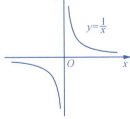

图 1-4

(3) 指数函数 $y=a^x(a>0,a\neq 1)$.

指数函数 $y=a^x$ 的定义域为 $(-\infty,+\infty)$, 值域为 $(0,+\infty)$. 当 $a>1$ 时, 函数单调增加; 当 $0<a<1$ 时, 函数单调减少. 指数函数 $y=a^x$ 的图形都经过点 $(0,1)$, 如图 1-5 所示.

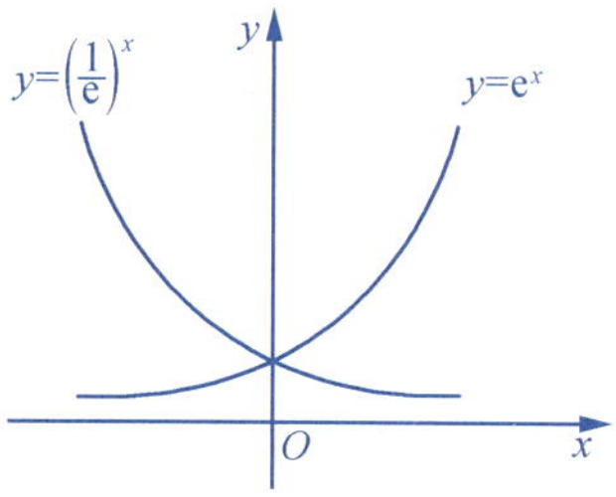

在指数函数中, 我们经常使用以 e 为底的指数函数 $y=e^x$, e 和圆周率 π 一样是一个无理数, $e=2.718281828\cdots$. 指数函数 $y=e^x$ 是一个非常有趣而重要的函数, 它的微分、积分特别简单, 这些在后面的章节中有专门的讨论.

图 1-5

(4) 对数函数 $y=\log_a x(a>0, a\neq 1)$.

对数函数 $y=\log_a x$ 的定义域为 $(0,+\infty)$, 值域为 $(-\infty,+\infty)$. 它是指数函数 $y=a^x$ 的反函数, 当 $a>1$ 时, 函数单调增加; 当 $0<a<1$ 时, 函数单调减少. 对数函数 $y=\log_a x$ 的图形都经过点 $(1,0)$, 如图 1-6 所示.

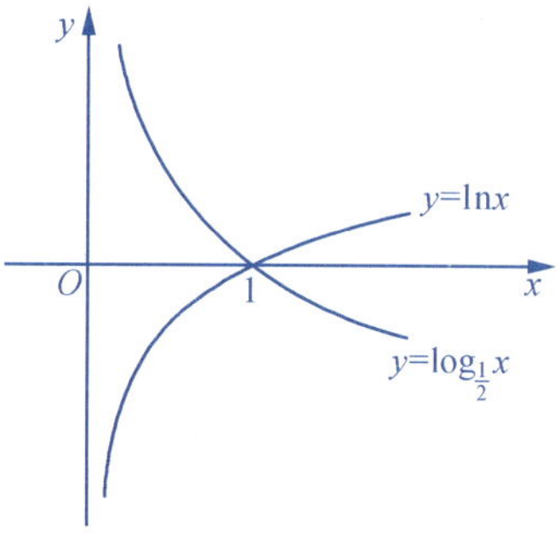

对数函数中以 e 为底的对数函数 $y=\log_e x$ 称为**自然对数**, 简记为 $y=\ln x$; 以 10 为底的对数函数 $y=\log_{10} x$ 称为**常用对数**, 简记为 $y=\lg x$.

图 1-6

(5) 三角函数.

微积分中我们主要使用的三角函数有 $\sin x, \cos x, \tan x, \cot x$. 其中正弦函数 $y=\sin x$ 的定义域为 $(-\infty,+\infty)$, 值域为 $[-1,1]$, 它是以 2π 为周期的周期函数, 是奇函数而且在定义域内有界, 它的图形如图 1-7 所示.

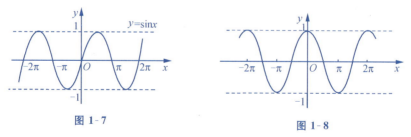

图 1-7　　　　　　　　　　　　　图 1-8

余弦函数 $y=\cos x$ 的定义域为 $(-\infty,+\infty)$, 值域为 $[-1,1]$, 它是以 2π 为周期的周期函数, 是偶函数而且在定义域内有界, 它的图形如图 1-8 所示. 其他三角函数, 如正切函数 $y=\tan x$, 余切函数 $y=\cot x$ 的图形与性质可参阅中学数学中三角函数部分.

上述五类函数称为基本初等函数, 是经济数学中主要的研究对象, 它们的图形和性质我们必须熟悉和掌握. 五类基本初等函数经过有限次加、减、乘、除四则运算得到的函数统称为**简单函数**, 如 $y=2\sin x, y=x^2+2\ln x, y=xe^x$ 等.

3. 复合函数

定义 1.3　设函数 $y=f(u)$ 的定义域为 D, 而函数 $u=\varphi(x)$ 的定义域为 E, 值域 Z 包含在 D 中, 则对 E 中任意的 x, 通过变量 u 有唯一确定的 y 与之对应, 即 y 是 x 的函数, 记为 $y=f[\varphi(x)]$, 我们称这样的函数是由函数 $y=f(u)$ 和 $u=\varphi(x)$ 构成的**复合函数**, 其中变量 u 称为**中间变量**.

两个简单函数通过中间变量代换可以构成一个复合函数.例如,函数 $y=\sqrt{u}, u=x^2-1$ 可以构成复合函数 $y=\sqrt{x^2-1}$.类似地,三个简单函数通过中间变量层层代换也可以构成一个复合函数.例如,函数 $y=\ln u, u=v^2, v=\cos x$ 可以构成复合函数 $y=\ln\cos^2 x$.(练习两个函数或多个函数的复合非常有用!)

反过来,我们也可以把一个复合函数通过中间变量层层剥离,分解成若干个简单函数,这里我们所说的简单函数是指五类基本初等函数及它们经过有限次四则运算所得到的函数.复合函数的分解必须彻底,分解得到的每一个函数必须是简单函数,这一点非常重要.例如,函数 $y=\sin^2(3x+1)$ 可以分解为几个简单函数呢?令 $u=\sin v, v=3x+1$,则 $y=u^2$,所以函数 $y=\sin^2(3x+1)$ 是由三个函数 $y=u^2, u=\sin v, v=3x+1$ 复合而成.

复合函数是函数中一个重要概念,它可以看作是函数之间一种复合运算的结果,而且与函数的复合顺序有关.这里需要注意的是,函数的复合与函数的乘积不同,函数的乘积与函数的顺序无关.

4. 初等函数

由基本初等函数经过有限次加、减、乘、除四则运算及有限次复合而得到的并能用一个函数表达式来表示的函数称为**初等函数**.例如,$y=e^{2x}, y=x^4\ln(x+1), y=\ln(x^2+\sqrt{x^2+1}), y=\dfrac{x^3+2\cos x}{x+1}$ 等,它们都是初等函数.

初等函数是微积分学的主要研究对象,在经济领域中我们主要涉及的函数关系也是初等函数.这里需说明一下,分段函数是由几个表达式所组成的一个函数,它一般不是初等函数.

【拓展知识】*

我们知道基本初等函数主要有五类,在微积分中有些时候我们还会涉及**反三角函数**.反三角函数是三角函数的反函数,常用的反三角函数有以下几种:$\arcsin x, \arccos x, \arctan x, \text{arccot} x$.

反正弦函数 $y=\arcsin x$ 是正弦函数 $y=\sin x$ 在主值区间 $\left[-\dfrac{\pi}{2}, \dfrac{\pi}{2}\right]$ 上的反函数,其定义域为 $[-1,1]$,值域为 $\left[-\dfrac{\pi}{2}, \dfrac{\pi}{2}\right]$,它是奇函数,而且在定义域上是单调增加的.

反余弦函数 $y=\arccos x$ 是余弦函数 $y=\cos x$ 在主值区间 $[0,\pi]$ 上的反函数,其定义域为 $[-1,1]$,值域为 $[0,\pi]$,它不具有奇偶性,在定义域上是单调减少的.

反正切函数 $y=\arctan x$ 是正切函数 $y=\tan x$ 在主值区间 $\left(-\dfrac{\pi}{2}, \dfrac{\pi}{2}\right)$ 上的反函数,其定义域为 $(-\infty, +\infty)$,值域为 $\left(-\dfrac{\pi}{2}, \dfrac{\pi}{2}\right)$,它是奇函数,而且在定义域上是单调增加的.

反余切函数 $y=\text{arccot} x$ 是余切函数 $y=\cot x$ 在主值区间 $(0,\pi)$ 上的反函数,其定义域为 $(-\infty, +\infty)$,值域为 $(0,\pi)$,它不具有奇偶性,在定义域上是单调减少的.

反三角函数在定义域上都是有界函数,因为它们的绝对值都不超过正数 π. 反三角函数和五类基本初等函数一样,它们都是初等函数.

【例题精选】

例 6 设函数 $f(x)=x^2-2x+5$,求 $f(x+1)$, $f(\sin x)$ 的表达式.

解 $f(x+1)=(x+1)^2-2(x+1)+5=x^2+4$.

$f(\sin x)=\sin^2 x-2\sin x+5$.

例 7 设函数 $f\left(\dfrac{1}{x}\right)=\dfrac{x-1}{x}$,求函数 $f(x)$ 的表达式.

解 设 $u=\dfrac{1}{x}$,则 $x=\dfrac{1}{u}$,代入后可得 $f(u)=\dfrac{\dfrac{1}{u}-1}{\dfrac{1}{u}}=1-u$,所以 $f(x)=1-x$.

例 8 设函数 $f(x)=e^x$, $g(x)=x^2$,求 $f[g(x)]$ 与 $g[f(x)]$ 的表达式.

解 $f[g(x)]=f(x^2)=e^{x^2}$, $g[f(x)]=g(e^x)=(e^x)^2=e^{2x}$.

例 9 把下列复合函数分解为若干个简单函数:

(1) $y=\ln(2x+1)$; (2) $y=e^{\sin^2 x}$.

解 (1) 设 $u=2x+1$,则函数 $y=\ln(2x+1)$ 是由 $y=\ln u$, $u=2x+1$ 复合而成的.

(2) 设 $u=\sin^2 x=(\sin x)^2$, $v=\sin x$,则函数 $y=e^{\sin^2 x}$ 是由 $y=e^u$, $u=v^2$, $v=\sin x$ 复合而成的.

【知识演练】

7. 求函数 $y=10^x+5$ 的反函数.

8. 设函数 $f(x)=e^x$,求 $f(x^2)$, $f(\sin x)$ 的表达式.

9. 设函数 $f(x-1)=\dfrac{x}{x+2}$,求 $f(x)$ 的表达式.

10. 将下列复合函数分解为简单函数:

(1) $y=\cos^2 x$; (2) $y=\sqrt{x^2-1}$;

(3) $y=\ln\sin^2 x$; (4) $y=e^{\sin 2x}$.

1.1.3 经济分析中常见的函数

【案例提出】

[案例 4] 某企业生产 A 类产品的固定成本为 1200 元,每生产一个单位产品的生产成本为 80 元. 如果该企业每销售一个单位产品的销售收入为 240 元,那么销售该类产品 Q 个单位的总利润表达式为(C 表示成本,R 表示收入,L 表示利润,Q 表示销售量)

$$L=R-C=240Q-(1200+80Q)=160Q-1200.$$

当产品销售量 $Q=10$ 时,总利润 $L=160\times10-1200=400$(元).

【相关知识】

1. 成本函数

成本是企业投资者用于生产某种产品需要的费用,成本可分为两类:一类是固定成本,如厂房、设备等固定资产的投入与折旧等,它们在短时期内不会发生变化,是一个常量,用 C_0 表示;第二类是可变成本,如原料消耗、能源费用、员工的工资等,这类成本的特点是随商品的产量变化而变化,用 C_1 表示. 两类成本的总和就是企业投资者投入的**总成本**,用 C 来表示,即
$$C=C_0+C_1.$$

在生产规模和能源、原料价格不变的条件下,C_0 是常数,C_1 是产量 Q 的函数 $C_1=C_1(Q)$,所以总成本也是产量 Q 的函数
$$C(Q)=C_0+C_1(Q). \tag{1-1}$$

这就是成本函数,生产型企业常用的成本函数有两种:

(1) 线性函数 $\quad C=C_0+aQ$;

(2) 二次函数 $\quad C=C_0+bQ+aQ^2$.

一般来说,总成本随产量的增加而增加,即成本是产量的增函数. 有些时候,单从总成本无法看出生产者生产水平的高低,还需要进一步观察单位产品的成本,即**平均成本**,记为 $\overline{C}$,即 $\overline{C}=\dfrac{C(Q)}{Q}$,也称为**平均成本函数**.

2. 收入函数(收益函数)

收入是指企业投资者生产的产品售出后形成的收入,用 R 表示. 投资者销售某种产品的总收入取决于该商品的销售量 Q 和销售价格 P. 如果用 $P=P(Q)$ 表示价格是销售量的函数,那么企业销售 Q 个单位产品的**总收入**
$$R=QP(Q). \tag{1-2}$$

3. 利润函数

总利润是指企业投资者的总收入扣除总成本后的剩余部分,用 L 表示,即
$$L=R-C. \tag{1-3}$$

如果将成本 C 和收入 R 都看作产量 Q 的函数,那么利润 L 也是产量 Q 的函数,单位产品所获得的利润称为**平均利润**,用 I 表示,即 $I=\dfrac{L(Q)}{Q}$.

【拓展知识】*

1. 需求函数

在经济活动中,生产者与消费者通过市场进行交换. 作为市场中的一种商品,消费者对它的需求量是受到诸多因素影响的. 例如,该商品的价格、消费者的收入和偏好等,其中最重要的一个因素是市场价格. 如果我们先忽略其他因素的影响,那么该商品的市场需求量 Q_d

只与该商品的市场价格有关,即

$$Q_d = Q(P). \quad (1-4)$$

对于一般商品来说,受市场价格规律的影响,作为市场价格 P 的函数,需求量 Q_d 会随着市场价格 P 上涨而减少,即需求量 Q_d 是市场价格 P 的单调减函数.例如,供给需求函数

$$Q_d = aP + b \text{ (其中 } a<0, b>0),$$

我们称为线性需求函数,如图 1-9 所示.

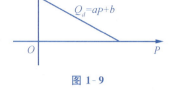

图 1-9

2. 供给函数

如果市场上每一件商品由生产者直接提供,我们忽略其他因素的影响,商品的市场供给量 Q_s 也是市场价格 P 的一个函数,即

$$Q_s = Q(P). \quad (1-5)$$

由于生产者向市场供给商品的目的是获取利润,一般来说,供应量 Q_s 是市场价格 P 的单调增函数.例如,供给函数

$$Q_s = a_1 P + b_1 \text{(其中 } a_1 > 0, b_1 < 0),$$

我们称它为线性供给函数,如图 1-10 所示.

对一种商品而言,如果需求量 Q_d 等于供应量 Q_s,那么这种商品就达到了市场平衡.由市场均衡条件 $Q_d = Q_s$,解出的价格 $P = P_0$ 称为该商品的**市场均衡价格**.此时 $Q_d = Q_s = Q_0$,我们称 Q_0 为该商品的**市场均衡数量**.

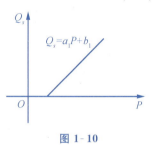

图 1-10

【例题精选】

例 10 生产某种商品的总成本(单位:元)是 $C = 250 + 4Q$,求生产 20 件这种商品时的总成本和平均成本.

解 当 $Q = 20$ 时,总成本 $C(20) = 250 + 4 \times 20 = 330$(元).

平均成本 $\overline{C}(20) = \dfrac{C(20)}{20} = \dfrac{330}{20} = 16.5$(元/件).

例 11 已知某种商品的需求函数是 $Q = 100 - 5P$,求该商品的总收入函数,并求出销售 20 件该商品时的总收入.

解 因为 $Q = 100 - 5P$,所以 $P = \dfrac{100 - Q}{5} = 20 - 0.2Q$.

故总收入函数 $R = PQ = (20 - 0.2Q)Q = 20Q - 0.2Q^2$.

当 $Q = 20$ 时,总收入 $R(20) = 20 \times 20 - 0.2 \times 20^2 = 320$.

例 12 已知某企业生产某种产品的总成本为 $C = 10 + 5Q + 0.1Q^2$(单位:万元).如果每售出一件产品的收入为 8 万元,试求:

(1) 该产品的总利润函数;

(2) 生产 10 件该产品的总利润;

(3) 生产 30 件该产品的总利润.

解 (1) 已知 $C=10+5Q+0.1Q^2$,$R=8Q$,所以总利润函数 $L=R-C=-10+3Q-0.1Q^2$.

(2) 当 $Q=10$ 时,$L(10)=-10+3\times10-0.1\times10^2=10$(万元).

(3) 当 $Q=30$ 时,$L(30)=-10+3\times30-0.1\times30^2=-10$(万元).

本例中,当销售量 Q 为 30 件时,总利润 L 为负 10 万元,这在经济学上就是所谓的负利润,它表明此时生产者亏损了 10 万元. 由此可以看出,利润并不总是随着销售量的增加而增加的.

例 13* 某种商品的需求函数为 $Q_d=200-10P$,供给函数为 $Q_s=20P-40$,求该商品的市场均衡价格和市场均衡数量.

解 由市场均衡条件 $Q_d=Q_s$ 可得
$$200-10P=20P-40$$
$$\Rightarrow 30P=240$$
$$\Rightarrow P=8.$$

当 $P_0=8$ 时,$Q_0=200-10\times8=120$,它表示市场均衡价格为 8,市场均衡数量为 120.

【知识应用】

企业投资者提供商品的首要目的就是获取利润. 一般来说,总成本总是随着产量的增加而增加的,但不能保证投资者所获的利润也随产量的增加而增加. 有时产量增加,利润反而会下降,甚至亏损.

我们将利润函数分三种情况来讨论:

(1) $L=R-C>0$,此时投资者盈利;

(2) $L=R-C=0$,此时投资者既不盈利,也不亏损,我们将 $L=0$ 时的点 $Q=Q_0$ 称为盈亏平衡点,也称保本点;

(3) $L=R-C<0$,此时投资者亏损.

以上这些讨论在经济分析中称为盈亏分析,盈亏分析常用于企业经营管理中各种定价和生产决策.

例 14 某产品的总成本函数为 $C=20+2Q+Q^2$,总收入函数为 $R=14Q$. 试求该产品的盈亏平衡点,并说明盈亏情况.

解 由 $L=R-C=0$ 可得 $14Q=20+2Q+Q^2$,即
$$Q^2-12Q+20=0.$$

从而解得两个盈亏平衡点 $Q_1=2$ 和 $Q_2=10$.

由于总利润函数 $L=R-C=-20+12Q-Q^2=(Q-2)(10-Q)$,所以当 $Q<2$ 时,$L<0$ 表示亏损;当 $2<Q<10$ 时,$L>0$ 表示盈利;而当 $Q>10$ 时,$L<0$,表示又转为亏损.

【知识演练】

11. 李明 2000 年 8 月 20 日到某商业银行存款 1000 元,假定按复利 5% 计算,四年后他

得到的本利和是多少?

12. 设某电信公司国内通话收费按照通话时间计费,规则如下:通话时间在 3 min 以内(包含 3 min)收费 0.3 元;通话时间超过 3 min 的,超过部分每分钟加收 0.1 元.求该公司国内通话收费 s(元)与通话时间 t(min)的函数关系.

13. 设某产品的成本函数是线性函数,已知该产品的固定成本为 400 元,产量为 100 时总成本是 500 元.试求:(1)总成本函数;(2)当产量为 200 时,总成本和平均成本是多少.

14. 设某产品的需求函数为 $Q=1000-4P$,试求该产品的总收入函数.

15. 设某商品的成本函数为二次函数 $C=80+4q+q^2$,收入函数为 $R=25q$.
(1) 求该商品的总利润函数;(2) 判断当销量 q 为 10 时是盈利还是亏损.

16*. 已知市场中某商品的需求函数为 $Q_d=20-P$,而该商品的供给函数为 $Q_s=5P-10$,试求该商品的市场均衡价格和市场均衡数量.

1.2 极 限

1.2.1 数列的极限

【案例提出】

[案例 5] 给定数列 $1, \frac{1}{2}, \frac{1}{3}, \frac{1}{4}, \cdots, \frac{1}{n}, \cdots$,当我们观察数列中越来越往后的数时,会发现什么呢?答案是:当 n 越来越大(或称 n 无限增大)时,其倒数 $\frac{1}{n}$ 会越来越小,而且越来越接近于一个确定的常数 0.

【相关知识】

1. 数列极限的定义

定义 1.4 给定一个数列 $\{x_n\}:x_1,x_2,x_3,\cdots,x_n,\cdots$,如果当 n 无限增大时,x_n 无限接近于一个确定的常数 A,则称当 n 趋于无穷时,数列 $\{x_n\}$ 的极限为 A,记为

$$\lim_{n\to\infty}x_n=A \text{ 或 } x_n\to A(n\to\infty).$$

这时也称数列 $\{x_n\}$ 收敛,即当 $n\to\infty$ 时,数列 $\{x_n\}$ 收敛于 A;否则,称数列 $\{x_n\}$ 的极限不存在或数列 $\{x_n\}$ 发散.

2. 几个常用数列的极限

(1) $\lim_{n\to\infty}C=C$(C 为常数);

(2) $\lim_{n\to\infty}\frac{1}{n^{\alpha}}=0$($\alpha>0$);

(3) $\lim\limits_{n\to\infty} q^n = 0 \ (|q| < 1)$.

3. 数列极限的性质

(1) 有界性：如果数列 $\{x_n\}$ 的极限存在，那么该数列 $\{x_n\}$ 必定有界.

(2) 唯一性：如果数列 $\{x_n\}$ 的极限存在，那么该数列 $\{x_n\}$ 的极限必定唯一.

【例题精选】

例 15 求下列数列的极限：

(1) $x_n = 1 - \dfrac{1}{n}$；

(2) $x_n = (-1)^n \dfrac{1}{2^n}$；

(3) $x_n = \cos n\pi$；

(4) $x_n = \sqrt{n}$.

解 通过观察各个数列的变化趋势，由数列极限的定义易知

(1) 因为 $\lim\limits_{n\to\infty} \dfrac{1}{n} = 0$，所以 $\lim\limits_{n\to\infty} \left(1 - \dfrac{1}{n}\right) = 1$.

(2) 因为 $\lim\limits_{n\to\infty} \dfrac{1}{2^n} = 0$，所以 $\lim\limits_{n\to\infty} (-1)^n \dfrac{1}{2^n} = 0$.

(3) 因为数列 $\{\cos n\pi\}$ 为：$-1, 1, -1, 1, \cdots, (-1)^n, \cdots$，当 n 无限增大时，它总是在 -1 与 1 两个数之间振荡，所以 $\lim\limits_{n\to\infty} \cos n\pi$ 不存在.

(4) $\lim\limits_{n\to\infty} \sqrt{n} = \infty$（想一想：$\infty$ 不是一个确定的常数，所以数列 $\{\sqrt{n}\}$ 是发散的）.

【知识应用】

例 16 给定数列 $\left\{\left(1 + \dfrac{1}{n}\right)^n\right\}$：$2, \dfrac{9}{4}, \dfrac{64}{27}, \cdots, \left(1 + \dfrac{1}{n}\right)^n, \cdots$，观察数列的变化趋势，讨论数列 $\left\{\left(1 + \dfrac{1}{n}\right)^n\right\}$ 的极限.

解 我们列出数列 $\left\{\left(1 + \dfrac{1}{n}\right)^n\right\}$ 的数值表（表 1-2，结果保留三位小数）.

表 1-2 $\left(1 + \dfrac{1}{n}\right)^n$ 的变化趋势

n	1	2	3	4	5	10	100	1000	10000	100000
$\left(1+\dfrac{1}{n}\right)^n$	2	2.25	2.370	2.441	2.488	2.594	2.705	2.717	2.718	2.718

观察此数列的变化趋势，当 n 无限增大时，$\left(1 + \dfrac{1}{n}\right)^n$ 无限接近于一个确定的常数，我们记为 e，$e \approx 2.71828\cdots$，它是一个无理数（我们知道 e 比 2.71 大一点），所以

$$\lim_{n\to\infty}\left(1+\frac{1}{n}\right)^n = e.$$

【知识演练】

17. 写出下列数列的前四项.

(1) $x_n = 1 + \frac{1}{n}$；

(2) $x_n = \sin\frac{n\pi}{2}$；

(3) $x_n = (-1)^n \frac{n-1}{n+1}$；

(4) $x_n = \left(1+\frac{1}{n}\right)^n$.

18. 观察下列数列的变化趋势，判断数列是否收敛；如果收敛，请求出极限.

(1) $\frac{1}{2}, \frac{3}{4}, \frac{5}{6}, \frac{7}{8}, \cdots$；

(2) $1, -\frac{1}{2}, \frac{1}{3}, -\frac{1}{4}, \cdots$；

(3) $1, 0, \frac{1}{3}, 0, \frac{1}{5}, 0, \cdots$；

(4) $1, 0, -1, 0, 1, 0, -1, 0, \cdots$.

1.2.2　函数的极限

【案例提出】

[案例 6]　给定函数 $y = \frac{1}{x^2}$，讨论当 $|x|$ 无限增大时，函数的变化趋势.

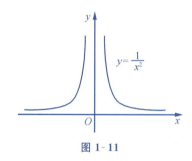

图 1-11

由图 1-11 可以看出，当 $|x|$ 无限增大时，函数 $y = \frac{1}{x^2}$ 无限接近于常数 0，即当 $x \to \infty$ 时，函数 $y = \frac{1}{x^2} \to 0$.

[案例 7]　给定函数 $y = x + 1$，讨论当 x 无限接近于 2 时，函数的变化趋势.

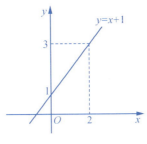

图 1-12

由图 1-12 可以看出,当 x 无限接近于 2 时,函数 $y=x+1$ 无限接近于常数 3,即当 $x\to 2$ 时,函数 $y=x+1\to 3$.

【相关知识】

1. 当 $x\to\infty$ 时,函数 $f(x)$ 的极限

定义 1.5 设函数 $f(x)$ 在 $(-\infty,+\infty)$ 上有定义,如果当 $|x|$ 无限增大时,函数 $f(x)$ 无限接近于一个确定的常数 A,则当 x 趋于无穷时,函数 $f(x)$ 的极限为 A,记为

$$\lim_{x\to\infty}f(x)=A \text{ 或 } f(x)\to A(x\to\infty).$$

这里需说明的是,$x\to\infty$ 是指 $|x|$ 无限增大,它可分为两种情形:一种是 x 取正值而无限增大,即 $x\to+\infty$;另一种是 x 取负值而绝对值无限增大,即 $x\to-\infty$. 对于某些函数,自变量 x 的变化过程只是其中之一,我们可以把定义 1.5 推广到 $x\to+\infty$ 和 $x\to-\infty$ 的情形.

2. 当 $x\to x_0$ 时,函数 $f(x)$ 的极限

定义 1.6 设函数 $f(x)$ 在点 x_0 的去心邻域内有定义(在点 x_0 可以有定义也可以无定义),如果当 x 无限接近于 x_0 时,函数 $f(x)$ 无限接近于一个确定的常数 A,则称当 x 趋于 x_0 时,函数 $f(x)$ 的极限为 A,记为

$$\lim_{x\to x_0}f(x)=A \text{ 或 } f(x)\to A(x\to x_0).$$

这里需注意极限值与函数值的区别. 例如,函数 $y=\dfrac{x^2-1}{x-1}$ 在 $x=1$ 处无定义,但是当 $x\to 1$ 时,函数 $y=\dfrac{x^2-1}{x-1}$ 的变化趋势如表 1-3 所示.

表 1-3 函数 $y=\dfrac{x^2-1}{x-1}$ 当 $x\to 1$ 时的变化趋势

x	0.9	0.99	0.999	1	1.001	1.01	1.1
$y=\dfrac{x^2-1}{x-1}$	1.9	1.99	1.999	无意义	2.001	2.01	2.1

由表 1-3 可以看出 $\lim\limits_{x\to 1}\dfrac{x^2-1}{x-1}=2$ 是存在的.

类似数列的极限,函数的极限也有唯一性:如果函数 $f(x)$ 的极限存在,那么函数 $f(x)$ 的极限必定是唯一的.

3. 左右极限

在前文讨论当 $x\to x_0$ 函数 $f(x)$ 的极限时,自变量 $x\to x_0$ 是从 x_0 左、右两侧无限接近于

x_0 的,但有些函数我们只能讨论 x 从 x_0 左侧(或右侧)无限接近于 x_0 的情形,因此我们还需要给出左、右极限的定义.

定义 1.7 设函数 $f(x)$ 在点 x_0 的去心邻域内有定义,如果当自变量 $x<x_0$ 且无限接近于 x_0(记为 $x\to x_0^-$)时,函数 $f(x)$ 无限接近于一个确定的常数 A,则称当 x 趋于 x_0 时,函数 $f(x)$ 的左极限为 A,记为

$$\lim_{x\to x_0^-} f(x)=A \text{ 或 } f(x)\to A(x\to x_0^-).$$

如果当自变量 $x>x_0$ 且无限接近于 x_0(记为 $x\to x_0^+$)时,函数 $f(x)$ 无限接近于一个确定的常数 A,则称当 x 趋于 x_0 时,函数 $f(x)$ 的右极限为 A,记为

$$\lim_{x\to x_0^+} f(x)=A \text{ 或 } f(x)\to A(x\to x_0^+).$$

我们也把前面的极限 $\lim_{x\to x_0} f(x)$ 称为函数 $f(x)$ 当 $x\to x_0$ 时的整体极限,而极限 $\lim_{x\to x_0^-} f(x)$、$\lim_{x\to x_0^+} f(x)$ 称为单侧极限.关于左、右极限和整体极限之间的关系,我们有以下重要定理:

定理 1.1 $\lim_{x\to x_0} f(x)=A$ 的充分必要条件是

$$\lim_{x\to x_0^-} f(x)=\lim_{x\to x_0^+} f(x)=A.$$

对于分段函数,如果 x_0 是函数 $f(x)$ 的分界点,那么要计算极限 $\lim_{x\to x_0} f(x)$ 时必须先求左、右极限,再由定理 1.1 来判断整体极限 $\lim_{x\to x_0} f(x)$ 是否存在.例如,函数 $f(x)=\begin{cases} x-1, & x<1, \\ 2\sqrt{x}, & x>1, \end{cases}$ 它的图形如图 1-13 所示.

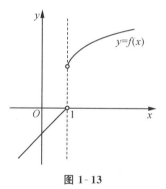

图 1-13

从图 1-13 中不难看到,$\lim_{x\to 1^-} f(x)=\lim_{x\to 1^-}(x-1)=0$,$\lim_{x\to 1^+} f(x)=\lim_{x\to 1^+} 2\sqrt{x}=2$,所以 $\lim_{x\to 1} f(x)$ 不存在.

【例题精选】

例 17 求下列函数的极限:

(1) $\lim_{x\to\infty} \dfrac{1}{x^\alpha} (\alpha>0)$;

(2) $\lim_{x\to\infty}\left(1-\dfrac{1}{x}\right)$;

(3) $\lim\limits_{x \to +\infty} \dfrac{1}{2^x}$.

解 (1) 因为当 $x \to \infty$ 时,$x^a \to \infty (a > 0)$,所以 $\lim\limits_{x \to \infty} \dfrac{1}{x^a} = 0$.

(2) 因为 $\lim\limits_{x \to \infty} \dfrac{1}{x} = 0$,所以 $\lim\limits_{x \to \infty} \left(1 - \dfrac{1}{x}\right) = 1$.

(3) 因为当 $x \to +\infty$ 时,$2^x \to +\infty$,所以 $\lim\limits_{x \to +\infty} \dfrac{1}{2^x} = 0$.

例 18 求下列函数的极限

(1) $\lim\limits_{x \to 1}(2x+1)$;

(2) $\lim\limits_{x \to 0}(e^x + 1)$;

(3) $\lim\limits_{x \to 1} \dfrac{x^2 - 3x + 2}{x - 1}$.

解 (1) $\lim\limits_{x \to 1}(2x+1) = 2 + 1 = 3$.

(2) $\lim\limits_{x \to 0}(e^x + 1) = e^0 + 1 = 2$.

(3) $\lim\limits_{x \to 1} \dfrac{x^2 - 3x + 2}{x - 1} = \lim\limits_{x \to 1} \dfrac{(x-1)(x-2)}{x-1} = \lim\limits_{x \to 1}(x-2) = -1$.

例 19 设函数 $f(x) = \begin{cases} x+1, & x \leq 0, \\ x-1, & x > 0, \end{cases}$ 讨论 $\lim\limits_{x \to 0} f(x)$ 的存在性.

解 函数 $f(x)$ 是分段函数,$x = 0$ 是它的分界点,其图形如图 1-14 所示.

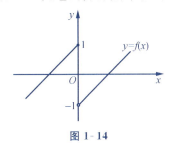

图 1-14

显然 $\lim\limits_{x \to 0^-} f(x) = \lim\limits_{x \to 0^-}(x+1) = 1$,$\lim\limits_{x \to 0^+} f(x) = \lim\limits_{x \to 0^+}(x-1) = -1$,因为左、右极限不相等,所以 $\lim\limits_{x \to 0} f(x)$ 不存在.

例 20 设函数 $f(x) = \begin{cases} x+1, & x \leq 1, \\ x^2+1, & x > 1, \end{cases}$ 讨论 $\lim\limits_{x \to 1} f(x)$ 的存在性.

解 函数 $f(x)$ 是分段函数,$x = 1$ 是它的分界点,其图形如图 1-15 所示.

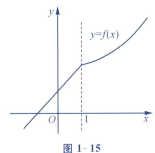

图 1-15

容易得到 $\lim_{x\to 1^-}f(x)=\lim_{x\to 1^-}(x+1)=2$，$\lim_{x\to 1^+}f(x)=\lim_{x\to 1^+}(x^2+1)=2$，由于左、右极限相等，所以 $\lim_{x\to 1}f(x)=2$.

【知识演练】

19. 观察下列函数的变化趋势，并求极限.

(1) $y=1+\dfrac{1}{x}(x\to\infty)$；

(2) $y=e^{-x}(x\to+\infty)$；

(3) $y=\ln x(x\to e)$；

(4) $y=\dfrac{x^2-1}{x+1}(x\to -1)$；

(5) $y=2^{\frac{1}{x}}(x\to 0^-)$.

20. 设函数 $f(x)=\begin{cases}x+1, & x<1,\\ x^2, & x\geqslant 1,\end{cases}$ 作出函数 $f(x)$ 的图形，并求 $\lim_{x\to 1}f(x)$.

21. 设函数 $f(x)=\dfrac{|x|}{x}$，试讨论当 $x\to 0$ 时函数 $f(x)$ 的极限.

22. 设函数 $f(x)=\begin{cases}x+1, & x<0,\\ (x-1)^2, & x>0,\end{cases}$ 试讨论当 $x\to 0$ 时函数 $f(x)$ 的极限.

1.3 极限运算法则

1.3.1 无穷小与无穷大

【案例提出】

[案例 8] 先看极限 $\lim_{x\to\infty}\dfrac{2}{x+1}$ 是什么. 很明显，当 $x\to\infty$ 时，分母 $x+1$ 越来越大，而分子 2 是常数，所以 $\lim_{x\to\infty}\dfrac{2}{x+1}=0$.

[案例 9] 再看极限 $\lim_{x\to -1}\dfrac{2}{x+1}$ 是什么. 很明显，当 $x\to -1$ 时，分母 $x+1\to 0$，而分子 2 是常数，所以 $\lim_{x\to\infty}\dfrac{2}{x+1}=\infty$.

【相关知识】

1. 无穷小

定义 1.8 如果在自变量的某个变化过程中，函数 $f(x)$ 的极限为 0，则称 $f(x)$ 为该变化

第 1 章　函数极限与连续

过程中的无穷小量,简称无穷小,常用希腊字母 α,β 等表示.

无穷小有如下重要性质和定理:

性质 1.1　两个无穷小之和是无穷小.

性质 1.2　两个无穷小之积是无穷小.

定理 1.2　无穷小与有界函数的乘积仍是无穷小.

例如,当 $x\to 0$ 时,x 是无穷小,而 $\sin\dfrac{1}{x}$ 是有界函数,所以 $\lim\limits_{x\to 0}x\sin\dfrac{1}{x}=0$.

2. 无穷大

定义 1.9　如果在自变量的某个变化过程中,函数 $f(x)$ 的极限为 ∞（$+\infty$ 或 $-\infty$）,则称 $f(x)$ 为该变化过程中的无穷大量,简称无穷大.

在自变量的同一变化过程中,无穷大的倒数为无穷小,非零的无穷小的倒数为无穷大.

例如,当 $x\to\infty$ 时,$x+1$ 是无穷大,所以 $\dfrac{1}{x+1}$ 是无穷小.

【例题精选】

例 21　当 $x\to\infty$ 时,$f(x)=\dfrac{1}{x^2+1}$ 是否为无穷小?

解　因为当 $x\to\infty$ 时,分母 $x^2+1\to\infty$,所以 $\lim\limits_{x\to\infty}\dfrac{1}{x^2+1}=0$. 因此,当 $x\to\infty$ 时,$f(x)=\dfrac{1}{x^2+1}$ 是无穷小.

例 22　当 $x\to 0$ 时,$f(x)=\ln(1+\sqrt{x})$ 是否为无穷小?

解　因为当 $x\to 0$ 时,$f(x)=\ln(1+\sqrt{x})\to\ln 1=0$,所以 $\lim\limits_{x\to 0}\ln(1+\sqrt{x})=0$. 因此,当 $x\to 0$ 时,$f(x)=\ln(1+\sqrt{x})$ 是无穷小.

例 23　求极限 $\lim\limits_{x\to\infty}\dfrac{2\sin x}{x+1}$.

解　因为当 $x\to\infty$ 时,$\dfrac{1}{x+1}$ 是无穷小,而 $2\sin x$ 是有界函数（为什么?）,所以

$$\lim_{x\to\infty}\frac{2\sin x}{x+1}=0.$$

例 24　当 $x\to 1$ 时,$f(x)=\dfrac{x+1}{x-1}$ 是否为无穷大?

解　因为当 $x\to 1$ 时,$f(x)=\dfrac{x+1}{x-1}$ 的分母 $x-1\to 0$,而分子 $x+1\to 2$,所以 $\lim\limits_{x\to 1}\dfrac{x+1}{x-1}=\infty$. 因此当 $x\to 1$ 时,$f(x)=\dfrac{x+1}{x-1}$ 是无穷大.

例 25　当 $x\to\infty$ 时,$f(x)=\dfrac{x^2-10x+7}{x}$ 是否为无穷大?

解　因为当 $x\to\infty$ 时,$f(x)=\dfrac{x^2-10x+7}{x}=x-10+\dfrac{7}{x}\to\infty$,

所以 $\lim\limits_{x\to\infty}\dfrac{x^2-10x+7}{x}=\infty$，因此当 $x\to\infty$ 时，$f(x)=\dfrac{x^2-10x+7}{x}$ 是无穷大.

【知识演练】

23．下列变量中哪些是无穷小？哪些是无穷大？

(1) $\cos x\left(x\to\dfrac{\pi}{2}\right)$；

(2) $\dfrac{1}{x}(x\to 0)$；

(3) $\ln(1+x^2)(x\to 0)$；

(4) $\ln x(x\to 0^+)$；

(5) $2^x-1(x\to 0)$.

24．求下列极限：

(1) $\lim\limits_{x\to 0}x^2\cos\dfrac{1}{x}$；

(2) $\lim\limits_{x\to\infty}\dfrac{\sin x}{x}$.

25．函数 $f(x)=\dfrac{x+1}{x-1}$ 在什么变化过程中是无穷小？在什么变化过程中是无穷大？

1.3.2 极限四则运算法则

【案例提出】

[案例 10] 讨论 极限 $\lim\limits_{x\to 1}\dfrac{x^2+x+2}{x-2}$ 是多少？因为函数 $\dfrac{x^2+x+2}{x-2}$ 在 $x=1$ 时有定义，我们可以简单地把 $x=1$ 代入函数 $\dfrac{x^2+x+2}{x-2}$，就会得到 $\lim\limits_{x\to 1}\dfrac{x^2+x+2}{x-2}=\dfrac{4}{-1}=-4$.

[案例 11] 讨论 极限 $\lim\limits_{x\to 2}\dfrac{x^2-3x+2}{x-2}$ 是多少？如果把 $x=2$ 代入你会得到"$\dfrac{0}{0}$"型，这种类型被称作未定式极限，它们的极限可能存在，也可能不存在，所以想要求出 $\lim\limits_{x\to 2}\dfrac{x^2-3x+2}{x-2}$，可以借助因式分解这一技巧来求：

$$\lim_{x\to 2}\dfrac{x^2-3x+2}{x-2}=\lim_{x\to 2}\dfrac{(x-2)(x-1)}{x-2}=\lim_{x\to 2}(x-1)=1.$$

【相关知识】

运用极限的定义只能计算一些很简单的函数的极限，而对于一些较复杂的分式函数，计算其极限时则需要使用极限的四则运算法则.

定理 1.3 设 $\lim\limits_{x\to x_0}f(x)=A$，$\lim\limits_{x\to x_0}g(x)=B$ 都存在，则

(1) $\lim\limits_{x\to x_0}[f(x)\pm g(x)]=\lim\limits_{x\to x_0}f(x)\pm\lim\limits_{x\to x_0}g(x)=A\pm B$.

(2) $\lim\limits_{x\to x_0}f(x)g(x)=\lim\limits_{x\to x_0}f(x)\lim\limits_{x\to x_0}g(x)=AB$.

(3) $\lim\limits_{x\to x_0}\dfrac{f(x)}{g(x)}=\dfrac{\lim\limits_{x\to x_0}f(x)}{\lim\limits_{x\to x_0}g(x)}=\dfrac{A}{B}(B\neq 0)$.

这里需要指出的是,当自变量 x 的变化过程是其他情形时,定理 1.3 仍然成立. 我们容易得到下列推论:

推论 1.1 $\lim\limits_{x \to x_0} Cf(x) = C \lim\limits_{x \to x_0} f(x) = CA$($C$ 为常数).

推论 1.2 $\lim\limits_{x \to x_0} [f(x)]^n = [\lim\limits_{x \to x_0} f(x)]^n = A^n$($n > 0$).

极限的四则运算法则可以推广到有限多个函数的情形. 特别要注意,使用极限的四则运算法则的条件是要求每个极限都要存在,如果是商,还要求分母极限不等于零.

【例题精选】

例 26 求 $\lim\limits_{x \to 1}(x^2 + 2x - 1)$.

解 $\lim\limits_{x \to 1}(x^2 + 2x - 1) = \lim\limits_{x \to 1} x^2 + \lim\limits_{x \to 1} 2x - \lim\limits_{x \to 1} 1 = 1 + 2 - 1 = 2$.

一般地,多项式 $P(x)$ 当 $x \to x_0$ 时的极限为 $P(x_0)$,即 $\lim\limits_{x \to x_0} P(x) = P(x_0)$.

例 27 求 $\lim\limits_{x \to 1} \dfrac{x^2 - 3x + 4}{2x + 1}$.

解 由于分母极限 $\lim\limits_{x \to 1}(2x + 1) = 3$ 不等于 0,所以可直接运用四则运算法则.

$$\lim_{x \to 1} \frac{x^2 - 3x + 4}{2x + 1} = \frac{\lim\limits_{x \to 1}(x^2 - 3x + 4)}{\lim\limits_{x \to 1}(2x + 1)} = \frac{1 - 3 + 4}{2 + 1} = \frac{2}{3}.$$

例 28 求 $\lim\limits_{x \to -1} \dfrac{x^2 + 3x + 2}{x + 1}$.

解 由于分母极限 $\lim\limits_{x \to -1}(x + 1) = 0$,所以不能直接运用极限的四则运算法则. 但当 $x \to -1$ 时,$x \neq -1$,因此分式可约去 $x + 1$,则

$$\lim_{x \to -1} \frac{x^2 + 3x + 2}{x + 1} = \lim_{x \to -1} \frac{(x + 1)(x + 2)}{x + 1} = \lim_{x \to -1}(x + 2) = 1.$$

例 29 求 $\lim\limits_{x \to 2} \left(\dfrac{1}{x - 2} - \dfrac{4}{x^2 - 4} \right)$.

解 由于 $\lim\limits_{x \to 2} \dfrac{1}{x - 2} = \infty$,$\lim\limits_{x \to 2} \dfrac{1}{x^2 - 4} = \infty$,极限都不存在,所以它不能直接运用极限的四则运算法则,这个极限类型我们称为"$\infty - \infty$"型的未定式极限. 对于有几个分式和差运算的未定式极限,可先通分合并为一个分式以后再求极限.

$$\lim_{x \to 2} \left(\frac{1}{x - 2} - \frac{4}{x^2 - 4} \right) = \lim_{x \to 2} \frac{x + 2 - 4}{x^2 - 4} = \lim_{x \to 2} \frac{x - 2}{(x - 2)(x + 2)} = \lim_{x \to 2} \frac{1}{x + 2} = \frac{1}{4}.$$

例 30 $\lim\limits_{x \to 0} \dfrac{\sqrt{1 + x} - 1}{x}$.

解 由于分母极限 $\lim\limits_{x \to 0} x = 0$,所以不能直接运用极限四则运算法则. 注意到分子 $\sqrt{1 + x} - 1$ 是二次根式,可用 $\sqrt{1 + x} + 1$ 同乘以分子和分母把分子有理化,则

$$\lim_{x \to 0} \frac{\sqrt{1 + x} - 1}{x} = \lim_{x \to 0} \frac{(\sqrt{1 + x} - 1)(\sqrt{1 + x} + 1)}{x(\sqrt{1 + x} + 1)}$$

$$=\lim_{x\to 0}\frac{x}{x(\sqrt{1+x}+1)}=\lim_{x\to 0}\frac{1}{\sqrt{1+x}+1}=\frac{1}{2}.$$

例 31 求 $\lim\limits_{x\to\infty}\dfrac{x^2+2x+10}{3x^2+1}$.

解 由于极限 $\lim\limits_{x\to\infty}(x^2+2x+10)=\infty$，$\lim\limits_{x\to\infty}(3x^2+1)=\infty$，极限都不存在，所以它不能直接运用极限的四则运算法则，这个极限类型我们称为"$\dfrac{\infty}{\infty}$"型未定式极限. 对于"$\dfrac{\infty}{\infty}$"型未定式极限，可通过对分式的分子和分母同除以 x 的最高次幂来转化. 本题分子和分母同除以 x^2，则

$$\lim_{x\to\infty}\frac{x^2+2x+10}{3x^2+1}=\lim_{x\to\infty}\frac{1+\dfrac{2}{x}+\dfrac{10}{x^2}}{3+\dfrac{1}{x^2}}=\frac{1}{3}.$$

例 32 求 $\lim\limits_{x\to\infty}\dfrac{2x+100}{x^3+1}$.

解 类似于例 31，分子和分母同除以 x^3，则

$$\lim_{x\to\infty}\frac{2x+100}{x^3+1}=\lim_{x\to\infty}\frac{\dfrac{2}{x^2}+\dfrac{100}{x^3}}{1+\dfrac{1}{x^3}}=\frac{0}{1}=0.$$

由例 31、例 32 得到如下结论：

$$\lim_{x\to\infty}\frac{a_0+a_1x+\cdots+a_nx^n}{b_0+b_1x+\cdots+b_mx^m}=\begin{cases}0, & \text{当 } n<m \text{ 时,}\\ \dfrac{a_n}{b_m}, & \text{当 } n=m \text{ 时,}\\ \infty, & \text{当 } n>m \text{ 时.}\end{cases}$$

【知识演练】

26. 求下列极限

(1) $\lim\limits_{x\to 2}(x^2+2x-5)$；

(2) $\lim\limits_{x\to 1}\dfrac{x^2+4}{2x+1}$；

(3) $\lim\limits_{x\to 0}\left(1+\dfrac{x}{x-3}\right)$；

(4) $\lim\limits_{x\to 1}\dfrac{x^2-3x+2}{x^2-x}$；

(5) $\lim\limits_{x\to 3}\left(\dfrac{1}{x-3}-\dfrac{6}{x^2-9}\right)$；

(6) $\lim\limits_{x\to\infty}\dfrac{10x+1}{x^2-2x+5}$；

(7) $\lim\limits_{x\to\infty}\dfrac{2x^2+3}{x^2-4x+100}$；

(8) $\lim\limits_{n\to\infty}\dfrac{n+1}{4n-1}$；

(9) $\lim\limits_{x\to\infty}\left(1-\dfrac{1}{x}\right)\left(2+\dfrac{5}{x}\right)$；

(10) $\lim\limits_{x\to\infty}\dfrac{(2x+1)^2(1-x)^8}{(x+1)^{10}}$.

27. 求 $\lim\limits_{x\to 1}\dfrac{x-1}{\sqrt{x+3}-2}$.

28. 求 $\lim\limits_{x\to+\infty}(\sqrt{x^2+x+1}-x)$.

29. 求 $\lim\limits_{h\to 0}\dfrac{(x+h)^2-x^2}{h}$.

30. 设 $f(x)=\sqrt{x}$,求 $\lim\limits_{h\to 0}\dfrac{f(x+h)-f(x)}{h}$.

31. 已知 $\lim\limits_{x\to 1}\dfrac{x^2+ax+b}{x-1}=3$,求常数 a,b 的值.

1.3.3 两个重要极限

【案例提出】

[案例 12] 假设将现金 A 存入一个银行账户,年利率为 12%,每年计算 n 次的复利,那么在一年后的本利和为 $L=A\left(1+\dfrac{0.12}{n}\right)^n$. 我们想知道,如果每年计算复利的次数越来越多时会怎样,即当 $n\to\infty$ 时的极限 $\lim\limits_{n\to\infty}\left(1+\dfrac{0.12}{n}\right)^n$ 会是什么？表面上看这个极限我们很难得到,看看 1.2.1 节例 16 的结论, $\lim\limits_{n\to\infty}\left(1+\dfrac{0.12}{n}\right)^n$ 是否与无理数 e 有关？答案是肯定的.

【相关知识】

1. 第一个重要极限 $\lim\limits_{x\to 0}\dfrac{\sin x}{x}=1$

我们观察当 $x\to 0$ 时,函数 $\dfrac{\sin x}{x}$ 的变化趋势,如表 1-4 所示.

表 1-4 当 $x\to 0$ 时 $\dfrac{\sin x}{x}$ 的变化趋势

x	± 0.5	± 0.1	± 0.01	± 0.001	$\to 0$
$\dfrac{\sin x}{x}$	0.9589	0.9983	0.99998	0.999998	$\to 1$

由表 1-4 容易看出: $\lim\limits_{x\to 0}\dfrac{\sin x}{x}=1$,这个极限我们称为**第一个重要极限**.

第一个重要极限主要用于计算三角函数,而且是"$\dfrac{0}{0}$ 型"的极限,应该注意使用第一个重要极限时需要用代换思想去思考. 一般地,我们有 $\lim\limits_{\otimes\to 0}\dfrac{\sin\otimes}{\otimes}=1$,这里的⊗可以代表变量,例如, $\lim\limits_{x\to 0}\dfrac{\sin 2x}{2x}=1$, $\lim\limits_{x\to 0}\dfrac{\sin x^2}{x^2}=1$.

2. 第二个重要极限 $\lim\limits_{x\to\infty}\left(1+\dfrac{1}{x}\right)^x=\mathrm{e}$

我们在前面 1.2.1 节例 16 中得到了一个重要的极限: $\lim\limits_{n\to\infty}\left(1+\dfrac{1}{n}\right)^n=\mathrm{e}$. 类似地,对于实

数变量 x，也有

$$\lim_{x\to\infty}\left(1+\frac{1}{x}\right)^x = e \text{ 或 } \lim_{x\to 0}(1+x)^{\frac{1}{x}} = e.$$

我们称上式为第二个重要极限. 在第二个重要极限中，我们遇到了一种新的函数类型 $(1+x)^{\frac{1}{x}}$，形如函数 $y=f(x)^{g(x)}$ 这样类型的函数称为幂指函数，它不属于初等函数的范畴. 第二个重要极限主要用于计算幂指函数，而且是"1^∞"型的未定式极限. 和第一个重要极限一样，使用第二个重要极限时也需要用代换思想去思考. 同样地，我们有 $\lim_{\otimes\to 0}(1+\otimes)^{\frac{1}{\otimes}} = e$. 例如，$\lim_{x\to 0}(1+2x)^{\frac{1}{2x}} = e$，$\lim_{x\to 0}(1+\sin x)^{\frac{1}{\sin x}} = e$.

【例题精选】

例 33 $\lim\limits_{x\to 0}\dfrac{\sin 2x}{x}$.

解 $\lim\limits_{x\to 0}\dfrac{\sin 2x}{x} = \lim\limits_{x\to 0}\left(\dfrac{\sin 2x}{2x}\times 2\right) = 1\times 2 = 2.$

例 34 求 $\lim\limits_{x\to 0}\dfrac{\tan x}{x}$.

解 $\lim\limits_{x\to 0}\dfrac{\tan x}{x} = \lim\limits_{x\to 0}\left(\dfrac{\sin x}{x}\times\dfrac{1}{\cos x}\right) = \lim\limits_{x\to 0}\dfrac{\sin x}{x}\times\lim\limits_{x\to 0}\dfrac{1}{\cos x} = 1\times 1 = 1.$

例 35 求 $\lim\limits_{x\to 0}\dfrac{\sin 2x}{\tan 3x}$.

解 $\lim\limits_{x\to 0}\dfrac{\sin 2x}{\tan 3x} = \lim\limits_{x\to 0}\left(\dfrac{\sin 2x}{2x}\times\dfrac{3x}{\tan 3x}\times\dfrac{2}{3}\right) = 1\times 1\times\dfrac{2}{3} = \dfrac{2}{3}.$

例 36 求 $\lim\limits_{x\to 0}\dfrac{1-\cos x}{x^2}$.

解 $\lim\limits_{x\to 0}\dfrac{1-\cos x}{x^2} = \lim\limits_{x\to 0}\dfrac{2\sin^2\frac{x}{2}}{x^2} = \lim\limits_{x\to 0}\left[\left(\dfrac{\sin\frac{x}{2}}{\frac{x}{2}}\right)^2\times\dfrac{1}{2}\right] = 1^2\times\dfrac{1}{2} = \dfrac{1}{2}.$

例 37 求 $\lim\limits_{x\to\infty}\left(1+\dfrac{2}{x}\right)^x$.

解 $\lim\limits_{x\to\infty}\left(1+\dfrac{2}{x}\right)^x = \lim\limits_{x\to\infty}\left(1+\dfrac{2}{x}\right)^{\frac{x}{2}\times 2} = e^2.$

例 38 求 $\lim\limits_{x\to 0}(1-3x)^{\frac{1}{x}}$.

解 $\lim\limits_{x\to 0}(1-3x)^{\frac{1}{x}} = \lim\limits_{x\to 0}[1+(-3x)]^{\frac{1}{-3x}\times(-3)} = e^{-3}.$

例 39 求 $\lim\limits_{x\to\infty}\left(\dfrac{x+2}{x+1}\right)^{2x}$.

解 $\lim\limits_{x\to\infty}\left(\dfrac{x+2}{x+1}\right)^{2x} = \lim\limits_{x\to\infty}\left(1+\dfrac{1}{x+1}\right)^{(x+1)\times\frac{2x}{x+1}} = e^{\lim\limits_{x\to\infty}\frac{2x}{x+1}} = e^2.$

在这里需说明的是，如果 $\lim\limits_{x\to x_0}f(x) = A$，$\lim\limits_{x\to x_0}g(x) = B$ 存在，则

$$\lim_{x \to x_0}[f(x)]^{g(x)} = A^B.$$

【知识应用】

例 40 假设将现金 A 存入一个银行账户,年利率为 r,复利是每年 n 次的形式,那么 t 年后本利和 $L = A\left(1 + \dfrac{r}{n}\right)^{nt}$. 我们看看在一年中复利越来越频繁时极限是什么.

解 由第二个重要极限 $\lim\limits_{n \to \infty}\left(1 + \dfrac{1}{n}\right)^n = e$,可以得到

$$\lim_{n \to \infty}\left(1 + \frac{r}{n}\right)^{nt} = \lim_{n \to \infty}\left(1 + \frac{r}{n}\right)^{\frac{n}{r} \times rt} = e^{rt},$$

所以由现金 A 开始,在年利率 r 上连续的复利,则 t 年后的本利和为

$$L = \lim_{n \to \infty} A\left(1 + \frac{r}{n}\right)^{nt} = Ae^{rt}.$$

【知识演练】

32. 求下列极限

(1) $\lim\limits_{x \to 0} \dfrac{\sin 3x}{2x}$;

(2) $\lim\limits_{x \to 0} \dfrac{\sin 2x}{\sin 5x}$;

(3) $\lim\limits_{x \to 0} \dfrac{\tan 2x}{x}$;

(4) $\lim\limits_{x \to 0} \dfrac{1 - \cos^2 x}{x^2}$;

(5) $\lim\limits_{x \to 1} \dfrac{\sin(x^2 - 1)}{x - 1}$;

(6) $\lim\limits_{n \to \infty} n \sin \dfrac{\pi}{n}$.

33. 求下列极限

(1) $\lim\limits_{x \to \infty}\left(1 + \dfrac{2}{x}\right)^x$;

(2) $\lim\limits_{x \to 0}(1 - 3x)^{\frac{2}{x}}$;

(3) $\lim\limits_{x \to \infty}\left(1 + \dfrac{1}{x}\right)^{2x+1}$;

(4) $\lim\limits_{x \to \infty}\left(\dfrac{x+1}{x-1}\right)^x$.

1.3.4 等价无穷小及其代换定理

【相关知识】

1. 等价无穷小

定义 1.10 如果 α, β 为无穷小,且 $\lim \dfrac{\beta}{\alpha} = 1$,则称 β 是 α 的等价无穷小,记为 $\beta \sim \alpha$.

下面是几个我们常用的等价无穷小:

当 $x \to 0$ 时,

(1) $\sin x \sim x, \tan x \sim x$;

(2) $1 - \cos x \sim \dfrac{1}{2}x^2$;

(3) $\ln(1+x) \sim x$；

(4) $e^x - 1 \sim x$.

2. 等价无穷小代换定理

定理 1.4 设 $\alpha, \alpha', \beta, \beta'$ 是无穷小，且 $\alpha \sim \alpha', \beta \sim \beta'$，则 $\lim \dfrac{\alpha}{\beta} = \lim \dfrac{\alpha'}{\beta'}$.

这个结论对极限的计算非常重要，许多看起来很复杂的极限利用等价无穷小代换可以简化极限的计算.

【例题精选】

例 41 求 $\lim\limits_{x \to 0} \dfrac{\sin(3x+x^2)}{\tan x}$.

解 $\lim\limits_{x \to 0} \dfrac{\sin(3x+x^2)}{\tan x} = \lim\limits_{x \to 0} \dfrac{3x+x^2}{x} = \lim\limits_{x \to 0}(3+x) = 3$.

例 42 求 $\lim\limits_{x \to 0} \dfrac{\ln(1+x^2)}{1-\cos x}$.

解 $\lim\limits_{x \to 0} \dfrac{\ln(1+x^2)}{1-\cos x} = \lim\limits_{x \to 0} \dfrac{x^2}{\frac{1}{2}x^2} = 2$.

【知识演练】

34. 利用等价无穷小代换求下列极限：

(1) $\lim\limits_{x \to 0} \dfrac{\tan 3x}{x}$；

(2) $\lim\limits_{x \to 0} \dfrac{\sin(x+x^2)}{3x}$；

(3) $\lim\limits_{x \to 0} \dfrac{\ln(1-x)}{\sin x}$；

(4) $\lim\limits_{x \to 0} \dfrac{e^{x^2}-1}{x^2}$；

(5) $\lim\limits_{x \to 0} \dfrac{\ln(1+3x^2)}{x \tan x}$；

(6) $\lim\limits_{x \to +\infty} x[\ln(x+2) - \ln x]$.

1.4 函数的连续性

函数的极限描述的是变量在某一变化过程中的变化趋势，函数的连续性也是函数的重要性态之一. 在现代经济学中有许多连续变化的现象，如市场上产品的价格、企业的利润等，这些经济变量在数学上都反映了函数连续的特性.

1.4.1 函数的连续性概念

【案例提出】

[案例 13] 观察函数 $f(x) = x \sin \dfrac{1}{x}$ 的图形，它在 $x = 0$ 处发生了什么？

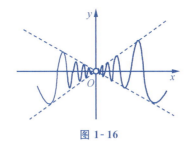

图 1-16

从图 1-16 明显可以看出:函数 $f(x)=x\sin\dfrac{1}{x}$ 在 $x=0$ 处是不连续的.

【相关知识】

1. 连续的定义

定义 1.11 设函数 $f(x)$ 在点 x_0 的某邻域内有定义,如果 $\lim\limits_{x\to x_0}f(x)=f(x_0)$,则称函数 $f(x)$ 在点 x_0 处连续,点 x_0 称为函数 $f(x)$ 的连续点.

如果函数 $f(x)$ 的自变量 x 在点 x_0 处取得一个改变量 Δx,则函数 $f(x)$ 得到相应的改变量 $\Delta y=f(x_0+\Delta x)-f(x_0)$,显然 $x\to x_0$ 等价于 $\Delta x\to 0$,于是函数 $f(x)$ 在点 x_0 处连续等价于

$$\lim_{\Delta x\to 0}\Delta y=0.$$

这表明,连续的特征是当自变量 x 在 x_0 附近产生微小的改变量 Δx 时,函数 $f(x)$ 在 $f(x_0)$ 附近的改变量 Δy 也是微小的,如图 1-17 所示.

由于连续的概念建立在极限的基础上,对应于左、右极限的概念,我们得到了左、右连续的定义:如果 $\lim\limits_{x\to x_0^-}f(x)=f(x_0)$,则称函数 $f(x)$ 在点 x_0 处左连续;如果 $\lim\limits_{x\to x_0^+}f(x)=f(x_0)$,则称函数 $f(x)$ 在点 x_0 处右连续.

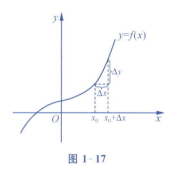

图 1-17

显然,函数 $f(x)$ 在点 x_0 处连续的充分必要条件是函数 $f(x)$ 在点 x_0 处左连续且函数 $f(x)$ 在点 x_0 处右连续.

定义 1.12 如果 $f(x)$ 在开区间 (a,b) 内每一点都连续,则称函数 $f(x)$ 在开区间 (a,b) 内连续,这时也称函数 $f(x)$ 是 (a,b) 内的连续函数;如果函数 $f(x)$ 在 (a,b) 内连续,而且在左端点 a 处右连续,在右端点 b 处左连续,则称函数 $f(x)$ 在闭区间 $[a,b]$ 上连续.

不难证明,函数 $y=x,y=\mathrm{e}^x,y=\sin x$ 在 $(-\infty,+\infty)$ 上都是连续函数.

2. 函数的间断点

定义 1.13 如果函数 $f(x)$ 在点 x_0 的某去心邻域内有定义,且在 x_0 处不连续,则称点 x_0 是函数 $f(x)$ 的间断点.

如果函数 $f(x)$ 在点 x_0 处有下列三种情形之一:

(1) $f(x)$ 在点 x_0 处无定义;

(2) $\lim_{x \to x_0} f(x)$ 不存在；

(3) $\lim_{x \to x_0} f(x) \neq f(x_0)$；

则称函数 $f(x)$ 在点 x_0 处间断.

【例题精选】

例 43 讨论函数 $f(x) = \begin{cases} \dfrac{\sin x}{x}, & x \neq 0 \\ 1, & x = 0 \end{cases}$ 在 $x = 0$ 处的连续性.

解 显然 $f(0) = 1$，而且
$$\lim_{x \to 0} f(x) = \lim_{x \to 0} \frac{\sin x}{x} = 1 = f(0),$$
所以函数 $f(x)$ 在 $x = 0$ 处连续.

例 44 求函数 $f(x) = x \sin \dfrac{1}{x}$ 的间断点.

解 因为 $f(x) = x \sin \dfrac{1}{x}$ 在 $x = 0$ 处无定义，所以 $x = 0$ 是函数 $f(x) = x \sin \dfrac{1}{x}$ 的间断点.

参看图 1-16，可以知道函数 $f(x) = x \sin \dfrac{1}{x}$ 在 $x = 0$ 处是一个洞.

例 45 求函数 $f(x) = \begin{cases} x + 1, & x < 1, \\ x^2, & x \geqslant 1 \end{cases}$ 的间断点.

解 $x = 1$ 是分段函数 $f(x)$ 的分界点，可能是 $f(x)$ 的间断点. 因为
$$\lim_{x \to 1^-} f(x) = \lim_{x \to 1^-} (x+1) = 2,$$
$$\lim_{x \to 1^+} f(x) = \lim_{x \to 1^+} x^2 = 1,$$
所以 $\lim_{x \to 1} f(x)$ 不存在，因此 $x = 1$ 是函数 $f(x)$ 的间断点.

例 46 设函数 $f(x) = \begin{cases} 2x + 1, & x < 1, \\ x + a, & x \geqslant 1 \end{cases}$ 在 $x = 1$ 处连续，求常数 a 的值.

解 由于函数 $f(x)$ 在 $x = 1$ 处连续，所以有 $\lim_{x \to 1} f(x) = f(1)$，而函数 $f(x)$ 是分段函数，先求它的左、右极限：
$$\lim_{x \to 1^-} f(x) = \lim_{x \to 1^-} (2x+1) = 3,$$
$$\lim_{x \to 1^+} f(x) = \lim_{x \to 1^+} (x+a) = 1+a,$$
所以有 $1 + a = 3$，解得 $a = 2$.

【知识演练】

35. 讨论函数 $f(x) = \begin{cases} \dfrac{x + \sin x}{x}, & x < 0, \\ x + 2, & x \geqslant 0 \end{cases}$ 在 $x = 0$ 处的连续性.

36. 求函数 $f(x)=\dfrac{x+1}{x^2-1}$ 的间断点.

37. 求函数 $f(x)=\begin{cases} x-3, & x\leqslant 0, \\ x^2, & x>0 \end{cases}$ 的间断点.

38. 当 a 为何值时,下列函数 $f(x)$ 在 $x=0$ 处连续?

(1) $f(x)=\begin{cases} \dfrac{\ln(1+x)}{x}, & x\neq 0, \\ a, & x=0; \end{cases}$

(2) $f(x)=\begin{cases} x^2+a, & x\leqslant 0, \\ 1+\dfrac{\tan 2x}{x}, & x>0. \end{cases}$

1.4.2 连续函数的运算

【案例提出】

[案例 14] 再看看极限 $\lim\limits_{x\to 0}(1+\cos^2 x)$ 等于多少. 我们把 $x=0$ 代入函数 $f(x)$ 可得

$$\lim_{x\to 0}(1+\cos^2 x)=1+\cos^2 0=1+1=2.$$

【相关知识】

1. 连续函数的四则运算

如果函数 $f(x),g(x)$ 在点 x_0 处连续,则 $f(x)\pm g(x),f(x)g(x),\dfrac{f(x)}{g(x)}\ [g(x)\neq 0]$ 在 x_0 处也连续.

2. 复合函数的连续性

如果函数 $u=g(x)$ 在点 x_0 处连续且 $g(x_0)=u_0$,而函数 $y=f(u)$ 在对应的 u_0 处连续,则复合函数 $y=f[g(x)]$ 在点 x_0 处也连续.

3. 初等函数的连续性

定理 1.5 一切初等函数在它的定义域区间内都连续.

由此可见,初等函数的连续区间就是它的定义域区间. 如果 $f(x)$ 是初等函数,而且点 x_0 在它的定义域内,那么我们一定有

$$\lim_{x\to x_0}f(x)=f(x_0).$$

这个结论非常重要,它也是计算极限的基本出发点. 例如,$\lim\limits_{x\to 1}(2x+1)=f(1)=2+1=3.$

【拓展知识】＊

关于闭区间上的连续函数还有下列重要的结论:

定理 1.6 设函数 $f(x)$ 在闭区间 $[a,b]$ 上连续,则函数 $f(x)$ 在 $[a,b]$ 上一定有最大值和

最小值.

定理 1.7 设函数 $f(x)$ 在闭区间 $[a,b]$ 上连续,而且 $f(a)f(b)<0$,则在开区间 (a,b) 上至少有一点 ξ,使得 $f(\xi)=0$,也就是方程 $f(x)=0$ 在开区间 (a,b) 内至少有一个实数根.

【例题精选】

例 47 求 $\lim\limits_{x \to 1^+}(x^2+\sqrt{x-1})$.

解 利用初等函数的连续性,由于函数 $(x^2+\sqrt{x-1})$ 在 $x=1$ 处连续,所以
$$\lim_{x \to 1^+}(x^2+\sqrt{x-1})=f(1)=1^2+\sqrt{1-1}=1.$$

例 48 求 $\lim\limits_{x \to \frac{\pi}{2}}\dfrac{1+\ln\sin x}{x}$.

解 同例 47 类似,有
$$\lim_{x \to \frac{\pi}{2}}\frac{1+\ln\sin x}{x}=f\left(\frac{\pi}{2}\right)=\frac{1+\ln\sin\frac{\pi}{2}}{\frac{\pi}{2}}=\frac{1+\ln 1}{\frac{\pi}{2}}=\frac{2}{\pi}.$$

例 49* 证明方程 $x=\cos x$ 至少有一个实数根.

证 先把所有表达式放到等式左边,我们试着求解方程 $x-\cos x=0$.

设函数 $f(x)=x-\cos x$,它是初等函数,在任何一个闭区间上是连续的,而且
$$f(0)=0-\cos 0=-1<0, f(\pi)=\pi-\cos\pi=\pi+1>0.$$
根据定理 1.7 可得,方程 $x-\cos x=0$ 在开区间 $(0,\pi)$ 内至少有一个实数根,也就证明了方程 $x=\cos x$ 至少有一个实数根.

【知识演练】

39. 求极限 $\lim\limits_{x \to 1}\dfrac{\ln x+\sqrt{x+1}}{x^2}$.

40. 求极限 $\lim\limits_{x \to \pi}\ln(1+\cos^2 x)$.

41*. 证明方程 $x^3-4x+1=0$ 在区间 $(1,2)$ 内至少有一个实数根.

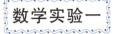

数学软件 Mathematica 和求一元函数的极限

【软件简介】

Mathematica 是美国伊利诺伊大学的 Stephen Wolfram 教授创办的 Wolfram 研究公司从 1986 年起开发的一种符号计算与数值计算软件,是一种强大的数学计算、处理和分析的工具. 它可处理一些基本的数学计算(例如,符号计算、数值计算、画二维和三维图形等),也可用于研究和解决工程计算领域中的问题.

使用 Mathematica 输入计算公式和普通文本输入一样,同时按下"Shift"和"Enter"键便可执行计算. 系统将把每次输入记录在案,并自动给每个输入记录用"In[n]"编号,计算结果用"Out[n]"编号. "%"表示上一次计算结果,"%n"表示"Out[n]"的内容,这样可以减少重复输入.

在 Mathematica 中,基本运算符号如下表所示.

算术运算法则	运算符号	举例
加	+	2+3
减	-	5-2
乘	* 或空格	a*b 或 a b
除	/	15/4
乘方	^	2^4
开平方	Sqrt[ ]	Sqrt[3]

Mathematica 中函数的自变量应放在方括号内,内部常数和函数须用大写字母开头.

常用常数有:Pi(圆周率 π),E(自然对数的底 e),I(虚数单位 i),Infinity($+\infty$),Degree($\pi/180$)角度等.

常用数学函数有

函数名	功能
Abs[x]	$\|x\|$
Exp[x]	e^x
Log[x]	$\ln x$
Log[b,x]	$\log_b x$
Sin[x]	$\sin x$

续表

函数名	功能
Cos[x]	$\cos x$
Tan[x]	$\tan x$
Cot[x]	$\cot x$
ArcSin[x]	$\arcsin x$
ArcCos[x]	$\arccos x$
ArcTan[x]	$\arctan x$

【案例提出】

[**案例 1**] 2018 年 6 月 19 日,个人所得税法修正案草案提请十三届全国人大常委会第三次会议审议,这是个税法自 1980 年出台以来第七次修正. 2018 年 8 月 31 日,修改个人所得税法的决定通过,基本减除费用标准调至每月 5 000 元,2018 年 10 月 1 日起实施. 个人所得税税率表修改为:

级数	全月应纳税所得额	税率/%	速算扣除/元
1	不超过 3000 元的部分	3	0
2	超过 3000 元至 12000 元的部分	10	210
3	超过 12000 元至 25000 元的部分	20	1410
4	超过 25000 元至 35000 元的部分	25	2660
5	超过 35000 元至 55000 元的部分	30	4410
6	超过 55000 元至 80000 元的部分	35	7160
7	超过 80000 元的部分	45	15160

根据以上数据编写个人所得税的计算函数,并由此计算月收入 8800 元和 21500 元时应缴税额.

月收入 x 与应缴税 y 的函数关系是一个分段函数

$$y=f(x)=\begin{cases} 0, & x\leqslant 5000, \\ (x-5000)\times 3\%, & 5000<x\leqslant 8000, \\ (x-5000)\times 10\%-210, & 8000<x\leqslant 17000, \\ (x-5000)\times 20\%-1410, & 17000<x\leqslant 30000, \\ (x-5000)\times 25\%-2660, & 30000<x\leqslant 40000, \\ (x-5000)\times 30\%-4410, & 40000<x\leqslant 60000, \\ (x-5000)\times 35\%-7160, & 60000<x\leqslant 85000, \\ (x-5000)\times 45\%-15160, & x>85000. \end{cases}$$

[**案例 2**] 中国人民银行决定,自 2015 年 10 月 24 日起,下调金融机构人民币贷款和存款基准利率,以进一步降低社会融资成本.调整后人民币活期年利率为 0.35%. 某储户将 10

万元人民币以活期方式存入银行,若银行允许储户一年内任意次结算,且储户增加结算次数,则随着结算次数的增加,一年后本息有多少?

假设将一年等分成 n 段进行结算,则每段的利率为:年利率/n. 如果该储户每年结算一次,则一年后本息共计 $100000\times(1+0.0035)=100350$ 元;如果该储户每季度结算一次,则一年后本息共计 $100000\times\left(1+\dfrac{0.0035}{4}\right)^4$ 元;如果该储户一年等间隔结算 n 次,则一年后本息共计 $100000\times\left(1+\dfrac{0.0035}{n}\right)^n$ 元,这是一个随 n 增加而递增的数列.

【相关知识】

用数学软件 Mathematica 自定义函数、绘制函数的图形、计算极限等内容的相关函数与命令为:

1. 函数作图 Plot;
2. 求极限 Limit;
3. 制表 Table;
4. 求近似值 N;
5. 斐波那契数列 Fibonacci;
6. 条件语句 Which.

【例题精选】

例 1 定义函数 $f(x)=3e^x-\cos 2x$.

解 In[1]:= f[x_]:=3Exp[x]-Cos[2x]

例 2 在 $[-2\pi,2\pi]$ 上绘制 $\sin x$(使用红色)和 $\cos x$(使用蓝色)的图形,如下图所示.

解 In[1]:=Plot[{Sin[x],Cos[x]},{x,-2Pi,2Pi},PlotStyle->{RGBColor[1,0,0],RGBColor[0,0,1]}]

Out[1]= -Graphics-

其中 PlotStyle 为画图风格,RGBColor 为控制色彩的函数.

例 3 计算极限 $\lim\limits_{n\to\infty}\left(1+\dfrac{1}{n}\right)^n$.

解 In[1]:= Limit[(1+1/n)^n,n->Infinity]

Out[1]= e

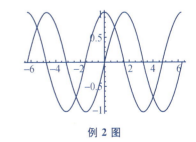

例 2 图

例 4 某人把一对兔子放入一个四面被高墙围住的地方.假设每对兔子每月能生下一对小兔,而每对新生小兔从第二个月开始又具备生育能力,请问:一年后应有多少对兔子?

解 题中如果月份一直延续,则每个月兔子的对数构成的数列就是著名的斐波那契数列:1,1,2,3,5,8,13,….(从第三位起)每个数都是前两个数之和.Mathematica 软件中可以用内部函数 Fibonacci 来计算这个数列.

In[1]:= Table[Fibonacci[n],{n,1,12}]

Out[1]={1,1,2,3,5,8,13,21,34,55,89,144}

可见一年后总共有 144 对兔子. 将斐波那契数列相邻两项相除, 取极限可以得到

In[2]:= Limit[Fibonacci[n]/Fibonacci[n+1],n−>Infinity]

Out[2]= $\dfrac{1+\sqrt{5}}{3+\sqrt{5}}$

查看近似值.

In[3]:= N[%]

Out[3]=0.618034

这就是黄金分割比例.

例 5 (完成案例 1)

解 定义函数的命令为:

In[1]:= f[x_]:= Which[x<=5000,0,5000<x<=8000,(x−5000)*0.03,8000<x<=17000,(x−5000)*0.1−210,17000<x<=30000,(x−5000)*0.2−1410,30000<x<=40000,(x−5000)*0.25−2660,40000<x<=60000,(x−5000)*0.3−4410,60000<x<=85000,(x−5000)*0.35−7160,x>85000,(x−5000)*0.45−15160]

In[2]:= f[8800]

Out[2]= 170.

In[3]:= f[21500]

Out[3]= 1890.

例 6 (完成案例 2)

解 用软件计算当 n 趋于无穷时, $100000 \times \left(1+\dfrac{0.0035}{n}\right)^n$ 的结果,

In[1]:= Limit[100000*(1+0.0035/n)^n,n−>Infinity]

Out[1]= 100351

由此可见, 即使储户进行无穷次结算, 也只比结算一次多 1 元钱. 而由例 3 结论可知, 即使年利率达到 100%, 储户将 100000 元进行无穷次结算, 一年的本息为 100000e, 即大约为 271828 元, 也不可能成为百万富翁.

【知识演练】

1. 画出 $\sin 2x, \sin x^2, (\sin x)^2$ 在区间 $[-3,3]$ 之间的图形.

2. 画出 $\sin\left(\dfrac{1}{x}\right)$ 在区间 $[-2,2]$ 之间的图形.

3. 求下列极限:

(1) $\lim\limits_{x\to+\infty}(\sqrt[3]{x^3+x^2+x+1}-x)$;

(2) $\lim\limits_{x\to 0}\dfrac{\sqrt{2}-\sqrt{1+\cos x}}{\sin^2 x}$;

(3) $\lim\limits_{x\to 0}(1+x^2)^{\cot^2 x}$.

> 阅读材料一

割圆术与中国古代极限思想

中国是人类最古老的文明发源地之一,也是数学的发源地之一,中国古代数学和天文学与其他科学一样,都取得了极其辉煌的成就,也留下了不少著名的著作.《九章算术》是其中最重要的一本,书中收集了 246 个应用问题和各个问题的解法,分别隶属于方田、粟米、衰分、少广、商功、均输、盈不足、方程、勾股九章.《九章算术》对以后中国古代数学发展所产生的影响是非常深刻的.以《九章算术》为代表的中国数学体系,经过中国历代数学家前赴后继的努力,其发展历程经久不衰且硕果累累.其中刘徽的《九章算术注》就是我国古代数学领域中的又一伟大成就.

刘徽是魏晋时期著名的数学家,其著作主要有《九章算术注》和《海岛算经》.其中《九章算术注》不仅对《九章算术》中的内容详加分析和证明,也提出了很多独创的见解,有着创造性的贡献.《九章算术》方田章中提出了圆面积的计算公式为"半周半径相乘得积步",这里"周"是圆周长,"径"是指直径,这个圆面积计算公式是正确的,但当时"径一周三"的圆周率取法(即认为 π≈3)使得圆面积的计算不够精密.刘徽在《九章算术注》中首创"割圆术",证明了圆面积公式,并得到圆周率的近似值为 3.1416,开创了中国数学发展中圆周率研究的新纪元.所谓割圆术,就是用圆内接正多边形的周长和面积去无限逼近圆的周长和面积的方法.而刘徽在割圆术中提出的"割之弥细,所失弥少,割之又割以至于不可割,则与圆合体而无所失矣",体现了中国最早的极限论思想.值得一提的是,"当边数无限地增多时,圆内接正多边的面积趋近于圆面积",这一定理是公元前 5 世纪的古希腊数学家安提丰最早发现的,但他没有用来计算 π 的近似值.公元前 3 世纪,古希腊数学家阿基米德认为圆周长介于圆内接多边形周长和外切多边形周长之间,并算出 $3\frac{10}{71} < \pi < 3\frac{1}{7}$.阿基米德的这一项工作主要通过运用归谬法得出,避开了极限理论思想.刘徽的割圆术大胆地应用了"以直代曲、无限趋近"的思想方法,获得的成就也超过了和他同时代的数学家,这是值得称赞的.

除了用极限思想严格证明了《九章算术》提出的圆面积公式外,刘徽还在无穷小分割的基础之上,提出并用极限思想证明了一个与体积有关的重要原理,现在称为刘徽原理,也是刘徽体积理论的基础.刘徽在"阳马术"(四棱锥体积)中说道:"半之弥少,其余弥细.至细曰微,微则无形.由是言之,安取余哉? 数而求穷之者,谓以情推,不用筹算."可以看出,由于中国古代数学偏重"经世致用"的实用思想,刘徽并未和西方数学家一样受到"无限"的困扰,他认为对待无限,可以设计一个可循环的程序或动作,借助无限分割一直操作下去,如同割圆术中的"割之"和阳马术中的"半之".这种朴素辩证的极限思想从某种意义上来说,与现代的微积分思想有一定程度的一致性.

将无限分割方法与极限思想引入数学证明,是刘徽最重要的贡献之一. 现代人看刘徽的割圆术,除了学习其学术理论和思想内涵外,更能感受到古代数学家善于发现、勤于思考的良好习惯和追求真理的勇气与自信心,以及在解决问题过程中不懈探索、创新研究和严谨求真的可贵品质.

第 2 章　一元函数微分学

解决实际问题时,在建立了变量之间的函数关系之后,经常需要进一步回答变量变化快慢的问题.比如,物体运动的速度、人口增长的速度、国民经济增长的速度、劳动生产率等.这些问题在数量关系上都归结为函数的变化率.而导数与微分就是从研究因变量相对于自变量的变化率的问题中抽象出来的数学概念.它是由英国数学家牛顿(Newton)和德国数学家莱布尼兹(Leibniz)在分别研究力学与几何学过程中同时建立的,在自然科学和社会科学领域中有着广泛的应用,是微分学的基本内容,是微积分的重要组成部分.本章包含下列主题:

- 导数的概念;
- 导数的计算,隐函数和由参数方程确定的函数的导数计算;
- 微分及其应用;
- 未定型极限与洛必达法则;
- 利用一阶导数判断函数的单调性和极值;
- 利用二阶导数判断曲线的凹凸性和拐点;
- 函数的最值与最优化问题;
- 导数在经济中的应用:边际分析与弹性分析.

2.1　导数的概念

【案例提出】

[案例 1]　求曲线的切线的斜率.

我们先引入曲线上一点处切线和法线的概念.设 M_0 是曲线 L 上的定点,M 是动点,当 M 沿曲线 L 无限趋于 M_0 时,如果割线 M_0M 的极限位置 M_0T 存在,则称它为曲线 L 在点 M_0 处的切线.我们称过点 M_0 且垂直切线 M_0T 的直线为曲线 L 在点 M_0 处的法线.

设曲线方程为 $y=f(x)$(图 2-1),求点 $M_0(x_0,f(x_0))$ 处切线的斜率 k.

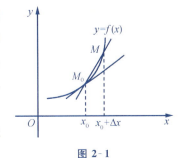

图 2-1

在曲线上另取一点 $M(x_0+\Delta x, f(x_0+\Delta x))$，则割线 M_0M 的斜率为

$$\frac{f(x_0+\Delta x)-f(x_0)}{(x_0+\Delta x)-x_0}=\frac{f(x_0+\Delta x)-f(x_0)}{\Delta x}.$$

当 M 点沿曲线无限趋于 M_0，也就是 $\Delta x \to 0$ 时，割线 M_0M 的极限位置是切线 M_0T。相应地，割线斜率的极限就是切线的斜率 k，即

$$k=\lim_{\Delta x \to 0}\frac{f(x_0+\Delta x)-f(x_0)}{\Delta x}.$$

[案例 2]　求变速直线运动的瞬时速度。

设某一质点做变速直线运动，它经过的路程为时间 t 的函数 $s(t)$，求 t_0 时刻的瞬时速度 $v(t_0)$。

先看平均速度。从 t_0 时刻到 t_1 时刻所走的路程为 $s(t_1)-s(t_0)$，从 t_0 到 t_1 时段内的平均速度为 $\frac{s(t_1)-s(t_0)}{t_1-t_0}$。平均速度只能表示 $[t_0,t_1]$ 时段内速度的平均快慢程度，而不能表示 t_0 时刻的瞬时速度。但如果时间间隔很小，平均速度近似于瞬时速度。为了得到瞬时速度，很自然地应当写出如下的求极限过程。

取一段很短的时间间隔 Δt，则在 t_0 与 $t_0+\Delta t$ 这一时段内的平均速度为

$$\frac{s(t_0+\Delta t)-s(t_0)}{\Delta t},$$

令 $\Delta t \to 0$，平均速度的极限就是 t_0 时刻的瞬时速度 $v(t_0)$，即

$$v(t_0)=\lim_{\Delta t \to 0}\frac{s(t_0+\Delta t)-s(t_0)}{\Delta t}.$$

【相关知识】

1. 函数在一点处的导数

定义 2.1　设函数 $y=f(x)$ 在点 x_0 的某一邻域内有定义。给自变量一个改变量 Δx，使 $x_0+\Delta x$ 仍在该邻域内，相应的函数改变量为 $\Delta y=f(x_0+\Delta x)-f(x_0)$。如果极限

$$\lim_{\Delta x \to 0}\frac{\Delta y}{\Delta x}=\lim_{\Delta x \to 0}\frac{f(x_0+\Delta x)-f(x_0)}{\Delta x}$$

存在，则称函数 $f(x)$ 在点 x_0 处可导，极限值称为函数 $f(x)$ 在点 x_0 处的导数，记作 $f'(x_0)$ 或 $y'|_{x=x_0}$ 或 $\dfrac{dy}{dx}\bigg|_{x=x_0}$ 或 $\dfrac{df}{dx}\bigg|_{x=x_0}$，即

$$f'(x_0)=\lim_{\Delta x \to 0}\frac{f(x_0+\Delta x)-f(x_0)}{\Delta x}. \qquad (2-1)$$

在上述导数定义中，若令 $x=x_0+\Delta x$，则 $\Delta x=x-x_0$，当 $\Delta x \to 0$ 时，$x \to x_0$。由此，可得到导数的等价定义形式

$$f'(x_0)=\lim_{x \to x_0}\frac{f(x)-f(x_0)}{x-x_0}. \qquad (2-2)$$

2. 导数的几何意义

由案例 1 可知，曲线 $y=f(x)$ 在点 $M_0(x_0,f(x_0))$ 处的切线斜率就是导数 $f'(x_0)$。因此，

若曲线 $y=f(x)$ 在点 x_0 处可导,则过点 $(x_0,f(x_0))$ 处的切线方程为
$$y-f(x_0)=f'(x_0)(x-x_0);$$
若 $f'(x_0)\neq 0$,则过该点的法线方程为
$$y-f(x_0)=-\frac{1}{f'(x_0)}(x-x_0).$$

3. 导函数的定义

定义 2.2 若函数 $y=f(x)$ 在区间 (a,b) 内每一点都可导,则称函数 $f(x)$ 在区间 (a,b) 内可导,或者称 $f(x)$ 为区间 (a,b) 内的可导函数. 此时,对应于每一点 $x\in(a,b)$ 都有一个导数值,所以导数也是 x 的函数,称为**导函数**,也简称**导数**,记作 $f'(x)$ 或 y' 或 $\dfrac{\mathrm{d}y}{\mathrm{d}x}$ 或 $\dfrac{\mathrm{d}f}{\mathrm{d}x}$,即
$$f'(x)=\lim_{\Delta x\to 0}\frac{f(x+\Delta x)-f(x)}{\Delta x}.$$

一般情况下,为求导数 $f'(x_0)$,可先求导函数 $f'(x)$,然后再求导函数 $f'(x)$ 在点 x_0 处的函数值,即 $f'(x_0)=f'(x)|_{x=x_0}$.

4. 可导与连续的关系

定理 2.1 如果函数 $y=f(x)$ 在点 x_0 处可导,则 $y=f(x)$ 在点 x_0 处一定连续.

注意 该定理的逆命题不成立,即使函数 $y=f(x)$ 在点 x_0 处连续,$y=f(x)$ 在点 x_0 处也不一定可导. 例如,函数 $y=|x|$,在点 $x=0$ 连续,但在 $x=0$ 不可导(见例 5).

【拓展知识】*

在 (2-1) 式和 (2-2) 式中,将极限分别改成左、右极限,若相应的左、右极限存在,分别称其值为函数 $y=f(x)$ 在点 x_0 处的左、右导数,记为 $f'_-(x_0)$ 和 $f'_+(x_0)$. 即

左导数 $f'_-(x_0)=\lim\limits_{\Delta x\to 0^-}\dfrac{\Delta y}{\Delta x}=\lim\limits_{\Delta x\to 0^-}\dfrac{f(x_0+\Delta x)-f(x_0)}{\Delta x}=\lim\limits_{x\to x_0^-}\dfrac{f(x)-f(x_0)}{x-x_0}$;

右导数 $f'_+(x_0)=\lim\limits_{\Delta x\to 0^+}\dfrac{\Delta y}{\Delta x}=\lim\limits_{\Delta x\to 0^+}\dfrac{f(x_0+\Delta x)-f(x_0)}{\Delta x}=\lim\limits_{x\to x_0^+}\dfrac{f(x)-f(x_0)}{x-x_0}$.

左、右导数主要用于讨论分段函数在分段点处的可导性,有以下定理:

定理 2.2 函数 $y=f(x)$ 在 x_0 处可导的充分必要条件是 $f(x)$ 在点 x_0 的左、右导数都存在且相等.

【例题精选】

例 1 利用定义求函数 $y=2x+1$ 在点 $x=0$ 处的导数值.

解 $y'|_{x=0}=\lim\limits_{\Delta x\to 0}\dfrac{[2(0+\Delta x)+1]-(2\times 0+1)}{\Delta x}=\lim\limits_{\Delta x\to 0}\dfrac{2\Delta x}{\Delta x}=2.$

例 2 利用定义求幂函数 $y=x^\alpha$ (α 为正整数)的导数.

解 $y'=\lim\limits_{\Delta x\to 0}\dfrac{\Delta y}{\Delta x}=\lim\limits_{\Delta x\to 0}\dfrac{(x+\Delta x)^\alpha-x^\alpha}{\Delta x}$

$$= \lim_{\Delta x \to 0} \frac{\left[x^{\alpha}+\alpha x^{\alpha-1}\Delta x+\frac{\alpha(\alpha-1)}{2}x^{\alpha-2}(\Delta x)^{2}+\cdots+(\Delta x)^{\alpha}\right]-x^{\alpha}}{\Delta x}$$

$$= \lim_{\Delta x \to 0}\left[\alpha x^{\alpha-1}+\frac{\alpha(\alpha-1)}{2}x^{\alpha-2}\Delta x+\cdots+(\Delta x)^{\alpha-1}\right]=\alpha x^{\alpha-1}.$$

不难证明，如果 α 为任意非零实数而且函数 $y=x^{\alpha}$ 在点 x 处可导，则在该点处也有 $(x^{\alpha})'=\alpha x^{\alpha-1}$.

例 3 利用定义求对数函数 $y=\ln x$ 的导数 y' 及 $y'|_{x=e}$.

解 $y'=\lim\limits_{\Delta x \to 0}\dfrac{\Delta y}{\Delta x}=\lim\limits_{\Delta x \to 0}\dfrac{\ln(x+\Delta x)-\ln x}{\Delta x}$

$=\lim\limits_{\Delta x \to 0}\dfrac{1}{\Delta x}\ln\left(1+\dfrac{\Delta x}{x}\right)=\lim\limits_{\Delta x \to 0}\dfrac{1}{x}\ln\left(1+\dfrac{\Delta x}{x}\right)^{\frac{x}{\Delta x}}=\dfrac{1}{x}\lim\limits_{\Delta x \to 0}\ln\left(1+\dfrac{\Delta x}{x}\right)^{\frac{x}{\Delta x}}$

$=\dfrac{1}{x}\ln e=\dfrac{1}{x}$,

$y'|_{x=e}=\dfrac{1}{x}\bigg|_{x=e}=\dfrac{1}{e}$.

例 4 求曲线 $y=\ln x$ 在点 $(e,1)$ 处的切线方程和法线方程.

解 由例 3 知 $f'(e)=\dfrac{1}{e}$，因而切线方程为 $y-1=\dfrac{1}{e}(x-e)$，化简得 $x-ey=0$；法线方程为 $y-1=-e(x-e)$，化简得 $ex+y-(1+e^{2})=0$.

例 5* 讨论函数 $y=|x|$ 在点 $x=0$ 处的连续性和可导性.

解 因为

$$\lim_{\Delta x \to 0}\Delta y=\lim_{\Delta x \to 0}(|0+\Delta x|-|0|)=\lim_{\Delta x \to 0}|\Delta x|=0,$$

所以 $y=|x|$ 在点 $x=0$ 处连续.

下面讨论可导性. 在点 $x=0$ 处，$\Delta y=f(0+\Delta x)-f(0)=|\Delta x|=\begin{cases}\Delta x, & \Delta x\geqslant 0,\\ -\Delta x, & \Delta x<0,\end{cases}$

所以有

$$f'_{-}(0)=\lim_{\Delta x \to 0^{-}}\dfrac{\Delta y}{\Delta x}=\lim_{\Delta x \to 0^{-}}\dfrac{-\Delta x}{\Delta x}=-1,$$

$$f'_{+}(0)=\lim_{\Delta x \to 0^{+}}\dfrac{\Delta y}{\Delta x}=\lim_{\Delta x \to 0^{+}}\dfrac{\Delta x}{\Delta x}=1,$$

左、右导数虽然都存在却不相等，所以函数 $y=|x|$ 在点 $x=0$ 处不可导.

说明 图 2-2 是函数 $y=|x|$ 的图形. 从图形上看，点 $x=0$ 处函数有尖点(也称为不光滑点). 一般地，函数在尖点处的切线不存在，也就是不可导的.

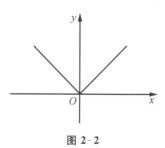

图 2-2

【知识应用】

在科技、生产领域中很多重要的量都可以用导数来表示. 为了将导数更广泛地应用于各种不同的领域,需对导数的概念做深入的理解.

对函数 $y=f(x)$,当自变量在 x 处有改变量 Δx 时,因变量对应的改变量为 $\Delta y=f(x+\Delta x)-f(x)$,两者之比 $\dfrac{\Delta y}{\Delta x}$ 表示变化率,准确地说,是因变量 y 在区间 $[x,x+\Delta x]$ 上的平均变化率.当 $\Delta x \to 0$ 时,极限 $\lim\limits_{\Delta x \to 0}\dfrac{\Delta y}{\Delta x}$ 表示因变量 y 在点 x 处的瞬时变化率.

由上面的分析得知,函数在一点的导数就表示它在该点处的瞬时变化率,它反映了因变量随着自变量的变化而变化的快慢程度.在科学领域中,凡是研究变化率的问题,特别是不均匀变化的量的变化率问题,都需要借助导数来解决.在经济问题中,往往会考虑一些常见经济量的变化率,比如成本对产量的变化率、收入或利润对市场需求量的变化率等.利用导数分析和研究各种经济变量之间的相互关系及变化过程,就产生了经济学中的边际分析方法.本书将在"2.4.1 边际分析"中对此做简单介绍.

【知识演练】

1. 利用导数定义求函数 $y=\dfrac{1}{x}(x\neq 0)$ 的导数.
2. 试求曲线 $y=\dfrac{1}{x}$ 在点 $(1,1)$ 处的切线方程和法线方程.
3. 抛物线 $y=x^2$ 上哪一点的切线有下面的性质?
   (1) 平行于 x 轴;　　　(2) 与 x 轴成 $30°$.
4*. 设 $f(x)=\begin{cases}\sin x, & x>0,\\ x^2+2x, & x\leqslant 0,\end{cases}$ 讨论 $f(x)$ 在 $x=0$ 处的可导性.

2.2　导数的计算

2.2.1　求导公式与求导法则

【案例提出】

[案例 3]　对于形式稍为复杂的函数,例如,$y=x^3\cos x+\sin x$,$y=\ln\sin x$ 等,利用定义来求导数十分烦琐.有没有快速计算导数的方法和公式呢? 我们给出下面的求导公式和求导法则.

【相关知识】

1. 基本初等函数的求导公式

(1) $(C)'=0$(C 为常数);

(2) $(x^\alpha)' = \alpha x^{\alpha-1}$ (α 为非零常数, $x>0$);

(3) $(a^x)' = a^x \ln a$ ($a>0, a \neq 1$),特别地,若 $a=e$,则有 $(e^x)' = e^x$;

(4) $(\log_a x)' = \dfrac{1}{x \ln a}$ ($a>0, a \neq 1$),特别地,若 $a=e$,则有 $(\ln x)' = \dfrac{1}{x}$;

(5) $(\sin x)' = \cos x$;

(6) $(\cos x)' = -\sin x$;

(7) $(\tan x)' = \dfrac{1}{\cos^2 x}$;

(8) $(\cot x)' = -\dfrac{1}{\sin^2 x}$.

2. 函数的和、差、积、商的求导法则

定理 2.3 设函数 $u(x)$ 和 $v(x)$ 在点 x 处可导,则 $u \pm v$, uv 和 $\dfrac{u}{v}$ ($v \neq 0$) 在点 x 处也可导,且有

(1) $(u \pm v)' = u' \pm v'$;

(2) $(uv)' = u'v + uv'$;

(3) $\left(\dfrac{u}{v}\right)' = \dfrac{u'v - uv'}{v^2}$ ($v(x) \neq 0$).

推论 2.1 $[Cu(x)]' = Cu'(x)$ (C 是常数).

推论 2.2 $\left[\dfrac{1}{v(x)}\right]' = -\dfrac{v'(x)}{v^2(x)}$.

以上推论都可由定理 2.3 简单推导得到,留给读者完成.

3. 复合函数的求导法则

定理 2.4 设 $u = \varphi(x)$ 在点 x 处可导,$y = f(u)$ 在点 u 处可导,则复合函数 $y = f[\varphi(x)]$ 在点 x 处也可导,且有

$$y'_x = y'_u \cdot u'_x = f'(u) \cdot \varphi'(x) \text{ 或 } \dfrac{dy}{dx} = \dfrac{dy}{du} \cdot \dfrac{du}{dx}.$$

这里下标是注明对哪个变量求导,证明略.

从该法则可以看出,复合函数的求导法则是一环一环地求下去,不能丢掉其中任何一环,因此也称该法则为**链锁法则**. 当有两个以上的函数相复合时,该法则仍适用. 例如,若函数 $y = f(u)$, $u = g(v)$, $v = \varphi(x)$ 都可导,则复合函数 $y = f\{g[\varphi(x)]\}$ 也可导,且有

$$y'_x = y'_u \cdot u'_v \cdot v'_x = f'(u) \cdot g'(v) \cdot \varphi'(x) \text{ 或 } \dfrac{dy}{dx} = \dfrac{dy}{du} \cdot \dfrac{du}{dv} \cdot \dfrac{du}{dx}.$$

在初等函数的求导过程中,经常会遇到同一个函数的求导过程中既有四则运算求导,又有复合函数求导的情况,我们应当很好地理解函数的结构,特别是复合函数的内外层次结构,通过不断练习,熟练掌握以上求导方法.

4. 反函数的导数

定理 2.5 设函数 $x = \varphi(y)$ 在某区间内单调、可导,且 $\varphi'(y) \neq 0$,则其反函数 $y = f(x)$ 在对应区间内也单调、可导,且有

$$f'(x) = \frac{1}{\varphi'(y)} \text{ 或 } \frac{\mathrm{d}y}{\mathrm{d}x} = \frac{1}{\frac{\mathrm{d}x}{\mathrm{d}y}}.$$

即在一定条件下,反函数的导数等于原函数的导数的倒数.

5. 高阶导数

定义 2.3 设函数 $y = f(x)$ 在区间 (a,b) 内可导,那么它的导数 $y' = f'(x)$ 又构成了一个新的函数,如果这个新的函数 $y' = f'(x)$ 在区间 (a,b) 内仍是可导的,则称 $f'(x)$ 的导(函)数为函数 $y = f(x)$ 的**二阶导数**,记作

$$f''(x), y'', \frac{\mathrm{d}^2 y}{\mathrm{d}x^2} \text{ 或 } \frac{\mathrm{d}^2 f}{\mathrm{d}x^2}.$$

类似地,二阶导数的导(函)数就称为函数 $y = f(x)$ 的**三阶导数**,记作

$$f'''(x), y''', \frac{\mathrm{d}^3 y}{\mathrm{d}x^3} \text{ 或 } \frac{\mathrm{d}^3 f}{\mathrm{d}x^3}.$$

一般地,我们定义 $y = f(x)$ 的 n 阶导数为 $y = f(x)$ 的 $(n-1)$ 阶导数的导数,记作

$$f^{(n)}(x), y^{(n)}, \frac{\mathrm{d}^n y}{\mathrm{d}x^n} \text{ 或 } \frac{\mathrm{d}^n f}{\mathrm{d}x^n} (n = 2, 3, \cdots).$$

二阶和二阶以上的导数统称为高阶导数,而前面我们所说的导数可称为**一阶导数**. 在点 x_0 处函数的各阶导数值记为

$$f'(x_0), f''(x_0), \cdots, f^{(n)}(x_0) \text{ 或 } y'|_{x=x_0}, y''|_{x=x_0}, \cdots, y^{(n)}|_{x=x_0}.$$

【拓展知识】*

1. 反三角函数的导数

借助三角函数的基本求导公式和反函数求导方法,可以得到反三角函数的导数公式(请读者自行推导).

(9) $(\arcsin x)' = \dfrac{1}{\sqrt{1-x^2}}$; (10) $(\arccos x)' = -\dfrac{1}{\sqrt{1-x^2}}$;

(11) $(\arctan x)' = \dfrac{1}{1+x^2}$; (12) $(\text{arccot}\, x)' = -\dfrac{1}{1+x^2}$.

【例题精选】

例 6 求 $y = x^3 + 2x^{\frac{5}{2}} + 17$ 的导数.

解 $y' = (x^3)' + (2x^{\frac{5}{2}})' + (17)' = 3x^2 + 5x^{\frac{3}{2}}$.

例 7 求 $y = x^3 \sin x$ 的导数.

解 $y' = (x^3 \sin x)' = (x^3)' \sin x + x^3 (\sin x)' = 3x^2 \sin x + x^3 \cos x$.

例 8 求 $y = \dfrac{\ln x}{x}$ 的导数.

解 $y' = \left(\dfrac{\ln x}{x}\right)' = \dfrac{(\ln x)' x - \ln x (x)'}{x^2} = \dfrac{\dfrac{1}{x} \cdot x - \ln x}{x^2} = \dfrac{1 - \ln x}{x^2}$.

例 9 求 $y=\dfrac{x+1}{x-1}$ 的导数.

解 $y'=\dfrac{(x+1)'(x-1)-(x+1)(x-1)'}{(x-1)^2}=\dfrac{(x-1)-(x+1)}{(x-1)^2}=-\dfrac{2}{(x-1)^2}.$

例 10 求 $y=\cos 5x$ 的导数.

解 $y=\cos 5x$ 可看成 $y=\cos u, u=5x$ 的复合，所以
$$y'=(\cos u)'_u(5x)'_x=(-\sin u)\cdot 5=-5\sin 5x.$$

例 11 求 $y=\mathrm{e}^{x^2}$ 的导数.

解 $y=\mathrm{e}^{x^2}$ 可看成 $y=\mathrm{e}^u, u=x^2$ 的复合，所以
$$y'=(\mathrm{e}^u)'_u(x^2)'_x=\mathrm{e}^u\cdot 2x=2x\mathrm{e}^{x^2}.$$

说明 计算比较熟练后，可以省略中间变量，简写为如下形式：
$$y'=\mathrm{e}^{x^2}\cdot(x^2)'=2x\mathrm{e}^{x^2}.$$

例 12 求 $y=\ln(1+x^2)$ 的导数.

解 $y'=\dfrac{1}{1+x^2}(1+x^2)'=\dfrac{2x}{1+x^2}.$

例 13* 求函数 $y=\arctan(3x+4)$ 的导数.

解 $y'=\dfrac{1}{1+(3x+4)^2}(3x+4)'=\dfrac{3}{9x^2+24x+17}.$

例 14 求 $y=\ln\cos\dfrac{x}{3}$ 的导数.

解 $y'=\dfrac{1}{\cos\dfrac{x}{3}}\left(\cos\dfrac{x}{3}\right)'=\dfrac{1}{\cos\dfrac{x}{3}}\left(-\sin\dfrac{x}{3}\right)\left(\dfrac{x}{3}\right)'=-\dfrac{1}{3}\tan\dfrac{x}{3}.$

例 15 求 $y=(\cos x-\sin x)^2$ 的导数.

解 $y'=2(\cos x-\sin x)\cdot(\cos x-\sin x)'=2(\cos x-\sin x)(-\sin x-\cos x)$
$=-2(\cos^2 x-\sin^2 x)=-2\cos 2x.$

例 16 求 $y=\sqrt{x^2-\mathrm{e}^{-x}}$ 的导数.

解 $y'=\dfrac{1}{2}(x^2-\mathrm{e}^{-x})^{-\frac{1}{2}}(x^2-\mathrm{e}^{-x})'=\dfrac{1}{2}(x^2-\mathrm{e}^{-x})^{-\frac{1}{2}}[(x^2)'-(\mathrm{e}^{-x})']$
$=\dfrac{1}{2}(x^2-\mathrm{e}^{-x})^{-\frac{1}{2}}[2x-\mathrm{e}^{-x}(-x)']=\dfrac{1}{2}(x^2-\mathrm{e}^{-x})^{-\frac{1}{2}}(2x+\mathrm{e}^{-x}).$

例 17 求 $y=\dfrac{x}{\sqrt{x^2-1}}$ 的导数，并求 $y'|_{x=3}$.

解 $y'=\dfrac{(x)'\sqrt{x^2-1}-x(\sqrt{x^2-1})'}{(\sqrt{x^2-1})^2}=\dfrac{\sqrt{x^2-1}-x\dfrac{1}{2\sqrt{x^2-1}}(x^2-1)'}{x^2-1}$

$=\dfrac{\sqrt{x^2-1}-\dfrac{2x^2}{2\sqrt{x^2-1}}}{x^2-1}=\dfrac{-1}{(x^2-1)^{\frac{3}{2}}},$

$$y'|_{x=3} = \frac{-1}{(3^2-1)^{\frac{3}{2}}} = -\frac{\sqrt{2}}{32}.$$

例 18 已知 $f(x)$ 可导,求:

(1) $\ln f(x), f^3(x), \sin f(x)$ 的导数;

(2) $f(\ln x), f(x^2+1)$ 的导数.

解 (1) $[\ln f(x)]' = \frac{1}{f(x)}[f(x)]' = \frac{f'(x)}{f(x)}$,

$[f^3(x)]' = 3f^2(x)[f(x)]' = 3f^2(x)f'(x)$,

$[\sin f(x)]' = \cos f(x)[f(x)]' = \cos f(x)f'(x)$.

(2) $[f(\ln x)]' = f'(\ln x)(\ln x)' = f'(\ln x) \cdot \frac{1}{x}$,

$[f(x^2+1)]' = f'(x^2+1)(x^2+1)' = 2xf'(x^2+1)$.

请读者注意抽象函数的导数记号中的一些差别:$[f(x)]' = f'(x)$,但 $[f(\ln x)]' \neq f'(\ln x)$.

例 19 求下列函数指定的高阶导数.

(1) 设函数 $y = x^2 e^x$,求 y'' 及 $y''|_{x=0}$;

(2) 已知 $f^{(8)}(x) = 6x^2 - 5$,求 $f^{(10)}(x)$;

(3) 求函数 $y = a^x$ 的 n 阶导数 $y^{(n)}$.

解 (1) $y' = (x^2 e^x)' = 2x e^x + x^2 e^x = (2x + x^2) e^x$,

$y'' = (y')' = [(2x+x^2)e^x]' = (2+2x)e^x + (2x+x^2)e^x = (x^2+4x+2)e^x$,

$y''|_{x=0} = 2$.

(2) $f^{(9)}(x) = [f^{(8)}(x)]' = (6x^2-5)' = 12x$,

$f^{(10)}(x) = [f^{(9)}(x)]' = (12x)' = 12$.

(3) $y' = a^x \ln a, y'' = a^x (\ln a)^2, y''' = a^x (\ln a)^3, \cdots, y^{(n)} = a^x (\ln a)^n$.

说明 由(3)可知,$(e^x)^{(n)} = e^x$.

【知识演练】

5. 求下列函数在指定点的导数:

(1) $y = 3x^2 - 1, x = 1$;   (2) $y = \frac{3}{5-x} + \frac{x^3}{5}, x = 0$;

(3) $y = 2\tan x + \cos\frac{\pi}{3}, x = \frac{\pi}{3}$;   (4) $y = x\ln x - x, x = e$.

6. 求下列函数的导数:

(1) $y = 4x^3 - 2x^2 + 5$;   (2) $y = 2^x \ln x$;

(3) $y = 2x^3 \sin x$;   (4) $y = x^3 + 5\tan 2x$;

(5) $y = e^{5x} + \ln^2 x$;   (6) $y = \frac{e^x}{x^2} + \frac{2}{x}$;

(7) $y=\dfrac{1+\sin t}{1+\cos t}$;

(8) $y=\sqrt{1+3^x}$;

(9) $y=(x-\sqrt{x})^2$;

(10) $y=\sin^3(\ln x)$.

7. 求下列各题中指定的各阶导数：

(1) $y=(2x+7)^4$，求 y'' 和 $y''|_{x=-3}$；

(2) $f(x)=\ln\dfrac{1+x}{1-x}$，求 $f''(0)$；

(3) 已知 $f^{(4)}(x)=\mathrm{e}^{\frac{x}{3}}\sin 2x$，求 $f^{(6)}(0)$.

2.2.2 隐函数和由参数方程确定的函数的导数

【案例提出】

前面讨论的求导方法主要适用于 $y=f(x)$ 这种用一个变量明显地表示另一个变量的函数形式，这种函数称为显函数. 但是函数的表达方式是多样的，隐函数和参数方程也是函数的重要表现形式.

[案例 4] 在二元方程 $y^5+3y-x-3x^7=0$ 中，对于区间 $(-\infty,+\infty)$ 内任意取定的 x 值，都可确定唯一的 y 值与之对应，也即该方程在 $(-\infty,+\infty)$ 内确定了一个隐函数 $y=y(x)$. 试求 y'.

[案例 5] 求摆线 $\begin{cases}x=a(t-\sin t),\\ y=a(1-\cos t)\end{cases}$ (a 为常数) 在 $t=\dfrac{\pi}{2}$ 时的切线方程.

在这两个案例中，我们遇到了隐函数和参数方程确定的函数的求导问题. 一般情况下，将隐函数和参数方程转化为显函数会有一定困难，那么无法转化的情况下如何求 y'？

【相关知识】

1. 隐函数求导

假设隐函数 $y=f(x)$ 由方程 $F(x,y)=0$ 所确定，将方程 $F(x,y)=0$ 中的 y 看成 x 的函数，于是 $F(x,y)=0$ 成为一个恒等式. 将恒等式两边对 x 求导，并把其中的 y 看作中间变量，得到含有 y' 的方程，解出 y' 即为隐函数的导数.

2. 由参数方程确定的函数的导数

设由参数方程

$$\begin{cases}x=\varphi(t),\\ y=\psi(t)\end{cases}(t \text{ 为参数}) \qquad (2\text{-}3)$$

确定了 y 与 x 之间的函数关系 $y=y(x)$，其中 $x=\varphi(t)$ 与 $y=\psi(t)$ 都可导，且 $\varphi'(t)\neq 0$. 由复合函数和反函数的求导法则，有

$$\dfrac{\mathrm{d}y}{\mathrm{d}x}=\dfrac{\mathrm{d}y}{\mathrm{d}t}\cdot\dfrac{1}{\dfrac{\mathrm{d}x}{\mathrm{d}t}}=\dfrac{\dfrac{\mathrm{d}y}{\mathrm{d}t}}{\dfrac{\mathrm{d}x}{\mathrm{d}t}}=\dfrac{\psi'(t)}{\varphi'(t)}.$$

所以参数方程(2-3)所确定的函数的导数公式为

$$\frac{\mathrm{d}y}{\mathrm{d}x} = \frac{y'_t}{x'_t} = \frac{\psi'(t)}{\varphi'(t)}. \tag{2-4}$$

注意 在用(2-4)式求参数方程的导数时,注意不要把分子和分母写颠倒.

【拓展知识】*

对数求导法

对数求导法是一种求函数导数的方法.具体做法如下:

(1) 对要求导的函数 $y = f(x)(f(x) > 0)$ 两边取对数 $\ln y = \ln f(x)$;

(2) 由隐函数求导方法,上式两边同时关于 x 求导,有 $\dfrac{y'}{y} = [\ln f(x)]'$,两边同乘以 $f(x)$ 就得到 $y' = f(x)[\ln f(x)]'$.

对数求导法主要用于幂指函数 $u(x)^{v(x)}(u(x) > 0)$ 和多个函数相乘的函数的求导情形,使用对数求导法计算这些函数的导数可以降低运算的难度和计算量.

说明 形如 $u(x)^{v(x)}(u(x) > 0)$ 的函数,由于底数和指数中都含有自变量,所以既不是幂函数,也不是指数函数,通常称为幂指函数.

【例题精选】

例 20 设 $y = y(x)$ 由方程 $\mathrm{e}^x - \mathrm{e}^y - x^2 y = 1$ 确定,求 y'.

解 方程两边同时对 x 求导,得

$$\mathrm{e}^x - \mathrm{e}^y y' - 2xy - x^2 y' = 0,$$

解得

$$y' = \frac{\mathrm{e}^x - 2xy}{\mathrm{e}^y + x^2}.$$

注意:

(1) 这里的 e^y 对 x 求导时应看成 $\mathrm{e}^{y(x)}$,即有 $[\mathrm{e}^{y(x)}]'_x = \mathrm{e}^{y(x)} \cdot y'(x)$,$x^2 y$ 对 x 求导也是同理.

(2) 隐函数导数的结果式中往往既含自变量 x,又含因变量 y.这一点与显函数不同.

例 21 设 $y = y(x)$ 由方程 $y^5 + 3y - x - 3x^7 = 0$ 确定,求 $y'|_{x=0}$.

解 方程两边同时对 x 求导,得

$$5y^4 \cdot y' + 3y' - 1 - 21x^6 = 0,$$

解得

$$y' = \frac{1 + 21x^6}{5y^4 + 3}.$$

将 $x = 0$ 代入原方程可得 $y|_{x=0} = 0$,所以 $y'|_{x=0} = \dfrac{1}{3}$.

例 22 求参数方程 $\begin{cases} x = a\sin^3 t \\ y = a\cos^3 t \end{cases}$ 确定的函数的导数 $\dfrac{\mathrm{d}y}{\mathrm{d}x}$.

解 $\dfrac{\mathrm{d}y}{\mathrm{d}x} = \dfrac{y'_t}{x'_t} = \dfrac{(a\cos^3 t)'_t}{(a\sin^3 t)'_t} = \dfrac{-3a\cos^2 t \cdot \sin t}{3a\sin^2 t \cdot \cos t} = -\cot t$.

例 23 求摆线 $\begin{cases} x = a(t-\sin t), \\ y = a(1-\cos t) \end{cases}$ (a 为常数)在 $t = \dfrac{\pi}{2}$ 时的切线方程.

解 摆线上 $t = \dfrac{\pi}{2}$ 时对应的点为 $M_0\left(\dfrac{(\pi-2)a}{2}, a\right)$, 又

$$\frac{dy}{dx} = \frac{[a(1-\cos t)]'_t}{[a(t-\sin t)]'_t} = \frac{\sin t}{1-\cos t} = \cot\frac{t}{2},$$

故摆线在 M_0 处切线的斜率 $y'|_{t=\frac{\pi}{2}} = 1$,所求的切线方程为

$$y - a = x - \frac{(\pi-2)a}{2},$$

即

$$x - y + \frac{(4-\pi)a}{2} = 0.$$

例 24* 求 $y = (1+x)^{\frac{1}{x}}$ 的导数.

解 这是幂指函数求导问题,可采用对数求导法.

对 $y = (1+x)^{\frac{1}{x}}$ 两边取对数,得

$$\ln y = \frac{\ln(1+x)}{x},$$

上式两边求对 x 的导数,得

$$\frac{1}{y} \cdot y' = \frac{\frac{1}{1+x} \cdot x - \ln(1+x)}{x^2},$$

所以

$$y' = y \cdot \frac{x - (1+x)\ln(1+x)}{x^2(1+x)} = (1+x)^{\frac{1}{x}} \cdot \frac{x - (1+x)\ln(1+x)}{x^2(1+x)}.$$

例 25* 设 $y = (2x-1)^2 \sqrt{\dfrac{x-2}{x-3}}$,求 y'.

解 本题如果直接求导,比较烦琐,可采用对数求导法.

在等式两边取对数,有

$$\ln y = 2\ln(2x-1) + \frac{1}{2}\ln(x-2) - \frac{1}{2}\ln(x-3),$$

上式两边分别对 x 求导,有

$$\frac{y'}{y} = 2 \cdot \frac{2}{2x-1} + \frac{1}{2} \cdot \frac{1}{x-2} - \frac{1}{2} \cdot \frac{1}{x-3},$$

所以

$$y' = (2x-1)^2 \sqrt{\frac{x-2}{x-3}} \left[\frac{4}{2x-1} + \frac{1}{2(x-2)} - \frac{1}{2(x-3)}\right].$$

说明 严格来讲,在函数两边取对数之前应先在两边取绝对值,即有

$$\ln|y| = 2\ln|2x-1| + \frac{1}{2}\ln|x-2| - \frac{1}{2}\ln|x-3|.$$

容易验证,取绝对值后再应用对数求导法,所得的结果不变.因此使用对数求导法处理此类问题时,习惯上常略去取绝对值的步骤.

【知识演练】

8. 求出下列方程所确定的隐函数的导数：

(1) $x\cos y = \sin(2x+y)$；

(2) $\tan(xy) = 2x+3y$；

(3) $xe^y - ye^x = x^2$；

(4) $\dfrac{x}{y} = \ln(xy)$.

9. 求下列参数方程所确定的函数的导数：

(1) $\begin{cases} x=1+t, \\ y=1+t^2; \end{cases}$

(2) $\begin{cases} x=t\cos t, \\ y=\sin t. \end{cases}$

10. 求椭圆 $\dfrac{x^2}{4} + \dfrac{y^2}{2} = 1$ 在点 $M(\sqrt{2},1)$ 处的切线方程.

11. 求由参数方程 $\begin{cases} x=3e^t, \\ y=e^{-t} \end{cases}$ 确定的函数在 $t=0$ 处的切线方程和法线方程.

12*. 求下列函数的导数：

(1) $y = x^{\sqrt{x}}$；

(2) $y = \dfrac{(3-x)^4 \sqrt{x+2}}{(x+1)^5}$.

2.2.3 函数的微分

【案例提出】

[案例6] 某产品的总成本函数为 $C(x) = 100 + 6x - 0.4x^2 + 0.02x^3$（单位：万元），其中 x 为产量（单位：万件）. 试问当产量从 10 万件增加到 10.01 万件时，总成本增加多少？

解法1 当产量从 x_0 增加到 $x_0 + \Delta x$ 时，总成本的改变量为

$$\Delta C = C(x_0 + \Delta x) - C(x_0).$$

由题意知 $x_0 = 10, \Delta x = 0.01$，所以

$$\begin{aligned}
\Delta C \Big|_{\substack{x_0=10 \\ \Delta x=0.01}} &= C(10.01) - C(10) \\
&= 100 + 6 \times 10.01 - 0.4 \times 10.01^2 + 0.02 \times 10.01^3 - \\
&\quad (100 + 6 \times 10 - 0.4 \times 10^2 + 0.02 \times 10^3) \\
&\approx 0.04 (万元).
\end{aligned}$$

解法2 因为导数是因变量相对于自变量的变化率，所以当产量从 x_0 增加到 $x_0 + \Delta x$ 时，如果 $|\Delta x|$ 很小，则可以认为总成本的改变量 $\Delta C \approx C'(x_0) \Delta x$.

由 $C(x) = 100 + 6x - 0.4x^2 + 0.02x^3$，可得 $C'(x) = 6 - 0.8x + 0.06x^2$.

从而有 $\Delta C \Big|_{\substack{x_0=10 \\ \Delta x=0.01}} \approx C'(x_0) \Delta x \Big|_{\substack{x_0=10 \\ \Delta x=0.01}} = (6 - 0.8x + 0.06x^2) \Big|_{x=10} \times 0.01 = 0.04(万元)$.

【相关知识】

1. 微分的定义

定义 2.4 设函数 $y=f(x)$ 在点 x_0 处可导,则称 $f'(x_0)\Delta x$ 为函数 $y=f(x)$ 在 x_0 处的**微分**,记作 $\mathrm{d}y$,即 $\mathrm{d}y=f'(x_0)\Delta x$. 此时,则称函数 $y=f(x)$ 在点 x_0 处**可微**.

设函数 $y=f(x)$ 在区间 (a,b) 内可导,那么函数 $y=f(x)$ 在该区间内每一点必可微,我们把函数 $y=f(x)$ 在区间 (a,b) 内的微分记作 $\mathrm{d}y$,且有 $\mathrm{d}y=f'(x)\Delta x$. 此时,我们也称函数 $y=f(x)$ 为区间 (a,b) 内的可微函数.

通常把自变量 x 的微分记作 $\mathrm{d}x$,则按定义有 $\mathrm{d}x=(x)'\Delta x=\Delta x$,也即自变量的微分 $\mathrm{d}x$ 等于它的改变量 Δx. 于是函数 $y=f(x)$ 的微分又可记作

$$\mathrm{d}y=f'(x)\mathrm{d}x. \qquad(2\text{-}5)$$

(2-5)式一方面提供了计算函数 $y=f(x)$ 微分的一种方法,另一方面也帮助我们更好地理解函数导数和微分之间的联系. 在(2-5)式两边同除以 $\mathrm{d}x$,得

$$\frac{\mathrm{d}y}{\mathrm{d}x}=f'(x),$$

即函数的微分 $\mathrm{d}y$ 与自变量的微分 $\mathrm{d}x$ 之商等于该函数的导数. 因此,导数也称为"微商".

2. 微分的几何意义

考虑函数 $y=f(x)$ 的图形,设自变量 $x=x_0$ 时,曲线上对应点为 M,当自变量有改变量 Δx,即 $x=x_0+\Delta x$,对应得到曲线上另一个点 N. 过点 M 作曲线的切线 MT,设它的倾角为 α,则此切线的斜率 $\tan\alpha=f'(x_0)$. 从图 2-3 中可以看出,曲线上两点 M,N 的纵坐标之差为 Δy,切线上相应的纵坐标之差为 $\mathrm{d}y$,当 $|\Delta x|$ 很小时,$\Delta y\approx\mathrm{d}y$. 也就是说,在点 M 的附近,可以用切线纵坐标的改变量 $\mathrm{d}y$ 来近似代替曲线纵坐标的改变量 Δy.

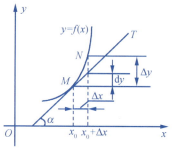

图 2-3

【拓展知识】*

1. 微分的四则运算法则

类似于导数的四则运算法则,微分也有四则运算法则.

(1) $\mathrm{d}(u\pm v)=\mathrm{d}u\pm\mathrm{d}v$; 　　(2) $\mathrm{d}(Cu)=C\mathrm{d}u$($C$ 是常数);

(3) $\mathrm{d}(uv)=v\mathrm{d}u+u\mathrm{d}v$; 　　(4) $\mathrm{d}\left(\dfrac{u}{v}\right)=\dfrac{v\mathrm{d}u-u\mathrm{d}v}{v^2}$.

2. 一阶微分的形式不变性

设 $y=f(u),u=\varphi(x)$ 都可微,则复合函数 $y=f[\varphi(x)]$ 也可微,且

$$\mathrm{d}y=y'_x\mathrm{d}x=f'(u)\cdot\varphi'(x)\mathrm{d}x.$$

因为 $\varphi'(x)\mathrm{d}x=\mathrm{d}u$,所以有 $\mathrm{d}y=f'(u)\mathrm{d}u$.

定理 2.6 设 $y=f(u)$ 可微,不论 u 是自变量还是中间变量,总有

$$dy = f'(u)du.$$

这一性质称为一阶微分的形式不变性.

计算微分时,除了利用(2-5)式外,也可用上述微分的四则运算法则和一阶微分的形式不变性来计算.

【例题精选】

例 26 设函数 $y = \sin x + \cos 2x$,求微分 dy.

解法 1 因为 $y' = \cos x + (-\sin 2x) \cdot (2x)' = \cos x - 2\sin 2x$,
所以 $dy = (\cos x - 2\sin 2x)dx$.

解法 2 （利用微分法则）*
$$dy = d(\sin x + \cos 2x) = d(\sin x) + d(\cos 2x) = \cos x dx - \sin 2x d(2x)$$
$$= \cos x dx - 2\sin 2x dx = (\cos x - 2\sin 2x)dx.$$

例 27 设 $y = \ln \sin 2x$,求 dy.

解法 1 $y' = \dfrac{1}{\sin 2x}(\sin 2x)' = \dfrac{\cos 2x}{\sin 2x} \cdot 2 = 2\cot 2x$,所以 $dy = 2\cot 2x dx$.

解法 2* $dy = \dfrac{1}{\sin 2x}d(\sin 2x) = \dfrac{1}{\sin 2x}\cos 2x d(2x) = 2\cot 2x dx.$

例 28 设 $y = \sqrt{x^2 + x + 2}$,求 dy.

解法 1 $y' = \dfrac{1}{2\sqrt{x^2+x+2}}(x^2+x+2)' = \dfrac{2x+1}{2\sqrt{x^2+x+2}}$,

所以 $dy = \dfrac{2x+1}{2\sqrt{x^2+x+2}}dx$.

解法 2* $dy = \dfrac{1}{2\sqrt{x^2+x+2}}d(x^2+x+2) = \dfrac{d(x^2)+dx+d(1)}{2\sqrt{x^2+x+2}} = \dfrac{2x+1}{2\sqrt{x^2+x+2}}dx.$

例 29 已知 $y = \ln(x^2-1)$,求 dy,$dy\big|_{x=2}$,$dy\big|_{\substack{x=2 \\ \Delta x=0.01}}$.

解 $dy = [\ln(x^2-1)]'dx = \dfrac{2x}{x^2-1}dx$,

$dy\big|_{x=2} = \dfrac{4}{3}dx$,$dy\big|_{\substack{x=2 \\ \Delta x=0.01}} = \dfrac{4}{300}$.

【知识应用】

近似计算是在解决实际问题的过程中经常采用的一种方法,而利用微分往往可以把一些复杂的计算公式用简单的近似公式来替代,因此微分在近似计算中有较大优势和可实践性.

根据之前的讨论,若函数 $y = f(x)$ 在点 x_0 处可微,则当 $|\Delta x|$ 很小时,有 $\Delta y \approx dy$,即
$$\Delta y = f(x_0 + \Delta x) - f(x_0) \approx f'(x_0)\Delta x,$$
移项可得
$$f(x_0 + \Delta x) \approx f(x_0) + f'(x_0)\Delta x. \tag{2-6}$$

如果记 $x=x_0+\Delta x$，则 $\Delta x=x-x_0$，(2-6)式可改写为
$$f(x)\approx f(x_0)+f'(x_0)(x-x_0). \tag{2-7}$$

例 30 计算 $\sqrt{2}$ 的近似值.

解 令函数 $f(x)=\sqrt{x}$，则 $f'(x)=\dfrac{1}{2\sqrt{x}}$.

因为 $\sqrt{2}=\sqrt{1.96+0.04}$，所以可取 $x_0=1.96$，$\Delta x=0.04$.

由(2-6)式可得
$$\sqrt{2}=\sqrt{1.96+0.04}\approx f(1.96)+f'(1.96)\Delta x$$
$$=\sqrt{1.96}+\dfrac{1}{2\sqrt{1.96}}\times 0.04=1.4+\dfrac{0.04}{2.8}\approx 1.4143.$$

例 31 某工厂生产某种产品，根据销售分析，得出的利润 L（单位：万元）与日产量 Q（单位：吨）的关系为 $L(Q)=120Q+\sqrt{Q}-1350$，若日产量由 16 吨增加到 16.2 吨，求利润增加的近似值.

解 由题意知，日产量 Q 由 16 吨增加到 16.2 吨，利润 L 增加了 ΔL，因此，这是利润函数改变量的近似值问题.

由微分的近似计算公式得
$$\Delta L\approx L'(Q)\Delta Q=\left(120+\dfrac{1}{2\sqrt{Q}}\right)\Delta Q.$$

由题意 $Q_0=16$，$\Delta Q=0.2$，所以
$$\Delta L\bigg|_{\substack{Q_0=16\\ \Delta Q=0.2}}\approx\left(120+\dfrac{1}{2\sqrt{16}}\right)\times 0.2=24.025(万元),$$

即日产量由 16 吨增加到 16.2 吨时，利润增加了约 24 万元.

【知识演练】

13. 求下列函数的微分：

(1) $y=\dfrac{1}{x}+2\sqrt{x}$；

(2) $y=x^3\cos x$；

(3) $y=\dfrac{1}{\sqrt{x+1}}$；

(4) $y=x\ln\dfrac{x}{2}+e^{x^2}$.

14. 在括号内填入适当的函数，使等式成立.

(1) $x\mathrm{d}x=\mathrm{d}(\qquad)$；

(2) $\cos x\mathrm{d}x=\mathrm{d}(\qquad)$；

(3) $\dfrac{1}{x^2}\mathrm{d}x=\mathrm{d}(\qquad)$；

(4) $\dfrac{1}{\sqrt{x}}\mathrm{d}x=\mathrm{d}(\qquad)$.

15. 某商店每周销售商品 x 件，所获利润 y 依下式进行计算：$y=6\sqrt{100x-x^2}$. 当每周销量由 10 件增加到 11 件时，试用微分计算利润增加的近似值.

16. 设某商品的需求函数为 $Q=8.2\mathrm{e}^{-\frac{P}{5}}$，其中 P（元）为单位商品的价格，Q（千件）为商品的月需求量. 试用微分方法估计当该商品的价格从 8 元增加到 8.2 元时，月需求量变化的

情况.

17. 一家汽车销售商利用电视广告来促进其汽车销售,由过去记录得到每个月做的广告量 x 与汽车销量 y 有如下关系:$y=-0.005x^3+0.485x^2-1.85x+300$,试用微分的方法估计当每个月做广告从 20 次增加到 21 次时,汽车销售的增加量.

2.3 导数的应用

2.3.1 洛必达法则

【案例提出】

[案例 7] 在求极限的过程中,如果当 $x\to x_0$(或 $x\to\infty$)时,两个函数 $f(x)$ 与 $g(x)$ 都趋于零或都趋于无穷大,通常把这种极限称为未定型,并分别简记为"$\frac{0}{0}$"型或"$\frac{\infty}{\infty}$"型. 在第一章中对这类极限已作了初步讨论,例如 $\lim\limits_{x\to 2}\frac{x^2-3x+2}{x^2+3x-10}$,但是对极限 $\lim\limits_{x\to 0^+}\frac{\ln(\tan x)}{\ln x}$,目前还求不出来. 借助导数这个工具,我们可以用新的方法来求解此类极限,这就是洛必达法则.

【相关知识】

定理 2.7 【洛必达(L'Hospital)法则】 设在自变量的某一变化过程中,函数 $f(x)$ 与 $g(x)$ 可导,且 $g'(x)\neq 0$. 如果极限 $\lim\frac{f(x)}{g(x)}$ 是"$\frac{0}{0}$"型未定式(或"$\frac{\infty}{\infty}$"型未定式),且 $\lim\frac{f'(x)}{g'(x)}$ 存在或为 ∞,则

$$\lim\frac{f(x)}{g(x)}=\lim\frac{f'(x)}{g'(x)}.$$

需要注意的是,洛必达法则只能用于"$\frac{0}{0}$"型或"$\frac{\infty}{\infty}$"型未定式极限. 其他常见的未定式,比如,"$0\cdot\infty$"型、"$\infty-\infty$"型、"1^∞"型、"∞^0"型和"0^0"型等情况,是不能直接应用洛必达法则的,需将函数先进行恒等变形,化为"$\frac{0}{0}$"型或"$\frac{\infty}{\infty}$"型,才可以用洛必达法则计算.

【拓展知识】*

1. 微分中值定理

微分中值定理在微积分理论中占有重要地位,它建立了导数与函数之间的关系,这些公式对于用导数研究函数是极为重要的.

定理 2.8【罗尔(Rolle)定理】 设函数 $f(x)$ 在闭区间 $[a,b]$ 上连续,在开区间 (a,b) 内可导,且 $f(a)=f(b)$,则在开区间 (a,b) 内至少存在一点 ξ,使得 $f'(\xi)=0$.

罗尔定理的几何意义是:若 $y=f(x)$ 满足罗尔定理的条件,则在曲线 $y=f(x)$ 上至少能作出一条切线与 x 轴平行(图 2-4).

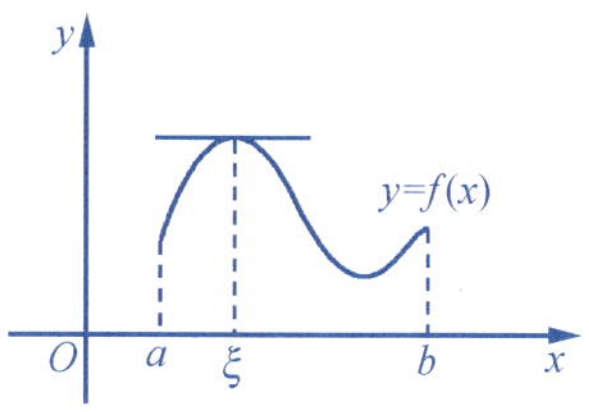

定理 2.9【拉格朗日(Lagrange)中值定理】 设函数 $f(x)$ 在闭区间 $[a,b]$ 上连续,在开区间 (a,b) 内可导,则在开区间 (a,b) 内至少存在一点 ξ,使得

$$f'(\xi)=\frac{f(b)-f(a)}{b-a},$$

即

$$f(b)-f(a)=f'(\xi)(b-a)\quad(a<\xi<b).$$

图 2-4

拉格朗日中值定理的几何意义:

如图 2-5 所示,在图中直线 AB 的斜率为 $\dfrac{f(b)-f(a)}{b-a}$,而过曲线上点 C 的切线斜率为 $f'(\xi)$.因此拉格朗日中值定理的几何意义是:如果 $y=f(x)$ 满足定理的全部条件,则在曲线 $y=f(x)$ 上至少能作出一条切线与直线 AB 平行.

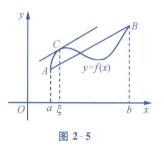

图 2-5

从图 2-5 中还可看出,若将坐标轴进行旋转,使 x 轴与直线 AB 平行,则此时 A 与 B 两点的函数值相等,即曲线满足罗尔定理的条件.因此罗尔定理是拉格朗日中值定理的特殊情形.

推论 2.3 若函数 $f(x)$ 在区间 I 内的导数恒为零,则 $f(x)$ 在区间 I 内恒为常数.

推论 2.4 若函数 $f(x),g(x)$ 在区间 I 内的导数相等,即 $f'(x)=g'(x)(x\in I)$,则 $f(x)$ 与 $g(x)$ 在区间 I 内恒相差一常数.

【例题精选】

例 32 求 $\lim\limits_{x\to 0}\dfrac{xe^{-x}}{e^x-1}$.

解 所求极限为"$\dfrac{0}{0}$"型,由洛必达法则,得

$$\lim_{x\to 0}\frac{xe^{-x}}{e^x-1}=\lim_{x\to 0}\frac{e^{-x}-xe^{-x}}{e^x}=1.$$

例 33 求 $\lim\limits_{x\to 1}\dfrac{x^3-3x+2}{x^4-2x^2+1}$.

解 所求极限为"$\dfrac{0}{0}$"型,由洛必达法则,得

$$\lim_{x\to 1}\frac{x^3-3x+2}{x^4-2x^2+1}=\lim_{x\to 1}\frac{(x^3-3x+2)'}{(x^4-2x^2+1)'}=\lim_{x\to 1}\frac{3x^2-3}{4x^3-4x}\left(\text{仍为}"\frac{0}{0}"\text{型}\right)$$

$$=\lim_{x\to 1}\frac{(3x^2-3)'}{(4x^3-4x)'}=\lim_{x\to 1}\frac{6x}{12x^2-4}=\frac{3}{4}.$$

说明 如果利用洛必达法则之后所得到的导数之比的极限仍是"$\dfrac{0}{0}$"型或"$\dfrac{\infty}{\infty}$"型,且仍满足法则的条件,那么可以继续使用洛必达法则.

例 34 求 $\lim\limits_{x \to 0^+} \dfrac{\ln(\tan x)}{\ln x}$.

解 所求极限为"$\dfrac{\infty}{\infty}$"型，由洛必达法则，得

$$\lim_{x \to 0^+} \frac{\ln(\tan x)}{\ln x} = \lim_{x \to 0^+} \frac{[\ln(\tan x)]'}{(\ln x)'} = \lim_{x \to 0^+} \frac{\dfrac{1}{\tan x \cos^2 x}}{\dfrac{1}{x}}$$

$$= \lim_{x \to 0^+} x \cdot \frac{\cos x}{\sin x} \cdot \frac{1}{\cos^2 x} = \lim_{x \to 0^+} \frac{x}{\sin x} \cdot \frac{1}{\cos x} = 1.$$

例 35 求 $\lim\limits_{x \to 0^+} \dfrac{\ln(\tan 3x)}{\ln(\tan 5x)}$.

解 所求极限为"$\dfrac{\infty}{\infty}$"型，由洛必达法则，得

$$\lim_{x \to 0^+} \frac{\ln(\tan 3x)}{\ln(\tan 5x)} = \lim_{x \to 0^+} \frac{[\ln(\tan 3x)]'}{[\ln(\tan 5x)]'} = \lim_{x \to 0^+} \frac{\dfrac{3}{\tan 3x \cos^2 3x}}{\dfrac{5}{\tan 5x \cos^2 5x}}$$

$$= \frac{3}{5} \lim_{x \to 0^+} \frac{\sin 10x}{\sin 6x} = \frac{3}{5} \lim_{x \to 0^+} \frac{10x}{6x} = 1.$$

说明 在倒数第二个等号中，利用了等价无穷小代换 $\sin 10x \sim 10x, \sin 6x \sim 6x (x \to 0)$. 在用洛必达法则时，可结合使用第 1 章学过的一些求极限技巧，常能简化运算.

例 36 求 $\lim\limits_{x \to 0^+} x \ln x$.

解 所求极限为"$0 \cdot \infty$"型，先化为"$\dfrac{0}{0}$"或"$\dfrac{\infty}{\infty}$"型，再用洛必达法则计算.

$$\lim_{x \to 0^+} x \ln x = \lim_{x \to 0^+} \frac{\ln x}{\dfrac{1}{x}} \quad (\text{"}\dfrac{\infty}{\infty}\text{"型})$$

$$= \lim_{x \to 0^+} \frac{(\ln x)'}{\left(\dfrac{1}{x}\right)'} = \lim_{x \to 0^+} \frac{\dfrac{1}{x}}{-\dfrac{1}{x^2}} = -\lim_{x \to 0^+} x = 0.$$

例 37 求 $\lim\limits_{x \to 1} \left(\dfrac{x}{x-1} - \dfrac{1}{\ln x} \right)$.

解 所求极限为"$\infty - \infty$"型，先化为"$\dfrac{0}{0}$"或"$\dfrac{\infty}{\infty}$"型，再用洛必达法则计算.

$$\lim_{x \to 1} \left(\frac{x}{x-1} - \frac{1}{\ln x} \right) = \lim_{x \to 1} \frac{x \ln x - x + 1}{(x-1) \ln x} \quad (\text{"}\dfrac{0}{0}\text{"型})$$

$$= \lim_{x \to 1} \frac{[x \ln x - x + 1]'}{[(x-1) \ln x]'} = \lim_{x \to 1} \frac{\ln x + 1 - 1}{\ln x + \dfrac{x-1}{x}}$$

$$= \lim_{x \to 1} \frac{x \ln x}{x \ln x + x - 1} \quad (\text{"}\dfrac{0}{0}\text{"型})$$

$$= \lim_{x \to 1} \frac{(x\ln x)'}{(x\ln x + x - 1)'} = \lim_{x \to 1} \frac{\ln x + 1}{\ln x + 2} = \frac{1}{2}.$$

例 38 求 $\lim\limits_{x \to 0^+} x^{\sin x}$.

分析 当所求极限为"1^∞"、"∞^0"或"0^0"未定型时,可以通过取对数的方法转化后再用洛必达法则.

解 因为 $x^{\sin x} = e^{\ln x^{\sin x}} = e^{\sin x \ln x}$,所以 $\lim\limits_{x \to 0^+} x^{\sin x} = e^{\lim\limits_{x \to 0^+} \sin x \ln x}$.

而 $\lim\limits_{x \to 0^+} \sin x \ln x = \lim\limits_{x \to 0^+} \dfrac{\ln x}{\dfrac{1}{\sin x}} = \lim\limits_{x \to 0^+} \dfrac{\dfrac{1}{x}}{\dfrac{-\cos x}{\sin^2 x}} = \lim\limits_{x \to 0^+} \dfrac{\sin^2 x}{-x\cos x} = 0$,

所以原式 $= e^0 = 1$.

【知识演练】

18*. 下列函数在指定的区间上是否满足罗尔中值定理的条件?如果满足,求出定理结论中的数值 ξ.

(1) $f(x) = \dfrac{1}{x^2}, [-2, 2]$; (2) $f(x) = x^2 - 4x + 4, [1, 3]$.

19*. 下列函数在给定区间上是否满足拉格朗日中值定理的条件?如果满足,求出定理结论中的数值 ξ.

(1) $f(x) = x^3 + 2x, [0, 3]$; (2) $f(x) = \ln x, [1, e]$.

20. 用洛必达法则求下列极限:

(1) $\lim\limits_{x \to 0} \dfrac{e^x - e^{-x} - 2x}{x - \sin x}$; (2) $\lim\limits_{x \to 0} \dfrac{\sin x - x}{x - \tan x}$;

(3) $\lim\limits_{x \to 0} \dfrac{\ln\cos 2x}{\ln\cos 3x}$; (4) $\lim\limits_{x \to \pi} \dfrac{\sin 3x}{\tan 5x}$;

(5) $\lim\limits_{x \to +\infty} \dfrac{\ln(1 + e^x)}{x^2}$; (6) $\lim\limits_{x \to 0} \dfrac{\tan x - x}{x^2(e^{2x} - 1)}$;

(7) $\lim\limits_{x \to 0^+} x e^{\frac{1}{x}}$; (8) $\lim\limits_{x \to \frac{\pi}{2}} \left(\dfrac{1}{\cos x} - \tan x\right)$.

2.3.2 函数的单调性和极值

【案例提出】

[**案例 8**] 在生活中,随着经济的发展,同学们或多或少都会接触股市.在股市上,人们特别关注股指曲线(图 2-6),关心在哪一段时间股指会上升,哪一段时间股指会下降;或者在哪一个时间达到峰值,哪一个时间达到低谷,低谷的值是多少.从数学的角度看,这种曲线的上升与下降便是函数的单调性,而图上的峰值和低谷,则对应了函数的极值.

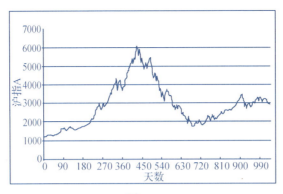

图 2-6

【相关知识】

1. 函数单调性的判别

观察图 2-7,不难发现,如果函数是单调递增的,其图象上任一点处的切线与 x 轴的夹角总是锐角[图 2-7(a)];如果函数是单调递减的,其图象上任一点处的切线与 x 轴的夹角总是钝角[图 2-7(b)].由此可得函数单调性的判别定理.

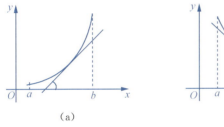
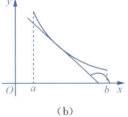

图 2-7

定理 2.10 设函数 $y=f(x)$ 在 (a,b) 内可导,则

(1) 如果在 $x\in(a,b)$ 内恒有 $f'(x)>0$,那么 $f(x)$ 在 (a,b) 内单调递增;

(2) 如果在 $x\in(a,b)$ 内恒有 $f'(x)<0$,那么 $f(x)$ 在 (a,b) 内单调递减.

2. 函数的极值

定义 2.5 设函数 $f(x)$ 在点 x_0 的某邻域内有定义,如果对该邻域内任何异于 x_0 的 x,都有

(1) $f(x)<f(x_0)$,则称 $f(x_0)$ 为 $f(x)$ 的一个极大值,称 x_0 为 $f(x)$ 的极大值点;

(2) $f(x)>f(x_0)$,则称 $f(x_0)$ 为 $f(x)$ 的一个极小值,称 x_0 为 $f(x)$ 的极小值点.

函数的极大值与极小值统称为函数的极值,极大值点与极小值点统称为极值点.

例如,在图 2-8 中,函数 $f(x)$ 有极大值 $f(x_2)$,$f(x_5)$,有极小值 $f(x_1)$,$f(x_4)$,$f(x_6)$.

观察图 2-8,不难发现以下结论:

(1) 极值是一个局部性概念,因此极大值和极小值之间没有必然的大小关系,如图 2-8 中极大值 $f(x_2)$ 比极小值

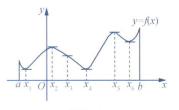

图 2-8

$f(x_6)$ 小,这一点与最值不同.

(2) 极值点处如果存在切线,则切线一定是水平的,如图 2-8 中 x_1, x_2, x_5, x_6 对应点处.

(3) 有水平切线的点,未必一定是极值点,如图 2-8 中 x_3 对应点处有水平切线,但 x_3 并不是极值点.

(4) 不可导点有可能是极值点,如图 2-8 中 x_4 是极小值点,而 x_4 对应点是不可导的尖点.

定理 2.11【极值的必要条件】 设函数 $f(x)$ 在点 x_0 处可导,且 x_0 为 $f(x)$ 的极值点,则 $f'(x_0)=0$.

定义 2.6 使函数的导数等于零的点,称为该函数的驻点.

由上面的论述可知,驻点和导数不存在的点有可能成为函数的极值点.这两类点通常容易求出,下面讨论如何判断极值点.

定理 2.12【判定极值的第一充分条件】 设函数 $y=f(x)$ 在点 x_0 的邻域内可导,则

(1) 如果当 $x<x_0$ 时 $f'(x)>0$,当 $x>x_0$ 时 $f'(x)<0$,那么 x_0 为 $f(x)$ 的极大值点;

(2) 如果当 $x<x_0$ 时 $f'(x)<0$,当 $x>x_0$ 时 $f'(x)>0$,那么 x_0 为 $f(x)$ 的极小值点;

(3) 如果 $f'(x)$ 在 x_0 的两侧保持相同的符号,那么 x_0 不是 $f(x)$ 的极值点.

定理 2.12 的几何直观解释如图 2-9 所示.

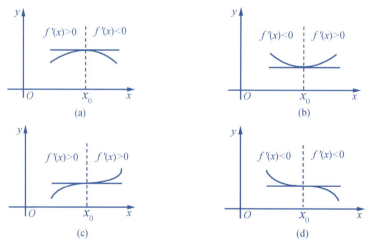

图 2-9

在求极值时,若函数 $f(x)$ 在驻点处存在不为零的二阶导数,则有极值的另一个判别定理.

定理 2.13【判定极值的第二充分条件】 设函数 $y=f(x)$ 在点 x_0 处存在二阶导数,且 $f'(x_0)=0, f''(x_0) \neq 0$,则

(1) 当 $f''(x_0)<0$ 时,x_0 为 $f(x)$ 的极大值点;

(2) 当 $f''(x_0)>0$ 时,x_0 为 $f(x)$ 的极小值点.

需注意,定理 2.13 只能用于判别一阶导数等于 0 且二阶导数不等于 0 的点,对于导数不存在或二阶导数等于 0 的点,该定理是无法判别的.

3. 判别函数单调区间和求函数极值(点)的一般步骤

函数的单调性和极值是两个联系非常紧密的概念,经常会放在一起讨论.

(1) 确定函数 $y=f(x)$ 的单调区间的一般步骤如下:

① 确定函数 $f(x)$ 的定义域;

② 求 $f'(x)$,找出 $f(x)$ 的驻点及导数不存在的连续点;

③ 用②中所求出的点将定义域分成若干区间,在各区间内讨论 $f'(x)$ 的符号,进一步判断 $f(x)$ 在各区间内的单调性.

(2) 求函数 $y=f(x)$ 的极值、极值点的一般步骤如下:

① 确定函数 $f(x)$ 的定义域;

② 求 $f'(x)$,找出 $f(x)$ 的驻点及导数不存在的连续点;

③ 利用判定极值的第一充分条件或第二充分条件判定②中各点是否为极值点.

【例题精选】

例 39 判别函数 $y=2x+\cos x$ 在 $(-\infty,+\infty)$ 内的单调性.

解 因为在函数的定义域 $(-\infty,+\infty)$ 内恒有 $y'=2-\sin x>0$,所以 $y=2x+\cos x$ 在 $(-\infty,+\infty)$ 内单调递增.

例 40 判别函数 $y=(2x-5)\sqrt[3]{x^2}$ 的单调区间和极值的情况.

解 函数的定义域为 $(-\infty,+\infty)$.

因为 $y=(2x-5)\sqrt[3]{x^2}=2x^{\frac{5}{3}}-5x^{\frac{2}{3}}$,所以 $y'=\frac{10}{3}x^{\frac{2}{3}}-\frac{10}{3}x^{-\frac{1}{3}}=\frac{10}{3}\cdot\frac{x-1}{\sqrt[3]{x}}$.

令 $y'=0$ 得驻点 $x=1$.当 $x=0$ 时,函数的导数不存在.列表讨论如下:

x	$(-\infty,0)$	0	$(0,1)$	1	$(1,+\infty)$
y'	+	不存在	−	0	+
y	↑	极大值 0	↓	极小值 −3	↑

(注:表中记号"↑"代表在该区间上单调递增,"↓"代表在该区间上单调递减.)

所以函数 $f(x)$ 分别在区间 $(-\infty,0)$ 和 $(1,+\infty)$ 上单调递增,在区间 $(0,1)$ 上单调递减,极大值点 $x=0$,极大值 $f(0)=0$;极小值点 $x=1$,极小值 $f(1)=-3$.

例 41 判别函数 $y=1+\frac{36x}{(x+3)^2}$ 的单调区间和极值的情况.

解 所给函数的定义域为 $(-\infty,-3)\cup(-3,+\infty)$,$f'(x)=\frac{36(3-x)}{(x+3)^3}$.

令 $f'(x)=0$ 得驻点为 $x=3$.定义域内无不可导点.列表讨论如下:

x	$(-\infty,-3)$	$(-3,3)$	3	$(3,+\infty)$
$f'(x)$	−	+	0	−
$f(x)$	↓	↑	极大值 4	↓

因此函数分别在区间 $(-\infty,-3)$ 和 $(3,+\infty)$ 上单调递减,在区间 $(-3,3)$ 上单调递增,$x=3$ 时函数取得极大值 $f(3)=4$.

说明 此例中一定要注意函数的定义域.−3 不是定义域中的点,所以不出现在列表讨论中,更不可能成为极值点.

例 42 求 $y=x^3-3x$ 的极值点与极值.

解 函数的定义域为 $(-\infty,+\infty)$,$y'=3x^2-3=3(x-1)(x+1)$.

令 $y'=0$,可知 $x_1=-1,x_2=1$ 为驻点,无不可导点.

$y''=6x$,因为 $y''|_{x=-1}=-6<0,y''|_{x=1}=6>0$,

所以 $x_1=-1$ 为极大值点,相应的极大值为 $f(-1)=2$;

$x_2=1$ 为极小值点,相应的极小值为 $f(1)=-2$.

说明 此例中函数没有不可导点,且二阶导数在驻点处均不为0,这种情况下用判定极值的第二充分条件判别,书写更为简洁.

【知识应用】

函数的单调性应用广泛,可利用它解方程、证明等式与不等式、求参数的取值范围等,在此主要讨论单调性在不等式证明中的应用.

利用函数的单调性证明不等式是不等式证明中最常用的方法之一. 通常做法是根据需要证明的不等式去构造合适的函数,通过判别该函数的单调性得到不等关系,进而得到所要证明的结论.

例 43 证明:当 $x>0$ 时,$1+\dfrac{1}{3}x>\sqrt[3]{1+x}$.

证 设函数 $f(x)=1+\dfrac{1}{3}x-\sqrt[3]{1+x}$,则

$$f'(x)=\frac{1}{3}-\frac{1}{3\sqrt[3]{(1+x)^2}}=\frac{1}{3}\left[1-\frac{1}{\sqrt[3]{(1+x)^2}}\right].$$

当 $x>0$ 时,$f'(x)>0$,所以 $f(x)$ 在 $(0,+\infty)$ 上单调递增.

又因为 $f(0)=0$,所以 $x>0$ 时有 $f(x)>f(0)$,即 $1+\dfrac{1}{3}x-\sqrt[3]{1+x}>0$.

因此当 $x>0$ 时,$1+\dfrac{1}{3}x>\sqrt[3]{1+x}$,命题得证.

【知识演练】

21. 求下列函数的单调区间、极值与极值点.

(1) $f(x)=x^3-12x$;　　(2) $f(x)=x-\ln(1+x)$;　　(3) $f(x)=\dfrac{2x}{x^2+1}-2$.

22. 试问 a 为何值时,函数 $f(x)=a\sin x+\dfrac{1}{3}\sin 3x$ 在 $x=\dfrac{\pi}{3}$ 处取得极值？它是极大值还是极小值？求此极值.

23. 证明:当 $x<0$ 时,$e^x\leqslant\dfrac{1}{1-x}$. (提示:只需证当 $x<0$ 时,$e^x(1-x)-1\leqslant 0$ 成立即可)

2.3.3 曲线的凹凸性与拐点

【案例提出】

[案例 9] 观察曲线 $y=x^3$ 的图形(图 2-10),虽然在 $(-\infty, +\infty)$ 上,曲线都是单调递增的,但负半轴和正半轴图形差别比较大. 在 $(-\infty,0)$ 内曲线是向上弯曲的,在 $(0,+\infty)$ 内曲线是向下弯曲的,数学上将这种向上或向下弯曲的性质称为凹凸性.

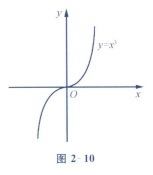

图 2-10

【相关知识】

1. **曲线的凹凸性和拐点**

观察图 2-11,发现曲线的凹凸性可以通过曲线自身与其上任一点切线的位置关系来描述. 下面给出这种方式下曲线凹凸性的定义.

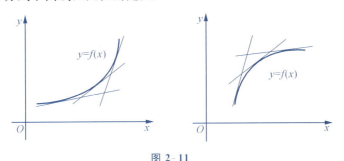

图 2-11

定义 2.7 若在某区间 I 内,曲线总在它每一点的切线的上方,则称此曲线在区间 I 内是凹的(或凹弧);若在某区间 I 内,曲线总在它每一点的切线的下方,则称此曲线在区间 I 内是凸的(或凸弧). 曲线上凹弧与凸弧的分界点称为曲线的拐点.

案例 9 中,曲线 $y=x^3$ 在 $(-\infty,0)$ 内是凸的,在 $(0,+\infty)$ 内是凹的,$(0,0)$ 是该曲线的拐点.

2. **曲线凹凸性和拐点的判定**

定理 2.14 设函数 $f(x)$ 在区间 (a,b) 内有二阶连续导数 $f''(x)$,则

(1) 若在 (a,b) 内恒有 $f''(x)>0$,则 $f(x)$ 在区间 (a,b) 内是凹的;

(2) 若在 (a,b) 内恒有 $f''(x)<0$,则 $f(x)$ 在区间 (a,b) 内是凸的.

一般情况下,$f(x)$ 的二阶导数等于零的点与二阶导数不存在的连续点可能成为拐点,所以,求函数在定义域上的凹凸性与拐点,可以分为下列步骤:

① 确定函数 $f(x)$ 的定义域;

② 求 $f''(x)$,找出 $f''(x)$ 等于 0 的点及 $f''(x)$ 不存在的连续点;

③ 用②中所求出的点将定义域分成若干区间,在各区间内讨论 $f''(x)$ 的符号,进一步判断曲线 $f(x)$ 的凹凸区间并求出拐点.

【拓展知识】*

1. 曲线的渐近线

给定函数 $y=f(x)$，通过判别其单调性和图形的凹凸性，可以对函数的图形有初步的了解. 如果想更准确、更直观地认识函数，还需要知道曲线的渐近线.

定义 2.8 动点 M 沿曲线 $y=f(x)$ 无限远离坐标原点时，若点 M 与某定直线 L 之间的距离无限趋于零，则称直线 L 为曲线 $y=f(x)$ 的一条渐近线（图 2-12）.

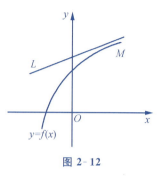

图 2-12

在平面直角坐标系中，渐近线根据其位置可分为水平渐近线、垂直渐近线和斜渐近线三种. 在此只讨论水平渐近线与垂直渐近线.

（1）若渐近线 L 与 x 轴平行，则称直线 L 为曲线 $y=f(x)$ 的水平渐近线（图 2-13）.

（2）若渐近线 L 与 x 轴垂直，则称直线 L 为曲线 $y=f(x)$ 的垂直渐近线（图 2-14）.

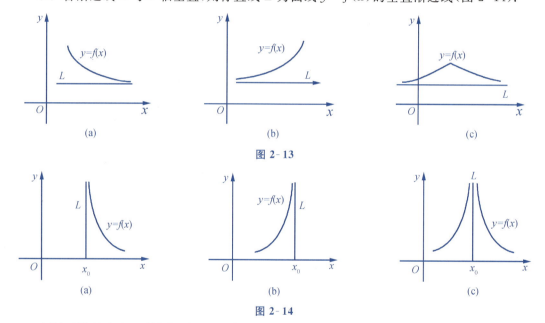

图 2-13

图 2-14

由渐近线的定义，再结合图 2-13，容易看出，当且仅当下列三种情形之一成立时，
$$\lim_{x \to +\infty} f(x)=c,\ \lim_{x \to -\infty} f(x)=c,\ \lim_{x \to \infty} f(x)=c,$$
直线 $y=c$ 为曲线 $y=f(x)$ 的水平渐近线.

类似地，由渐近线定义，再结合图 2-14，容易看出，当且仅当下列三种情形之一成立时，
$$\lim_{x \to x_0^+} f(x)=\infty,\ \lim_{x \to x_0^-} f(x)=\infty,\ \lim_{x \to x_0} f(x)=\infty,$$
直线 $x=x_0$ 为曲线 $y=f(x)$ 的垂直渐近线.

【例题精选】

例 44 判别曲线 $y=\dfrac{10}{3}x^3+5x^2+10$ 的凹凸区间与拐点.

解 函数的定义域为 $(-\infty,+\infty)$,$y'=10x^2+10x$,$y''=20x+10$.

令 $y''=0$,得 $x=-\dfrac{1}{2}$,列表讨论如下:

x	$\left(-\infty,-\dfrac{1}{2}\right)$	$-\dfrac{1}{2}$	$\left(-\dfrac{1}{2},+\infty\right)$
y''	−	0	+
y	∩	拐点	∪

(注:表中记号"∪"表示曲线在该区间上是凹的;"∩"表示曲线在该区间上是凸的.)

所以曲线的凹区间为 $\left(-\dfrac{1}{2},+\infty\right)$,凸区间为 $\left(-\infty,-\dfrac{1}{2}\right)$,拐点为 $\left(-\dfrac{1}{2},\dfrac{65}{6}\right)$.

例 45 判别曲线 $y=(x-1)\cdot\sqrt[3]{x^5}$ 的凹凸性,并求拐点.

解 函数的定义域为 $(-\infty,+\infty)$,因为 $y'=x^{\frac{5}{3}}+(x-1)\cdot\dfrac{5}{3}\cdot x^{\frac{2}{3}}=\dfrac{8}{3}x^{\frac{5}{3}}-\dfrac{5}{3}\cdot x^{\frac{2}{3}}$,

$y''=\dfrac{40}{9}x^{\frac{2}{3}}-\dfrac{10}{9}x^{-\frac{1}{3}}=\dfrac{10}{9}\cdot\dfrac{4x-1}{\sqrt[3]{x}}$.

令 $y''=0$,得 $x_1=\dfrac{1}{4}$.另外 $x_2=0$ 是二阶导数不存在的连续点.列表讨论如下:

x	$(-\infty,0)$	0	$\left(0,\dfrac{1}{4}\right)$	$\dfrac{1}{4}$	$\left(\dfrac{1}{4},+\infty\right)$
y''	+	不存在	−	0	+
y	∪	拐点 $(0,0)$	∩	拐点 $\left(\dfrac{1}{4},-\dfrac{3\sqrt[3]{4}}{64}\right)$	∪

所以曲线的凹区间为 $(-\infty,0)$ 和 $\left(\dfrac{1}{4},+\infty\right)$,凸区间为 $\left(0,\dfrac{1}{4}\right)$,拐点为 $(0,0)$ 和 $\left(\dfrac{1}{4},-\dfrac{3\sqrt[3]{4}}{64}\right)$.

例 46* 求曲线 $y=\dfrac{x^2}{x^2-4}$ 的渐近线.

解 因为 $\lim\limits_{x\to\infty}\dfrac{x^2}{x^2-4}=1$,所以 $y=1$ 是该曲线的水平渐近线;

又因为 $\lim\limits_{x\to -2}\dfrac{x^2}{x^2-4}=\infty$,$\lim\limits_{x\to 2}\dfrac{x^2}{x^2-4}=\infty$,所以 $x=\pm 2$ 是该曲线的垂直渐近线.

【知识应用】

通过中学所学知识,分析函数的奇偶性、周期性等特性,利用函数的一阶、二阶导数,分析函数的单调性与极值、凹凸性与拐点等整体性态,并求出曲线的渐近线,然后再描点作图,可以比较准确地描绘出一般函数的图形.这种作图的方法称为分析作图法.其一般步骤如下:

① 确定函数 $y=f(x)$ 的定义域.

② 判定函数 $y=f(x)$ 的奇偶性及周期性.

如果函数 $y=f(x)$ 为奇函数或偶函数,只需研究当 $x \geqslant 0$ 时函数的性质,作出其图形,另一半曲线的图形可由对称性得出.

如果函数 $y=f(x)$ 为周期函数,只需研究其在一个周期内的性质,作出其图形,其余部分利用周期性得出.

③ 求出函数 $y=f(x)$ 的一阶导数、二阶导数,据此求出属于定义域内的驻点、导数不存在的连续点以及使二阶导数等于零的点、二阶导数不存在的连续点.

④ 用上述所求得的点将定义域分成若干部分,列表讨论函数的单调性、极值点、极值、凹凸性、拐点.

⑤ 确定曲线的渐近线.

⑥ 根据以上讨论出来的函数的性质,适当补充一些曲线上的点,描绘出函数的图形.

例 47* 作函数 $\varphi(x)=\dfrac{1}{\sqrt{2\pi}}e^{-\frac{x^2}{2}}$ 的图形.

解   函数的定义域为 $(-\infty,+\infty)$,是偶函数,因此只讨论 $[0,+\infty)$ 上该函数的图形.

$$\varphi'(x)=-\frac{1}{\sqrt{2\pi}}xe^{-\frac{x^2}{2}}.$$

令 $\varphi'(x)=0$,求得驻点 $x_1=0$.

$$\varphi''(x)=-\frac{1}{\sqrt{2\pi}}[e^{-\frac{x^2}{2}}+xe^{-\frac{x^2}{2}}(-x)]=\frac{1}{\sqrt{2\pi}}e^{-\frac{x^2}{2}}(x^2-1).$$

令 $\varphi''(x)=0$,求得 $x_2=1$.

以 $0,1$ 为分点将 $[0,+\infty)$ 分段,列表讨论如下:

x	0	$(0,1)$	1	$(1,+\infty)$
$\varphi'(x)$	0	$-$		$-$
$\varphi''(x)$		$-$	0	$+$
$\varphi(x)$	极大值 $\dfrac{1}{\sqrt{2\pi}}$	$\searrow \cap$	拐点 $\left(1,\dfrac{1}{\sqrt{2\pi e}}\right)$	$\searrow \cup$

因为 $\lim\limits_{x\to+\infty}\dfrac{1}{\sqrt{2\pi}}e^{-\frac{x^2}{2}}=0$,所以 $y=0$ 为水平渐近线,无垂直渐近线.

补充曲线上的点 $\left(2,\dfrac{1}{\sqrt{2\pi e^2}}\right)$,作出函数在 $[0,+\infty)$ 上的图形,再利用偶函数的图形特点,作出函数在 $(-\infty,+\infty)$ 的完整图形(图 2-15).

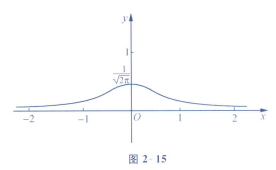

图 2-15

这里特别说明一下,这个呈铃状的函数曲线是概率论与数理统计中非常重要的曲线,它是标准正态分布的分布曲线.

【知识演练】

24. 求下列曲线的凹凸区间与拐点:

(1) $y=x^3-6x^2+9x-3$; (2) $y=e^{-(x-1)^2}$; (3) $y=x^2+\dfrac{1}{x}$.

25. 根据下列条件画出曲线:

(1) 画出一条曲线,使得它的一阶和二阶导数处处为正;

(2) 画出一条曲线,使得它的二阶导数处处为负,但一阶导数处处为正;

(3) 画出一条曲线,使得它的二阶导数处处为正,但一阶导数处处为负;

(4) 画出一条曲线,使得它的一阶、二阶导数处处为负.

26*. 求函数 $y=\dfrac{1-2x}{x^2}+1$ 图形的渐近线,并作出该函数的图形.

2.3.4 函数的最值与最优化问题

【案例提出】

[案例 10] 在工业管理中,我们往往关心投入与产量之间的关系,希望知道产量随投入变化的情况,何时能达到最高(图 2-16). 这类问题一般都可以转化为求一个函数的最大值和最小值的问题.

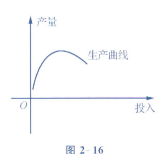

图 2-16

【相关知识】

1. 函数的最值

函数的最大值和最小值统称为最值. 显然,函数的最值和函数的极值是两个完全不同的概念. 极值是一个局部的概念,最值是全局的概念,但二者之间也有联系.

若 $f(x)$ 在 $[a,b]$ 上连续,则 $f(x)$ 在 $[a,b]$ 上必存在最大值与最小值. 若最值不在两个端点处取得,而在区间内部取得,则此最值必为极值. 由此可得求函数最大值与最小值的方法.

设 $f(x)$ 在闭区间 $[a,b]$ 上连续,求 $f(x)$ 在 $[a,b]$ 上最大值与最小值的步骤为:

(1) 求出 $f(x)$ 在开区间 (a,b) 内的所有驻点及导数不存在的连续点,并求出相应的函数值;

(2) 将所求得点的函数值与 $f(x)$ 在两端点的函数值 $f(a),f(b)$ 相比较,最大者即为最大值,最小者即为最小值.

2. 最优化问题

在实际问题中,以下两类特殊情况可以方便又快捷地解决一些最优化问题.

(1) 若 $f(x)$ 在一个区间(有限或无限,开或闭)内可导且只有唯一的极值点 x_0,那么,当 $f(x_0)$ 是极大值时,$f(x_0)$ 就是 $f(x)$ 在该区间上的最大值;当 $f(x_0)$ 是极小值时,$f(x_0)$ 就是 $f(x)$ 在该区间上的最小值.

(2) 根据问题的实际意义可以断定可导函数 $f(x)$ 确有最大值或最小值,而且一定在定义区间内取得. 此时若 $f(x)$ 在定义区间内部只有唯一驻点 x_0,则可以断定 $f(x_0)$ 就是所求函数的最大值或最小值.

【例题精选】

例 48 求 $f(x)=\dfrac{2}{3}x-\sqrt[3]{x^2}$ 在闭区间 $[-1,2]$ 上的最大值与最小值.

解 函数 $f(x)$ 为 $[-1,2]$ 上的连续函数. 令 $f'(x)=\dfrac{2}{3}\left(1-\dfrac{1}{\sqrt[3]{x}}\right)=0$,得到在区间 $(-1,2)$ 内的驻点为 $x_1=1$,导数不存在的点为 $x_2=0$. 相应的函数值为 $f(1)=-\dfrac{1}{3}$,$f(0)=0$.

$f(x)$ 在区间两端点的函数值为 $f(-1)=-\dfrac{5}{3}$,$f(2)=\dfrac{4}{3}-\sqrt[3]{4}$.

比较后可知,$f(x)=\dfrac{2}{3}x-\sqrt[3]{x^2}$ 在闭区间 $[-1,2]$ 上的最大值为 $f(0)=0$,最小值为 $f(-1)=-\dfrac{5}{3}$.

例 49 设某产品的需求函数为 $Q=125-5P$,其中 Q 代表产品需求量,P 代表单价. 若工厂生产该种产品的单位成本为 3 元,工厂自产自销,试问每单位产品如何定价,才能使工厂获得最大利润?并求出相应的利润.

解 设收入函数为 $R(P)$,成本函数为 $C(P)$,利润函数为 $L(P)$,根据题意得
$$R(P)=PQ=P(125-5P)=125P-5P^2,$$
$$C(P)=3Q=375-15P.$$

于是 $L(P)=R(P)-C(P)=-5P^2+140P-375$, $P\in(0,25)$.

$L'(P)=-10P+140$. 令 $L'(P)=0$,即 $-10P+140=0$,得 $P=14$.

又因为 $L''(P)=-10<0$,所以 $P=14$ 是区间 $(0,25)$ 内唯一的极大值点,从而也是最大值点. 故最大利润为 $L(14)=605$(元).

例 50 设某工厂某种物资每年耗用量为 m kg,采购费每次为 a 元,平均库存量为采购

批量的一半,每千克物资储存一年的保管费为 b 元,试求能使一年内采购费用与保管费用之和为最小的采购批量.

解 设一年内采购费用与保管费用之和为 y,每次采购批量为 x.

由题意,$y = \dfrac{ma}{x} + \dfrac{b}{2}x$, $\quad x \in (0, m)$.

$y' = -\dfrac{ma}{x^2} + \dfrac{b}{2}$,令 $y' = 0$,得 $x = \pm\sqrt{\dfrac{2ma}{b}}$(负值不符合经济意义,舍去).

又因为 $$y''(x) = \dfrac{2ma}{x^3} > 0 \, (x > 0),$$

所以 $x = \sqrt{\dfrac{2ma}{b}}$ 是区间 $(0, m)$ 内的唯一极小值点,从而也是最小值点.故当每次采购批量为 $\sqrt{\dfrac{2ma}{b}}$ 时,能使一年内采购费用与保管费用之和取得最小值 $y\Big|_{x=\sqrt{\frac{2ma}{b}}} = \sqrt{2mab}$.

例 51 某房地产公司有 50 套公寓要出租.当租金定为每月 720 元时,公寓会全部租出去;当租金每月增加 40 元时,就有一套公寓租不出去.而租出去的房子每月需花费 80 元的整修维护费.试问房租定为多少可获得最大收入?

解 设租金为 x 元/月,租出的公寓有 $\left(50 - \dfrac{x-720}{40}\right)$ 套,又设月收入为 $R(x)$,则

$$R(x) = (x-80)\left(50 - \dfrac{x-720}{40}\right) = (x-80)\left(68 - \dfrac{x}{40}\right).$$

$$R'(x) = \left(68 - \dfrac{x}{40}\right) + (x-80)\left(-\dfrac{1}{40}\right) = 70 - \dfrac{x}{20}.$$

令 $R'(x) = 0$,得唯一驻点 $x = 1400$.由问题的实际意义知房租收入必存在最大值,所以当租金为每月 1400 元时,可获得最大收入,最大月收入为 $R(1400) = 43560$ 元.

例 52 设某工厂生产某型号产品 Q 件时,其成本函数为 $C(Q) = 300 + 30Q - 60\ln Q$(单位:元),试求:(1) 平均成本函数 $\overline{C}(Q)$;(2) 最小平均成本;(3) $\overline{C}(Q) = C'(Q)$ 时的产量 Q_0.

解 (1) $\overline{C}(Q) = \dfrac{C(Q)}{Q} = \dfrac{300}{Q} + 30 - 60\dfrac{\ln Q}{Q}$.

(2) $\overline{C}'(Q) = -\dfrac{300}{Q^2} - 60 \cdot \dfrac{\dfrac{1}{Q} \cdot Q - \ln Q}{Q^2} \quad (Q > 0)$

$\qquad = 60\left(-\dfrac{5}{Q^2} - \dfrac{1 - \ln Q}{Q^2}\right)$

$\qquad = 60 \cdot \dfrac{\ln Q - 6}{Q^2}.$

令 $\overline{C}'(Q) = 0$,得 $\overline{C}(Q)$ 的唯一驻点为 $Q = e^6$.

由问题的实际意义知必存在最小平均成本.因此,当 $Q = e^6 \approx 403$(件)时,达到最小平均成本为

$$\overline{C}(403) = \dfrac{300}{403} + 30 - \dfrac{360}{403} \approx 29.85(\text{元}).$$

(3) $C'(Q) = 30 - \dfrac{60}{Q}$,若 $\overline{C}(Q) = C'(Q)$,即有 $\dfrac{300}{Q} + 30 - 60\,\dfrac{\ln Q}{Q} = 30 - \dfrac{60}{Q}$,解得 $Q_0 = \mathrm{e}^6$.

【知识应用】

在例52中,不难发现,达到平均成本最小时的产量和满足 $\overline{C}(Q) = C'(Q)$ 的产量是一致的. 这不是一个偶然现象. 经济学中的最小平均成本往往出现在平均成本与成本函数的导数相等的情况下.

假设成本函数 $C = C(Q)$ 可导,其中 Q 为产量,则平均成本函数为 $\overline{C}(Q) = \dfrac{C(Q)}{Q}$.

$\overline{C}'(Q) = \dfrac{QC'(Q) - C(Q)}{Q^2}$,令 $\overline{C}'(Q) = 0$,得驻点 Q_0 满足 $Q_0 = \dfrac{C(Q_0)}{C'(Q_0)}$.

经济学中的平均成本曲线通常呈"U"形(图2-17),即是凹的,所以有 $\overline{C}''(Q) > 0$. 于是 Q_0 是平均成本 $\overline{C}(Q)$ 的唯一极小值点,从而是最小值点.

上述分析表明,要使得平均成本 $\overline{C}(Q)$ 达到最小值,必有 $Q = \dfrac{C(Q)}{C'(Q)}$,即 $\overline{C}(Q) = C'(Q)$ 成立.

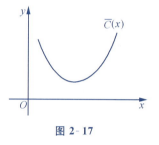

图 2-17

【知识演练】

27. 求下列函数在给定区间上的最大、最小值:

(1) $f(x) = x^3 - 3x^2 - 9x + 5$, $[-2, 4]$;

(2) $f(x) = \ln(x^2 + 1)$, $[-1, 2]$.

28. 已知某产品的成本函数为 $C(x) = 1600 + 0.25x^2$,其中 x 是产品数量,试求最小平均成本.

29. 某公司销售一种灯具,设 x(单位:件)表示每月销量,这种灯具依据往年的数据统计,其价格需求函数为 $P = 100 - 0.01x$,其中 P(单位:元)为灯具价格,试求其达到最大收入时的每月销量.

30. 某专门卖宠物用品连锁店的市场推销部门研究它们销售的金鱼缸泵价格需求曲线近似为

$$P = 120 - 20\ln x \ (0 < x < 90),$$

其中 x 为每周销售这种泵的数量,P(单位:元)是每个泵的价格,若每个泵的成本为30元,试求每周取得利润的最大值以及相应的每周泵的销量.

2.4 导数在经济分析中的应用

2.4.1 边际分析

【案例提出】

[案例 11] 设成本函数 $C=C(Q)$,其中 Q 为产量.经济管理中经常需要考虑如下问题:当产量达到 Q_0 时,再多生产一个单位产品所增加的成本是多少?

一般地,令 ΔC 表示当产量从 Q_0 提高或减少到 $Q_0+\Delta Q$ 后成本的增加量,即
$$\Delta C=C(Q_0+\Delta Q)-C(Q_0).$$
由微分的近似计算公式,知
$$\Delta C \approx C'(Q_0)\Delta Q.$$
取 $\Delta Q=1$,则有 $\Delta C=C(Q_0+1)-C(Q_0)\approx C'(Q_0).$

上式表明当产量为 Q_0 时,再生产一个单位的产品所增加的成本 $\Delta C=C(Q_0+1)-C(Q_0)$,可以用成本函数 $C(Q)$ 在 Q_0 处的导数 $C'(Q_0)$ 近似表示.

【相关知识】

定义 2.9 设函数 $y=f(x)$ 是可导的,那么导函数 $f'(x)$ 在经济学中也称为**边际函数**.

在经济学中主要的边际函数有边际成本、边际收入、边际利润等.

例如,成本函数 $C(Q)$ 的导数 $C'(Q)$ 称为边际成本,记作 MC,即 $MC=C'(Q)$.其经济意义可解释为当产量为 Q 个单位时,每多生产一个单位的产品,企业成本的增加量.

类似地,收入函数 $R(Q)$ 的导数 $R'(Q)$ 称为边际收入,记为 MR.

利润函数 $L(Q)$ 的导数 $L'(Q)$ 称为边际利润,记为 ML.

需求函数 $Q(P)$ 的导数 $Q'(P)$ 称为边际需求,记为 MQ.

其经济意义都可以类似于边际成本的经济意义相应地给出.

【例题精选】

例 53 某厂生产某产品 Q 个单位的总成本为
$$C(Q)=Q^2+12Q+100.$$
求:(1) 当产量为 20 时的总成本;

(2) 当产量从 20 增加到 40 时,总成本的平均变化率;

(3) 当产量分别为 20 和 40 时的边际成本,并说明其经济意义.

解 (1) 产量为 20 时的总成本为
$$C(20)=20^2+12\times20+100=740.$$

(2) 当产量从 20 增加到 40 时,总成本的平均变化率是
$$\frac{\Delta C}{\Delta Q}=\frac{C(40)-C(20)}{40-20}=\frac{2180-740}{20}=72.$$

(3) $C'(Q)=2Q+12$.

当产量为 20 时的边际成本为 $C'(20)=2\times 20+12=52$;

当产量为 40 时的边际成本为 $C'(40)=2\times 40+12=92$.

该结果表明,当产量为 20 个单位时,再增加一个单位产量,总成本增加 52;当产量为 40 个单位时,再增加一个单位产品的产量,总成本增加 92.

例 54 设生产某种产品的固定成本为 3000 元,变动成本为每件 30 元,价格函数为 $P=50-\dfrac{x}{500}$,其中 x 为销量,试求:

(1) 边际利润函数;

(2) $x=200$ 时的边际利润,并说明其经济意义;

(3) 最大利润.

解 (1) 成本函数为 $C(x)=3000+30x$.

收入函数为 $R(x)=Px=\left(50-\dfrac{x}{500}\right)x=50x-\dfrac{x^2}{500}$.

利润函数为 $L(x)=R(x)-C(x)=50x-\dfrac{x^2}{500}-(3000+30x)=-\dfrac{x^2}{500}+20x-3000$.

边际利润函数为 $L'(x)=-\dfrac{x}{250}+20$.

(2) $x=200$ 时,边际利润函数为 $L'(200)=19.2$(元),其实际意义是当销量为 200 时,若再销售一件产品,所增加的利润为 19.2 元.

(3) 令 $L'(x)=0$,得唯一驻点为 $x=5000$,又因为 $L''(x)=-\dfrac{1}{250}<0$,所以 $x=5000$ 是唯一极大值点,从而是最大值点,即当销量为 5000 时,利润最大为 $L(5000)=47000$ 元.

【知识应用】

微观经济学中的利润最大化原则是指:当边际收入等于边际成本,并且边际收入的变化率小于边际成本的变化率时,利润取得最大值.下面来推导这一原则.

设某产品的成本函数为 $C(Q)$,收入函数为 $R(Q)$,则利润函数为 $L(Q)=R(Q)-C(Q)$. 若 $L(Q)$ 可导,则在其极值点处应有 $L'(Q)=R'(Q)-C'(Q)=0$,即 $R'(Q)=C'(Q)$.

为使 $L(Q)$ 取得极大值,还应满足 $L''(Q)=R''(Q)-C''(Q)<0$,即 $R''(Q)<C''(Q)$. 从而得到利润最大化原则 $\begin{cases}R'(Q)=C'(Q),\\ R''(Q)<C''(Q).\end{cases}$

【知识演练】

31. 已知某工厂生产某种商品的固定成本为 $C_0=1000$(元),生产 Q 个单位该商品的可

变成本为 $C_1(Q) = \dfrac{Q^2}{4}$. 求总成本 $C(Q)$、平均成本 $\bar{C}(Q)$ 及边际成本 $C'(Q)$.

32. 已知某商品的收入函数为 $R(Q) = -60 + 16Q - \dfrac{Q^2}{4}$ (单位：元)，其中 Q 是销量，试求 $Q = 20$ 时的收入和边际收入.

33. 设某产品的价格 P 关于销量 x 的函数关系为 $P = 80 - 0.1x$，成本函数为 $C(x) = 5000 + 20x$ (单位：元).

(1) 试求利润函数 $L(x)$ 及边际利润 $L'(x)$;

(2) 分别求 $x = 150$ 和 $x = 400$ 时的边际利润，并说明其经济意义;

(3) 销量 x 为多少时，其利润最大？

2.4.2 弹性分析

【案例提出】

[案例 12] 某股市中介向人们推荐两种股票，简称 A 股和 B 股，并预测今后三个月内 A 股和 B 股每股都可能上涨 2 元，那么买哪个股票能使收益更大呢？此时如果仅知道每股涨价的绝对值显然是不够的. 为了确定买哪种股票，还要看一下每股涨价的相对增加率. 设 A 股每股为 10 元，B 股每股为 40 元，则 A 股在今后三个月内股价将提高 20%，而 B 股的股价仅提高 5%. 显然，如果该中介所推荐情况属实，我们应该购 A 股而不是 B 股.

【相关知识】

1. 函数弹性的概念

在边际分析中所研究的是函数的绝对改变量与绝对变化率. 但在上例中我们更关心的是函数的相对变化率，即一个变量对另一个变量的相对变化情况，为此引入函数弹性的概念.

定义 2.10 设函数 $y = f(x)$ 可导，函数的相对改变量 $\dfrac{\Delta y}{y} = \dfrac{f(x + \Delta x) - f(x)}{f(x)}$ 与自变量的相对改变量 $\dfrac{\Delta x}{x}$ 之比 $\dfrac{\frac{\Delta y}{y}}{\frac{\Delta x}{x}}$，称为函数 $f(x)$ 在 x 与 $x + \Delta x$ 两点间的弹性，而极限 $\lim\limits_{\Delta x \to 0} \dfrac{\frac{\Delta y}{y}}{\frac{\Delta x}{x}} = \lim\limits_{\Delta x \to 0} \dfrac{\Delta y}{\Delta x} \cdot \dfrac{x}{y} = x \cdot \dfrac{y'}{y}$ 称为函数 $f(x)$ 在点 x 处的弹性函数，记为 $\dfrac{Ef(x)}{Ex}$ 或 $\dfrac{Ey}{Ex}$，即

$$\dfrac{Ef(x)}{Ex} = \dfrac{Ey}{Ex} = x \cdot \dfrac{y'}{y}.$$

当 $|\Delta x|$ 的值很小时，有 $\dfrac{Ey}{Ex} \approx \dfrac{\frac{\Delta y}{y}}{\frac{\Delta x}{x}}$，即 $\dfrac{\Delta y}{y} \approx \dfrac{Ey}{Ex} \cdot \dfrac{\Delta x}{x}$.

若 $\left|\dfrac{\Delta x}{x}\right|=1$,则 $\left|\dfrac{\Delta y}{y}\right|\approx\left|\dfrac{Ey}{Ex}\right|\cdot\left|\dfrac{\Delta x}{x}\right|=\left|\dfrac{Ey}{Ex}\right|$.

上式说明:函数 $f(x)$ 在点 x 处,当自变量 x 发生 1% 的改变时,函数 $f(x)$ 会近似改变 $\left|\dfrac{Ey}{Ex}\right|$%.所以函数 $f(x)$ 在点 x 处的弹性 $\dfrac{Ey}{Ex}$ 反映了随 x 的变化 $f(x)$ 变化幅度的大小,即 $f(x)$ 对 x 变化反应的强烈程度或敏感程度.

2. 需求弹性

弹性概念在经济学中应用广泛.在市场经济中,经常要分析一个经济量相对另一个经济量变化的灵敏程度,这就是经济量的弹性.下面介绍常用的弹性函数之一——需求弹性,用于刻画商品需求量对价格变化反应的敏感程度.

定义 2.11 设需求函数 $Q=Q(P)$ 可导,其中 P 表示产品的价格.定义该产品在价格为 P 时的需求弹性为

$$\eta=\eta(P)=\lim_{\Delta P\to 0}\dfrac{\dfrac{\Delta Q}{Q}}{\dfrac{\Delta P}{P}}=\lim_{\Delta P\to 0}\dfrac{\Delta Q}{\Delta P}\cdot\dfrac{P}{Q}=P\cdot\dfrac{Q'(P)}{Q(P)}.$$

说明 一般情况下,$Q(P)$ 是关于 P 的单调递减函数,$Q'(P)<0$,所以 $P\cdot\dfrac{Q'(P)}{Q(P)}<0$,即需求弹性 $\eta(P)$ 为负值.但在衡量需求量对价格变化反应的敏感程度方面,考虑其符号并无特殊意义,故一般都用绝对值 $|\eta(P)|$ 来表示需求弹性.

当 $|\Delta P|$ 很小时,有

$$\eta(P)=P\cdot\dfrac{Q'(P)}{Q(P)}\approx\dfrac{P}{\Delta P}\cdot\dfrac{\Delta Q}{Q(P)}.$$

其经济意义是:当产品价格为 P 时,当价格上涨 1% 时,则需求量近似减少 $|\eta(P)|$%;当价格下跌 1% 时,则需求量近似增加 $|\eta(P)|$%.

在经济学中,根据 $|\eta|$ 的大小,将需求弹性划分为以下几个范围:

(1) 当 $|\eta|<1$ 时,称为低弹性(或缺乏弹性),当商品的价格上涨(下降)1% 时,需求量减少(增加)的百分比小于 1%,即需求量变动的幅度小于价格变动的幅度.

(2) 当 $|\eta|=1$ 时,称为单位弹性,当商品价格上涨(下降)1% 时,需求量相应减少(增加)1%,即需求量与价格变动的幅度相同.

(3) 当 $|\eta|>1$ 时,称为高弹性(或富于弹性),当商品的价格上涨(下降)1% 时,需求量减少(增加)的百分比大于 1%,即需求量变动的幅度大于价格变动的幅度.

3. 需求弹性对于总收入的影响

在商品经济中,商品经营者关心的是提价($\Delta P>0$)或降价($\Delta P<0$)对总收入的影响,利用需求弹性的概念可以对此进行分析.

设产品的价格为 P,需求函数为 $Q(P)$,则收入函数 $R(P)=P\cdot Q(P)$.

因为
$$R'(P)=[P\cdot Q(P)]'=Q(P)+PQ'(P)$$
$$=Q(P)\left[1+P\dfrac{Q'(P)}{Q(P)}\right]=Q(P)(1+\eta)$$

$$= Q(P)(1-|\eta|),$$

所以当 $|\Delta P|$ 很小时,有 $\Delta R \approx Q(P)(1-|\eta|)\Delta P$. 于是

(1) 当 $|\eta|<1$(低弹性)时,商品若降价($\Delta P<0$),则 $\Delta R<0$,即收入减少;而提价($\Delta P>0$),则有 $\Delta R>0$,即收入增加.

(2) 当 $|\eta|>1$(高弹性)时,商品降价可使收入增加,商品提价可使收入减少.

(3) 当 $|\eta|=1$(单位弹性)时,$\Delta R \approx 0$,意味着提价或降价对收入基本无影响.

进一步,由 $R'(P)=Q(P)(1-|\eta|)$ 可得收入(对价格的)弹性为

$$\frac{ER}{EP} = P \cdot \frac{R'}{R} = P \cdot \frac{Q(P)(1-|\eta|)}{P \cdot Q(P)} = 1-|\eta|.$$

其经济意义表示当商品的价格变动 1% 时,收入变动 $(1-|\eta|)\%$.

【例题精选】

例 55 求函数 $y=200\mathrm{e}^{-3x}$ 的弹性 $\dfrac{Ey}{Ex}$ 及 $\dfrac{Ey}{Ex}\bigg|_{x=5}$.

解 由于 $y'=-600\mathrm{e}^{-3x}$,所以

$$\frac{Ey}{Ex} = x \cdot \frac{y'}{y} = -600\mathrm{e}^{-3x} \frac{x}{200\mathrm{e}^{-3x}} = -3x,$$

$$\frac{Ey}{Ex}\bigg|_{x=5} = -3x\big|_{x=5} = -15.$$

例 56 设某商品的需求函数为 $Q=30000\mathrm{e}^{-\frac{P}{3}}$,求:

(1) 需求弹性 $\eta(P)$;

(2) $\eta(1), \eta(3), \eta(9)$,并说明其经济意义.

解 (1) $\eta(P) = P \cdot \dfrac{Q'}{Q} = \dfrac{P \cdot 30000 \times \left(-\dfrac{1}{3}\right)\mathrm{e}^{-\frac{P}{3}}}{30000\mathrm{e}^{-\frac{P}{3}}} = -\dfrac{P}{3}.$

(2) $\eta(1) \approx -0.33, \eta(3)=-1, \eta(9)=-3.$

$\eta(3)=-1$,说明当价格 $P=3$ 时,价格与需求变动的幅度相同,此时需求为单位弹性;

$\eta(1) \approx -0.33$,说明当价格 $P=1$ 时,若价格再上涨 1%,需求只减少 0.33%,此时需求为低弹性,即需求变动的幅度小于价格变动的幅度;

$\eta(9)=-3$,说明当价格 $P=9$ 时,若价格再上涨 1%,需求将减少 3%,此时需求为高弹性,即需求变动的幅度大于价格变动的幅度.

例 57 某企业根据市场调查,建立了某商品需求量与价格 P 之间的函数关系为 $Q=150-3P$:

(1) 求需求弹性 $\eta(P)$;

(2) 当价格 P 分别为 18 元和 35 元时,要使销售收入增加,应采取何种价格政策?

解 (1) $\eta(P) = P \cdot \dfrac{Q'}{Q} = P \cdot \dfrac{-3}{150-3P} = \dfrac{-P}{50-P}$;

(2) $\eta(18) = \dfrac{-18}{50-18} \approx -0.56$,因 $|\eta|<1$,低弹性,故适当提价,可使销售收入增加;

$\eta(35) = \dfrac{-35}{50-35} = -2.33$,因 $|\eta| > 1$,高弹性,故应降价,薄利多销才能增加收入.

例 58 某商品需求函数为 $Q = 12 - \dfrac{1}{2}P$.

(1) 求需求弹性 $\eta(P)$;

(2) 当 $P = 6$ 时,若价格 P 上涨 1%,收入将变化百分之几? 是增加还是减少?

(3) 当 $P = 13$ 时,若价格 P 上涨 1%,收入将变化百分之几? 是增加还是减少?

解 (1) $\eta(P) = P \cdot \dfrac{Q'}{Q} = P \cdot \dfrac{-\dfrac{1}{2}}{12 - \dfrac{P}{2}} = -\dfrac{P}{24 - P}$.

(2) $\eta(6) = -\dfrac{6}{24-6} = -\dfrac{1}{3}$,$\dfrac{ER}{EP}\bigg|_{P=6} = 1 - |\eta(6)| = 1 - \dfrac{1}{3} \approx 0.667$.

所以当 $P = 6$ 时,价格上涨 1%,收入将增加 0.667%.

(3) $\eta(13) = -\dfrac{13}{24-13} \approx -1.182$,$\dfrac{ER}{EP}\bigg|_{P=13} = 1 - |\eta(13)| \approx 1 - 1.182 = -0.182$.

所以当 $P = 13$ 时,价格上涨 1%,收入将减少 0.182%.

【知识演练】

34. 求函数 $f(x) = x^\alpha$(α 为常数)的弹性函数 $\dfrac{Ef(x)}{Ex}$.

35. 设某商品需求函数为 $Q = 1600 \cdot \left(\dfrac{1}{4}\right)^P$.

(1) 求需求弹性 $\eta(P)$;

(2) 分别求 $P = 0.5$ 和 $P = 5$ 时的需求弹性,并说明其经济意义.

36. 设某商品需求函数为 $Q = 30 - 5\ln P$.

(1) 求需求弹性 $\eta(P)$;

(2) $P = 6$ 时,若价格上涨 1%,需求量将如何变化?

(3) $P = 6$ 时,若价格上涨 1%,总收入将如何变化?

37. 某商品的需求函数为 $Q = 75 - P^2$.

(1) 求 $P = 4$ 时的边际需求,并说明其经济意义.

(2) 求 $P = 4$ 时的需求弹性,并说明其经济意义.

(3) 当 $P = 4$ 时,若价格 P 上涨 1%,收入将变化百分之几? 是增加还是减少?

数学实验二

用 Mathematica 求一元函数的导数

【案例提出】

[案例] 设某产品销售收入 R(百万元)是销售量 x(千台)的函数:$R(x)=3\sqrt[3]{x^2+2x}$,生产成本 C(百万元)也是销售量 x 的函数:$C(x)=\dfrac{x^2}{4}+x+1$,问销售量为多少时总利润最大?

总利润 $L(x)=R(x)-C(x)$,即求它的最大值.

【相关知识】

用数学软件 Mathematica 求导数等内容的相关函数与命令为:

1. 导数 D;
2. 微分 Dt;
3. 方程求根 Solve;
4. 求最大值 FindMaximum;
5. 求最小值 FindMinimum.

【例题精选】

例 1 求 $y=\sin 2x$ 的导数、二阶导数.

解 In[1]:= D[Sin[2x],x]

Out[1]= 2Cos[2x]

In[2]:= D[Sin[2x],{x,2}]

Out[2]= −4Sin[2x]

例 2 求 $y=e^{-x}\tan\dfrac{x}{2}$ 的微分.

解 In[1]:= Dt[E^(−x)∗Tan[x/2]]

Out[1]= $\dfrac{1}{2}e^{-x}$Dt[x]Sec$\left[\dfrac{x}{2}\right]^2$ − e^{-x}Dt[x]Tan$\left[\dfrac{x}{2}\right]$

例 3 求函数 $y=x^5-11x^3+6x^2+28x-24$ 的极值的近似值.

解 先求函数驻点

In[1]:= f[x_]:=x^5-11x^3+6x^2+28x-24
In[2]:= N[Solve[D[f[x],x]==0,x]]
Out[2]= {{x→-2.58667},{x→-0.787644},{x→1.37432},{x→2.}}

根据范围画图.

In[3]:= Plot[f[x],{x,-3,3}]
Out[3]= -Graphics-
In[4]:= FindMaximum[f[x],{x,-3,-2}]
Out[4]= {18.2926,{x→-2.58667}}
In[5]:= FindMinimum[f[x],{x,-2,1}]
Out[5]= {-37.2598,{x→-0.787644}}
In[6]:= FindMaximum[f[x],{x,1,1.5}]
Out[6]= {2.16294,{x→1.37432}}
In[7]:= FindMinimum[f[x],{x,1.5,3}]
Out[7]= {3.55271×10^{-15},{x→2.}}

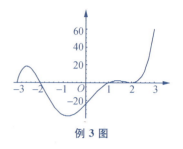

例 3 图

例 4 如图 1 所示,楼房的后面是一个很大的花园.在花园中紧靠着楼房有一个玻璃温室,温室伸入花园宽 2 m,高 3 m.清洁工要打扫处于温室正上方楼房墙面上的某广告牌,因为温室是不能承受梯子压力的,他得用梯子越过温室,一头放在花园中,一头靠在楼房的墙上,所以梯子太短是不行的.现清洁工只有一架 7 m 长的梯子,能否架到墙面?能架到墙面的梯子的最短长度为多少?

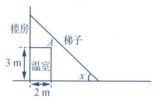

例 4 图 1

解 假设温室宽为 a m,高为 b m,梯子与地面的夹角为 x,当梯子与温室右顶角 A 恰好接触时,梯子的长度可以取到最小,此时梯子长度 $L(x)=\dfrac{a}{\cos x}+\dfrac{b}{\sin x}$,问题转化为求函数 $L(x)=\dfrac{a}{\cos x}+\dfrac{b}{\sin x}$ 在区间 $x\in\left(0,\dfrac{\pi}{2}\right)$ 上的最小值.可算得唯一驻点 $x=\arctan\sqrt[3]{\dfrac{b}{a}}$,从而得梯子的最小长度(手算较复杂).

In[1]:= a=2;b=3;L[x_]:=a/Cos[x]+b/Sin[x]

观察图 2.

In[2]:= Plot[L[x],{x,0,Pi/2}]
Out[2]= -Graphics-

缩小观察范围.

In[3]:= Plot[L[x],{x,0.5,1}]
Out[3]= -Graphics-

可见最小值点大约在 0.8 到 0.9 之间,也可以直接求方程的根.如图 3 所示.

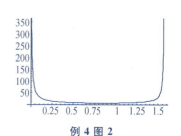

例 4 图 2

In[4]:= NSolve[D[L[x],x]==0,x]

Out[4]= {{x→−0.917782−0.64319i},{x→−0.917782−0.64319i},{x→−0.917782+0.64319i},{x→−0.917782+0.64319i},{x→0.852771}}

可知方程有唯一的实根 0.851771,代入方程.

In[5]:= L[0.852771]

Out[5]= 7.02348

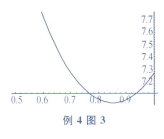

例 4 图 3

得到 L 的最小值为 7.02348,即能架到墙面的梯子的最短长度为 7.02348 m,所以 7 m 长的梯子不能架到墙面.

例 5 (完成本实验案例)

解 定义利润函数

In[1]:= L[x_]:=3(x^2+2x)^(1/3)−1/4*x^2−x−1

求出使 $L'(x)=0$ 的点

N[Solve[D[L[x], x] == 0, x]]

Out[2]= {{x→ −4.71539},{x→ 1.39604}}

当 $x>0$ 时得到唯一的点 $x=1.396$,画图观察如右图所示.

In[3]:= Plot[L[x],{x,0,3}]

Out[3]= −Graphics−

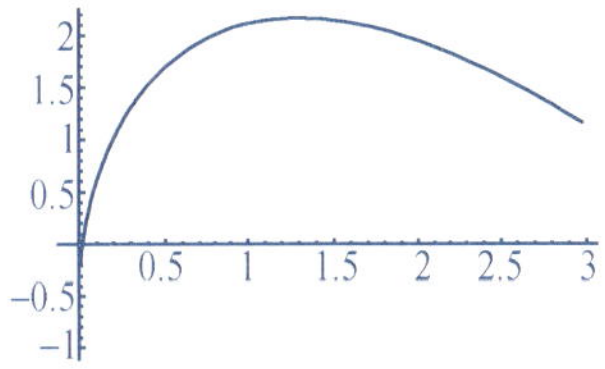

可见 $x=1.396$ 确实为最大值点,求出最大值

In[4]:= L[1.396]

Out[4]= 2.15651

所以当销售量为 1396 台时总利润最大,为 215.65 万元.

当然本例在求出使 $L'(x)=0$ 的点 $x=1.396$ 后,也可以用以下方法:

In[5]:= FindMaximum[L[x],{x,0,5}]

Out[5]= {2.15651,{x −> 1.39604}}

同样可以得到相同的结论.

例 5 图

【知识演练】

1. 求 $y=e^x\sin 2x$ 的 10 阶导数.

2. 求 $y=\sqrt[5]{\dfrac{x-5}{\sqrt[5]{x^2+2}}}$ 的导数、2 阶导数、微分.

3. 求函数 $y=\dfrac{2x}{1+x^2}$ 的极值.

4. 求函数 $y=(x-1)\cdot\sqrt[3]{x^2}$ 的极值的近似值.

5. 梯子长度问题思考.

(1) 取 $a=1.8$ m,在只用 6.5 m 长梯子的情况下,温室最多能修建多高?

(2) 一条 1 m 宽的通道与另一条 2 m 宽的通道相交成直角,一个梯子需要水平绕过拐角,试问梯子的最大长度是多少?

牛顿、莱布尼兹和微积分的创立

艾萨克·牛顿(Isaac Newton)于 1642 年出生于英格兰.少年时的牛顿成绩一般,但他喜欢读书,喜欢自己动手制作些奇奇怪怪的小玩意,如风车、木钟、折叠式提灯等.他在设计灵巧的机械模型和做实验中,显示出才能和爱好.

1654 年,牛顿进了金格斯皇家中学读书.牛顿非常酷爱读书,对自然现象有好奇心,例如,颜色、日影四季的移动.他也对几何学、哥白尼的日心说很感兴趣.

后来迫于家庭生活困难,母亲让牛顿停学在家务农.但牛顿一有机会就埋头读书,以至经常忘了干活.金格斯皇家中学的校长亨利·斯托克斯(Henry Stokes)说服了牛顿的母亲,牛顿又被送回了学校以完成他的学业.他在 18 岁时完成了中学的学业,并进入了剑桥大学的三一学院.

1665 年,他发现了广义二项式定理,并开始发展一套新的数学理论,也就是后来为世人所熟知的微积分学.同年,由于凶猛的鼠疫,剑桥大学停课了.在此后两年里,牛顿在家中继续研究微积分学、光学和万有引力定律.1667 年牛顿完成了代表了微积分发明的《流数法》手稿(发表时间为 1671 年).1687 年,牛顿发表了划时代巨著《自然哲学的数学原理》,其运动三大定律和万有引力定理开创了经典力学研究的新时代.

1692 年,他得了奇怪的病,持续了大约两年,致使他有些精神错乱.晚年,尽管身体很差,他仍从事一些科学研究.1703 年,他被选为皇家学会主席,一直连任到他去世,1705 年,他被封为爵士.英国著名的物理学家,百科全书式的"全才"牛顿于 1727 年病逝,终年 84 岁.

被誉为"近代物理学之父"的牛顿,一生历经坎坷,数次因为客观原因中断学业,但他仍不忘学习研究,因此取得了很多辉煌的成就.他的有些研究成果没有及时发表,因此引出了他与戈特弗里德·威廉·莱布尼兹在微积分发现的优先权上的争论不休.

戈特弗里德·威廉·莱布尼兹(Gottfried Wilhelm Leibniz),出生于德国莱比锡,毕业于莱比锡大学,德国哲学家、数学家,被誉为"17 的世纪的亚里士多德".莱布尼兹在数学史和哲学史上都占有重要地位.他本人是一名律师,经常往返于各大城镇,许多的公式都是他在颠簸的马车上完成的.莱布尼兹于 1684 年发表他的第一篇微分论文,定义了微分概念,采用了微分符号 dx, dy. 1686 年他又发表了积分论文,讨论了微分与积分,使用了积分符号 $\int$. 莱布尼兹发明的这套简明方便的微积分符号至今仍在使用.

如今学术界将微积分的发明权判定为他们两人共同享有,两个人的智慧结晶也为全人类所共享.牛顿从运动学的观点出发,而莱布尼兹则是从几何学的角度去考虑,各自独立地创造了微积分.尽管牛顿发现微积分要比莱布尼兹早若干年,但他很晚才出版自己的著作.牛顿对数学的研究深入,知识面较广,而莱布尼兹所使用的微积分的数学符号被更广泛的使用.

尽管两位科学巨匠在微积分发明的优先权上产生了分歧,但他们都是品格高尚的人.莱布尼兹对牛顿所做出的杰出贡献评价为"在从世界开始到牛顿生活的年代的全部数学中,牛顿的工作超过一半".牛顿对自己工作的评价是"我不知道世间把我看成什么样的人,但对我自己来说,就像一个在海边玩耍的小孩,有时找到一块比较平滑的卵石或格外漂亮的贝壳,感到高兴,在我前面是完全没有被发现的真理的大海洋".

第3章 一元函数积分学

积分是微积分的另一个重要组成部分,在经济管理、科学技术等诸多领域有着广泛的应用. 一元函数积分主要由两部分构成,一部分是不定积分,它是微分法的逆运算,主要解决由某个函数的导数(或微分),求此函数;另一部分是定积分,主要解决平面图形的面积、变速直线运动的路程和经济学中的总量等问题,是解决很多实际问题的有力工具. 定积分和不定积分看似两个不相关的概念,由牛顿和莱布尼兹分别发现了它们的内在联系(微积分基本公式),从而得到了定积分计算的一般方法. 本章包含下列主题:

- 不定积分的概念和性质;
- 基本积分公式与不定积分的计算方法;
- 定积分的概念和性质;
- 牛顿-莱布尼兹公式与定积分的计算方法;
- 广义积分;
- 定积分的应用.

3.1 不定积分的概念与性质

3.1.1 不定积分的概念

【案例提出】

[案例1] 某企业生产 x 吨产品的总成本函数为 $C(x)$,已知边际成本函数 $MC(x)=C'(x)=2x$,并且固定成本 $C(0)=100$,求总成本函数 $C(x)$.

【相关知识】

1. 原函数的定义

定义 3.1 在区间 I 上函数 $F(x)$ 与 $f(x)$ 满足:对任一 $x \in I$,都有
$$F'(x)=f(x) \text{ 或 } \mathrm{d}F(x)=f(x)\mathrm{d}x,$$
则称函数 $F(x)$ 是 $f(x)$ 在区间 I 上的一个**原函数**.

根据原函数的定义,边际成本 $MC(x)=C'(x)$,所以总成本函数 $C(x)$ 是边际成本 $MC(x)$ 的一个原函数.

由于 $(x^2)'=2x, (x^2+1)'=2x, (x^2+C)'=2x, x\in(-\infty,+\infty)$,所以 x^2, x^2+1, x^2+C 均是 $2x$ 在区间 $(-\infty,+\infty)$ 上的一个原函数.

那么我们要问:什么样的函数存在原函数呢?如果存在,唯一吗?如果不唯一,又该如何表示呢?

如果一个函数连续,那么它一定存在原函数.

若一个函数 $f(x)$ 有一个原函数 $F(x)$,那么它一定有无穷多个原函数.

一般地,如果 $F(x)$ 为 $f(x)$ 的一个原函数,那么 $F(x)+C$(C 为任意常数)都是 $f(x)$ 的原函数.因为 $[F(x)+C]'=F'(x)=f(x)$,故 $F(x)+C$(C 为任意常数)可表示为 $f(x)$ 的全体原函数.

2. 不定积分的概念

定义 3.2 函数 $f(x)$ 的全体原函数 $F(x)+C$ 称为 $f(x)$ 的**不定积分**,记作

$$\int f(x)\mathrm{d}x,$$

其中 $\int$ 称为积分符号,$f(x)$ 称为被积函数,$f(x)\mathrm{d}x$ 称为被积表达式,x 称为积分变量,C 为积分常数,即

$$\int f(x)\mathrm{d}x=F(x)+C\ (C\text{ 是任意常数}).$$

【例题精选】

例 1 根据定义求下列不定积分:

(1) $\int 3x^2\mathrm{d}x$; (2) $\int 3^x\mathrm{d}x$; (3) $\int \mathrm{e}^x\mathrm{d}x$.

解 (1) 因为 $(x^3)'=3x^2$,所以有 $\int 3x^2\mathrm{d}x=x^3+C$;

(2) 因为 $\left(\dfrac{3^x}{\ln 3}\right)'=3^x$,所以有 $\int 3^x\mathrm{d}x=\dfrac{3^x}{\ln 3}+C$;

(3) 因为 $(\mathrm{e}^x)'=\mathrm{e}^x$,所以有 $\int \mathrm{e}^x\mathrm{d}x=\mathrm{e}^x+C$.

例 2 求不定积分 $\int\dfrac{1}{x}\mathrm{d}x$.

解 当 $x>0$ 时,$(\ln x)'=\dfrac{1}{x}$;

而 $x<0$ 时,$[\ln(-x)]'=\dfrac{1}{-x}\cdot(-1)=\dfrac{1}{x}$.

因此
$$\int\dfrac{1}{x}\mathrm{d}x=\ln|x|+C.$$

【知识演练】

1. 根据原函数和不定积分的定义填空：

(1) 已知 $f(x)$ 的一个原函数是 $\sin(2x-6)$，则 $f(x) = $ _____；

(2) 已知 $f(x)$ 的一个原函数是 e^{3x+1}，则 $\int f(x) \mathrm{d}x = $ _____；

(3) (_____)$' = \cos x$，所以 $\int \cos x \mathrm{d}x = $ _____；

(4) (_____)$' = x^2$，所以 $\int x^2 \mathrm{d}x = $ _____．

3.1.2 不定积分的基本积分公式和性质

【案例提出】

[案例 2] 某企业生产 x 吨产品的总成本函数为 $C(x)$，已知边际成本函数 $MC(x) = C'(x) = \dfrac{1}{\sqrt{x}} + 10$，并且固定成本 $C(0) = 100$，求总成本函数 $C(x)$．

【相关知识】

1. 基本积分公式

积分运算与微分运算是互逆运算，所以由基本初等函数的求导公式可以推导出相应的基本积分公式：

$\int 0 \mathrm{d}x = C;$

$\int \dfrac{1}{\sqrt{x}} \mathrm{d}x = 2\sqrt{x} + C;$

$\int x^{\alpha} \mathrm{d}x = \dfrac{1}{\alpha+1} x^{\alpha+1} + C \ (\alpha \neq -1);$

$\int \dfrac{1}{x} \mathrm{d}x = \ln|x| + C;$

$\int a^x \mathrm{d}x = \dfrac{a^x}{\ln a} + C \ (a>0, a \neq 1);$

$\int e^x \mathrm{d}x = e^x + C;$

$\int \sin x \mathrm{d}x = -\cos x + C;$

$\int \cos x \mathrm{d}x = \sin x + C.$

2. 性质

因为求不定积分和求导数（或微分）互为逆运算，所以可以推导出如下的结论：

性质 3.1 $\left[\int f(x)dx\right]' = f(x)$ 或 $d\int f(x)dx = f(x)dx.$

性质 3.2 $\int F'(x)dx = F(x) + C$ 或 $\int dF(x) = F(x) + C.$

性质 3.3 若函数 $f(x)$ 和 $g(x)$ 都是可积函数,则

$$\int [f(x) \pm g(x)]dx = \int f(x)dx \pm \int g(x)dx.$$

性质 3.4 若函数 $f(x)$ 可积,k 是一个常数且 $k \neq 0$,则

$$\int kf(x)dx = k\int f(x)dx.$$

性质 3.3 和 3.4 说明积分运算性质与微分的一个重要区别在:积分运算只有加减和数乘运算法则,无乘除运算法则.

【拓展知识】*

基本积分公式除了以上介绍的之外,还有以下两个涉及反三角函数的公式:

$$\int \frac{1}{\sqrt{1-x^2}}dx = \arcsin x + C = -\arccos x + C;$$

$$\int \frac{1}{1+x^2}dx = \arctan x + C = -\text{arccot}\, x + C.$$

【例题精选】

例 3 求 $\int \left(x^2 - \sin x + \frac{3}{x}\right)dx.$

解 $\int \left(x^2 - \sin x + \frac{3}{x}\right)dx = \int x^2 dx - \int \sin x\, dx + 3\int \frac{1}{x}dx$

$$= \frac{x^3}{3} + C_1 + \cos x + C_2 + 3\ln|x| + C_3.$$

令 $C = C_1 + C_2 + C_3$,所以

$$\int \left(x^2 - \sin x + \frac{3}{x}\right)dx = \frac{x^3}{3} + \cos x + 3\ln|x| + C.$$

说明 求解过程中,当所有积分积出时,可以用一个积分常数 C 代替 C_1, C_2, C_3,因此过程中,可以省略不写 C_1, C_2, C_3,用一个积分常数 C 来代替.

例 4 求 $\int 3^x e^x dx.$

解 $\int 3^x e^x dx = \int (3e)^x dx = \frac{(3e)^x}{1 + \ln 3} + C.$

例 5 求 $\int \sqrt{x\sqrt{x}}(1-x)dx.$

解 $\int \sqrt{x\sqrt{x}}(1-x)dx = \int x^{\frac{1}{2}} x^{\frac{1}{4}}(1-x)dx = \int \left(x^{\frac{3}{4}} - x^{\frac{7}{4}}\right)dx$

$$=\frac{4}{7}x^{\frac{7}{4}}+\frac{4}{11}x^{\frac{11}{4}}+C.$$

例 6 求 $\int \frac{(1+x)^2}{x}dx$.

解 $\int \frac{(1+x)^2}{x}dx = \int \left(x+2+\frac{1}{x}\right)dx = \int x\,dx + 2\int dx + \int \frac{1}{x}dx$

$$=\frac{x^2}{2}+2x+\ln|x|+C.$$

例 7 求 $\int \frac{x^2-4}{x-2}dx$.

解 $\int \frac{x^2-4}{x-2}dx = \int (x+2)dx = \int x\,dx + 2\int dx = \frac{x^2}{2}+2x+C.$

【知识应用】

例 8 某企业生产 x 吨产品的总成本函数为 $C(x)$,已知边际成本函数 $MC(x)=C'(x)=2x$,并且固定成本 $C(0)=100$,求总成本函数 $C(x)$.

解 因为 $\int C'(x)dx = C(x)+C$,故有

$$C(x)=\int 2x\,dx = x^2 + C,$$

又 $C(0)=100$,从而得总成本函数

$$C(x)=x^2+100.$$

例 9 某企业生产 x 吨产品的总成本函数为 $C(x)$,已知边际成本函数 $MC(x)=C'(x)=\frac{1}{\sqrt{x}}+10$,并且固定成本 $C(0)=100$,求总成本函数 $C(x)$.

解 由题意可知,边际成本函数为

$$C(x)=\int C'(x)dx = \int \left(\frac{1}{\sqrt{x}}+10\right)dx = 2\sqrt{x}+10x+C,$$

又 $C(0)=100$,从而得总成本函数

$$C(x)=2\sqrt{x}+10x+100.$$

例 10 求通过点 $(0,1)$ 的曲线 $y=f(x)$,使它在任意一点 x 处的切线斜率为 x^2.

解 根据 $f'(x)=x^2$ 求出 $f'(x)$ 的全体原函数,然后再从中找到经过点 $(0,1)$ 的函数 $f(x)$ 即可.

$f'(x)$ 的全体原函数为

$$\int f'(x)dx = \int x^2 dx = \frac{x^3}{3}+C(C\text{ 为任意常数}),$$

将点 $(0,1)$ 代入上式,有

$$1=0+C,$$

得

$$C=1,$$

故所求曲线为
$$f(x)=\frac{x^3}{3}+1.$$

例 11 已知生产某产品 x 万件的边际收入为 $R'(x)=80-5x$(万元),求总收入函数 $R(x)$.

解 总收入函数 $R(x)$ 为
$$R(x)=\int R'(x)dx=\int(80-5x)dx=80x-\frac{5x^2}{2}+C.$$
注意到销售量 $x=0$ 时,总收入 $R(0)=0$,代入上式得
$$C=0.$$
因此,总收入函数 $R(x)=80x-\frac{5x^2}{2}$.

【知识演练】

2. 求下列不定积分：

(1) $\int\left(2x+\frac{1}{x^2}\right)dx$；

(2) $\int\left(2^x+\frac{3}{x}\right)dx$；

(3) $\int\sqrt{x}(x-4)dx$；

(4) $\int\frac{2\cdot 7^x+5\cdot 2^x}{7^x}dx$；

(5) $\int(3^x-5x^3)dx$；

(6) $\int(1+6\sin x-\cos x)dx$；

(7)* $\int\frac{3}{1+x^2}dx$；

(8)* $\int\frac{4}{\sqrt{1-x^2}}dx$.

3. 设曲线在任一点 x 处的切线斜率为 $\frac{1}{\sqrt{x}}-2x$,且过点(1,5),试求该曲线的方程.

4. 已知某企业生产产品 Q 万件的边际成本 $MC(Q)=6+Q$(万元),边际收入 $MR(Q)=-Q+18$(万元),固定成本为 5 万元,求：

(1) 总成本函数 $C(Q)$ 和总收入函数 $R(Q)$；

(2) 取得最大利润时的产量及最大利润.

5. 设某商品的需求量 Q 是价格 P 的函数,该商品的最大需求量为 1000(即 $P=0$ 时,$Q=1000$).已知需求量的变化率(边际需求)为
$$Q'(P)=-1000\ln 3\left(\frac{1}{3}\right)^P,$$
求需求量 Q.

3.2 不定积分的计算

利用基本积分公式与性质可以解决的不定积分问题是十分有限的. 因此,有必要进一步研究不定积分的计算方法. 本节主要有两部分内容:一方面利用换元的思想,将不可以利用基本积分公式的不定积分代换成可以利用基本积分公式的不定积分,从而积出不定积分,这种方法统称为换元积分法;另一方面,利用函数乘法的求导公式推导出不定积分的另一解法,即分部积分法.

3.2.1 换元积分法

【案例提出】

[案例 3] 求不定积分 $\int \cos 2x \, dx$.

解 分析发现该题不能直接利用基本积分公式.

若作适当的换元,令 $u = 2x$,则 $du = 2dx$,于是原不定积分变形为

$$\int \cos 2x \, dx = \int \cos u \cdot \frac{1}{2} du = \frac{1}{2} \int \cos u \, du = \frac{1}{2} \sin u + C.$$

最后将变量 u 还原成 $2x$,问题就解决了,即

$$\int \cos 2x \, dx = \frac{1}{2} \sin 2x + C.$$

这就是换元的思想:把不易积分的问题作适当变形转化成容易积分的问题,此时问题就迎刃而解.

【相关知识】

1. 第一换元积分法(凑微分法)

定理 3.1 设函数 $f(u)$ 的一个原函数是 $F(u)$,而 $u = \varphi(x)$ 具有连续的导数,则

$$\int f[\varphi(x)] \varphi'(x) \, dx = \int f(u) \, du = F(u) + C = F[\varphi(x)] + C.$$

以上这样的积分方法称为**第一换元积分法**,也称为**凑微分法**.

2. 第二换元积分法

凑微分法中,通过变量代换 $u = \varphi(x)$,将积分 $\int f[\varphi(x)] \varphi'(x) \, dx$ 变为形式简单的积分 $\int f(u) \, du$,只要找到 $\int f(u) \, du$ 的原函数,问题就得到解决. 但有时会碰到一种相反的情况,对于不定积分 $\int f(x) \, dx$ 不易求,作变量代换 $x = \varphi(t)$,原积分就转化成形式较为复杂但容

易求出原函数的不定积分 $\int f[\varphi(t)]\varphi'(t)\mathrm{d}t$,只要 $x=\varphi(t)$ 存在反函数 $t=\varphi^{-1}(x)$,再将变量还原,即可求出 $\int f(x)\mathrm{d}x$.

定理 3.2 设 $x=\varphi(t)$ 是单调的、具有连续导数的函数,且 $\varphi'(t)\neq 0$,若
$$\int f[\varphi(t)]\varphi'(t)\mathrm{d}t = F(t)+C,$$
则
$$\int f(x)\mathrm{d}x = \int f[\varphi(t)]\varphi'(t)\mathrm{d}t = F[\varphi^{-1}(x)]+C,$$
其中 $\varphi^{-1}(x)$ 是 $x=\varphi(t)$ 的反函数.

以上这样的积分方法称为**第二换元积分法**.

第二换元积分法中换元的类型有很多种,下面主要介绍**根式代换法**.

当被积函数中含有形如 $\sqrt[n]{ax+b}(n\geq 2,n$ 为正整数,$a\neq 0)$ 的式子时,直接令 $\sqrt[n]{ax+b}=t$,就可以将被积函数中根式去掉.

【拓展知识】*

第二换元法中的三角函数代换法.

当被积函数中含有 $\sqrt{a^2-x^2}(a>0)$ 时,令 $x=a\sin t\left(-\dfrac{\pi}{2}<t<\dfrac{\pi}{2}\right)$;

当被积函数中含有 $\sqrt{a^2+x^2}(a>0)$ 时,令 $x=a\tan t\left(-\dfrac{\pi}{2}<t<\dfrac{\pi}{2}\right)$.

【例题精选】

首先列举一些利用第一换元积分法求不定积分的例题.

情形一. 被积表达式为 $f(ax+b)\mathrm{d}x$ 型 $(a\neq 0)$,可作换元 $u=ax+b$ 解决问题.

例 12 求不定积分 $\int \cos 2x\mathrm{d}x$.

解 被积表达式为 $\cos 2x\mathrm{d}x$,令 $u=2x$,则 $\mathrm{d}u=2\mathrm{d}x$,因此
$$\int \cos 2x\mathrm{d}x = \frac{1}{2}\int \cos u\mathrm{d}u$$
$$= \frac{1}{2}\sin u + C = \frac{1}{2}\sin 2x + C.$$

例 13 求 $\int \dfrac{\mathrm{d}x}{4-x}$.

解 由于被积表达式为 $\dfrac{1}{4-x}\mathrm{d}x$,令 $u=4-x$,则 $\mathrm{d}u=-\mathrm{d}x$,从而有
$$\int \frac{\mathrm{d}x}{4-x} = -\int \frac{1}{u}\mathrm{d}u = -\ln|u| + C = -\ln|4-x| + C.$$

情形二. 被积表达式为 $f(x^2)x\mathrm{d}x$ 型,可作换元 $u=x^2$ 解决问题.

例 14 求 $\int x e^{x^2} dx$.

解 由于被积表达式为 $e^{x^2} x dx$,令 $u=x^2$,则 $du=2xdx$,从而有
$$\int e^{x^2} x dx = \frac{1}{2}\int e^u du = \frac{1}{2}e^u + C = \frac{1}{2}e^{x^2} + C.$$

例 15 求 $\int \frac{x}{4-x^2} dx$.

解 由于被积表达式为 $\frac{1}{4-x^2} x dx$,令 $u=4-x^2$,则 $du=-2xdx$,从而有
$$\int \frac{x}{4-x^2} dx = -\frac{1}{2}\int \frac{1}{u} du = -\frac{1}{2}\ln|u| + C$$
$$= -\frac{1}{2}\ln|4-x^2| + C.$$

同样可以计算 $\int f(x^n) x^{n-1} dx$,$\int f(\sqrt{x}) \frac{1}{\sqrt{x}} dx$,$\int f\left(\frac{1}{x}\right) \frac{1}{x^2} dx$ 等形式的不定积分.

例 16 求 $\int \frac{1}{x^2} e^{\frac{1}{x}} dx$.

解 由于被积表达式为 $\frac{1}{x^2} e^{\frac{1}{x}} dx$,令 $u=\frac{1}{x}$,则 $du=-\frac{1}{x^2} dx$,从而有
$$\int \frac{1}{x^2} e^{\frac{1}{x}} dx = -\int e^u du = -e^{\frac{1}{x}} + C.$$

情形三. 被积表达式为 $f(e^x) e^x dx$,$f(\ln x) \frac{1}{x} dx$ 型,可分别令 $u=e^x$,$u=\ln x$ 即可.

例 17 求 $\int e^x \sin e^x dx$.

解 令 $u=e^x$,则 $du=e^x dx$,于是有
$$\int e^x \sin e^x dx = \int \sin u du = -\cos e^x + C.$$

例 18 求 $\int \frac{(\ln x)^2}{x} dx$.

解 令 $u=\ln x$,则 $du=\frac{1}{x} dx$,于是有
$$\int \frac{(\ln x)^2}{x} dx = \int u^2 du = \frac{1}{3}(\ln x)^3 + C.$$

情形四. 被积表达式为 $f(\sin x) \cos x dx$,$f(\cos x) \sin x dx$ 型,可分别令 $u=\sin x$,$u=\cos x$ 即可.

例 19 求 $\int \sin^2 x \cos x dx$.

解 令 $u=\sin x$,则 $du=\cos x dx$,于是有
$$\int \sin^2 x \cos x dx = \int u^2 du = \frac{1}{3}\sin^3 x + C.$$

例 20 求 $\int \sin^3 x \, dx$.

解 令 $u = \cos x$,则 $du = -\sin x \, dx$,于是有

$$\int \sin^3 x \, dx = \int (1 - \cos^2 x) \sin x \, dx = -\int (1 - u^2) \, du$$

$$= -\cos x + \frac{1}{3} \cos^3 x + C.$$

情形五. 被积函数是有理分式 $\frac{1}{Q(x)}$ ($Q(x)$ 为多项式函数),其中 $Q(x)$ 可分解因式,此时将被积函数分拆成若干项的和即可.

例 21 求 $\int \frac{dx}{x^2 + 2x - 3}$.

解

$$\int \frac{dx}{x^2 + 2x - 3} = \int \frac{1}{(x+3)(x-1)} dx = -\frac{1}{4} \int \left(\frac{1}{x+3} - \frac{1}{x-1} \right) dx$$

$$= -\frac{1}{4} \int \frac{dx}{x+3} + \frac{1}{4} \int \frac{dx}{x-1}$$

$$= -\frac{1}{4} \ln|x+3| + \frac{1}{4} \ln|x-1| + C$$

$$= \frac{1}{4} \ln \left| \frac{x-1}{x+3} \right| + C.$$

通过以上例子可以看出,第一换元积分法是积分计算中非常重要的方法. 但是书写过程有些烦琐,可以用凑微分的思想简化书写过程,下面以例 13 为例来说明.

$$\int \frac{1}{4-x} dx = -\int \frac{1}{4-x} d(4-x) = -\ln|4-x| + C.$$

以后大家熟练之后就可以直接用凑微分法书写简化计算过程.

同时还需说明,应用不同的计算方法得到的不定积分的计算结果在形式上会有一些差异,但本质上,它们之间只相差一个常数. 例如,计算不定积分 $\int \sin x \cos x \, dx$.

方法一:$\int \sin x \cos x \, dx = \int \sin x \, d\sin x = \frac{1}{2} \sin^2 x + C.$

方法二:$\int \sin x \cos x \, dx = -\int \cos x \, d\cos x = -\frac{1}{2} \cos^2 x + C = \frac{1}{2} \sin^2 x - \frac{1}{2} + C.$

另外,我们前面对第一换元积分法(凑微分法)做了一些总结,事实上,积分情形远比这些丰富和精彩. 在具体计算时要根据被积函数的特点,结合基本积分公式来灵活选取应用,甚至在一个积分问题中要综合运用多种方法才能解决问题.

接下来举例介绍第二换元法中的**根式代换法**.

例 22 求 $\int \frac{x+1}{\sqrt[3]{3x+1}} dx$.

解 令 $\sqrt[3]{3x+1} = t$,则 $x = \frac{1}{3}(t^3 - 1)$,$dx = t^2 \, dt$,于是有

$$\int \frac{x+1}{\sqrt[3]{3x+1}}dx = \frac{1}{3}\int \frac{t^3+2}{t}\cdot t^2 dt = \frac{1}{3}\int(t^4+2t)dt = \frac{t^5}{15}+\frac{t^2}{3}+C$$

$$=\frac{1}{15}(3x+1)^{\frac{5}{3}}+\frac{1}{3}(3x+1)^{\frac{2}{3}}+C.$$

例 23 求 $\int \frac{1}{\sqrt{x+1}+\sqrt[3]{x+1}}dx$.

解 令 $t=\sqrt[6]{x+1}$，则 $x=t^6-1$，$dx=6t^5 dt$，故有

$$\int \frac{1}{\sqrt{x+1}+\sqrt[3]{x+1}}dx = \int \frac{6t^5}{t^3+t^2}dt = 6\int\left(t^2-t+1-\frac{1}{t+1}\right)dt$$

$$=6\left(\frac{1}{3}t^3-\frac{1}{2}t^2+t-\ln|t+1|\right)+C$$

$$=2\sqrt{x+1}-3\sqrt[3]{x+1}+6\sqrt[6]{x+1}-6\ln\left|1+\sqrt[6]{x+1}\right|+C.$$

三角函数代换法选讲

例 24* 求 $\int \sqrt{4-x^2}dx$.

分析 被积函数中含有根式"$\sqrt{4-x^2}$"，而被积表达式中不单独含有"xdx"，从而不能使用凑微分法，所以考虑三角函数代换.

解 如图 3-12 所示，令 $\frac{x}{2}=\sin t\ \left(-\frac{\pi}{2}\leqslant t<\frac{\pi}{2}\right)$，则 $dx=2\cos t dt$，故有

$$\int \sqrt{4-x^2}dx = 4\int \cos t\cos t dt$$

$$=2\int(1+\cos 2t)dt$$

$$=2t+\sin 2t+C=2t+2\sin t\cos t+C$$

$$=2\arcsin\frac{x}{2}-\frac{1}{2}x\sqrt{4-x^2}+C.$$

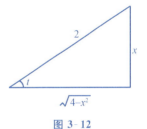

图 3-12

【知识演练】

6. 求下列不定积分：

(1) $\int e^{5t+2}dt$；

(2) $\int (5-3x)^2 dx$；

(3) $\int \frac{1}{1-2x}dx$；

(4) $\int \frac{dx}{\sqrt{1-2x}}$；

(5) $\int (\sin 4x - e^{\frac{x}{2}})dx$；

(6) $\int \sin(3x+1)dx$；

(7) $\int x\sqrt{x^2+5}dx$；

(8) $\int \frac{dx}{x\ln x}$；

(9) $\int \frac{1}{1+e^x}dx$；

(10) $\int xe^{-2x^2}dx$；

(11) $\int \dfrac{3x^3}{1+x^4}dx$;

(12)* $\int \dfrac{dx}{e^x+e^{-x}}$;

(13) $\int \dfrac{\sin x}{\cos^3 x}dx$;

(14) $\int \dfrac{\sin x+\cos x}{\sqrt[3]{\sin x-\cos x}}dx$;

(15) $\int \cos^3 x\,dx$;

(16) $\int \dfrac{\cos\ln x}{x}dx$;

(17) $\int \left(1+\dfrac{1}{x^2}\right)e^{x-\frac{1}{x}}dx$;

(18) $\int \dfrac{dx}{x^2+5x+6}$;

(19) $\int \dfrac{x^2\,dx}{1-x^2}$;

(20) $\int \dfrac{1+\ln x}{(x\ln x)^2}dx$;

(21) $\int \dfrac{e^{2x}-1}{e^x-1}dx$;

(22) $\int \dfrac{x^3}{1+x^2}dx$;

(23) $\int \dfrac{1}{\sqrt{x+1}+\sqrt{x-1}}dx$;

(24)* $\int \dfrac{1}{4+x^2}dx$;

(25)* $\int \dfrac{1}{x^2+2x+4}dx$;

(26)* $\int \dfrac{1}{\sqrt{4-x^2}}dx$.

7. 求下列不定积分:

(1) $\int x\sqrt{1+x}\,dx$;

(2) $\int \dfrac{dx}{x(\sqrt{x}+1)}$;

(3) $\int \dfrac{1}{\sqrt[3]{x+2}+1}dx$;

(4) $\int \dfrac{1}{\sqrt{x}+\sqrt[3]{x}}dx$;

(5) $\int \dfrac{e^{2x}}{1+\sqrt{1+e^{2x}}}dx$;

(6) $\int \dfrac{1+\sqrt[3]{1-x}}{\sqrt{1-x}}dx$;

(7)* $\int \sqrt{9+x^2}\,dx$;

(8)* $\int \dfrac{x^2}{\sqrt{9-x^2}}dx$.

3.2.2 分部积分法

【案例提出】

[案例 4] 求不定积分 $\int x\sin x\,dx$.

尽管已经学习了换元积分法,但是此题用此方法无法解决,需要学习新的方法——分部积分法.

【相关知识】

如果 $u=u(x)$ 与 $v=v(x)$ 都有连续的导数,则由函数乘积的求导公式
$$(uv)'=u'v+uv',$$
得到对应的微分公式 $\qquad d(uv)=v\,du+u\,dv,$
移项可得 $\qquad u\,dv=d(uv)-v\,du,$

两边积分有
$$\int u\mathrm{d}v = uv - \int v\mathrm{d}u.$$

这个公式叫作**分部积分公式**.

当积分 $\int u\mathrm{d}v$ 不易计算,而积分 $\int v\mathrm{d}u$ 比较容易计算时,就可以使用分部积分公式求解. 应用分部积分公式求解的难点在于 u,v 的选择,下面通过例题来讲解.

【例题精选】

例 25 求不定积分 $\int x\sin x\mathrm{d}x$.

解 被积函数是 x 与 $\sin x$ 的乘积,选择 $u = x$,则有 $\mathrm{d}v = \sin x\mathrm{d}x$,即 $v = -\cos x$.
由分部积分公式有
$$\int x\sin x\mathrm{d}x = -\int x\mathrm{d}\cos x = -x\cos x + \int \cos x\mathrm{d}x = -x\cos x + \sin x + C.$$

求解时,如果选择 $u = \sin x, \mathrm{d}v = x\mathrm{d}x$,则有 $v = \dfrac{x^2}{2}$.
$$\int x\sin x\mathrm{d}x = \int \sin x\mathrm{d}\left(\dfrac{x^2}{2}\right) = \dfrac{x^2}{2}\sin x - \int \dfrac{x^2}{2}\cos x\mathrm{d}x.$$

此时积分 $\int \dfrac{x^2}{2}\cos x\mathrm{d}x$ 比原积分更加复杂,所以按此思路无法求出结果.

由此题可以发现,如果 u 和 $\mathrm{d}v$ 选取不当,结果很难求出,所以恰当选取 u 和 v 是一个关键. 一般要考虑下面两点:

(1) v 要容易求得;

(2) 后面的积分 $\int v\mathrm{d}u$ 要比前面的积分 $\int u\mathrm{d}v$ 易求.

利用分部积分法求解不定积分的难点在于 u 的确定,下面给出几种类型.

情形一. 积分为 $\int x^n \times (\text{指数函数})\mathrm{d}x$ 的类型,选取 x^n(n 为正整数)为 u.

例 26 求 $\int x\mathrm{e}^x\mathrm{d}x$.

解 令 $u = x, \mathrm{d}v = \mathrm{e}^x\mathrm{d}x$,则 $v = \mathrm{e}^x$,那么
$$\int x\mathrm{e}^x\mathrm{d}x = \int x\mathrm{d}\mathrm{e}^x = x\mathrm{e}^x - \int \mathrm{e}^x\mathrm{d}x = x\mathrm{e}^x - \mathrm{e}^x + C.$$

如果选择 $u = \mathrm{e}^x, \mathrm{d}v = x\mathrm{d}x$,则 $v = \dfrac{x^2}{2}$,那么积分会变得更加复杂,课后同学们不妨一试.

例 27 求 $\int x\mathrm{e}^{2x}\mathrm{d}x$.

解 令 $u = x, \mathrm{d}v = \mathrm{e}^{2x}\mathrm{d}x$,则 $v = \dfrac{1}{2}\mathrm{e}^{2x}$,得
$$\int x\mathrm{e}^{2x}\mathrm{d}x = \dfrac{1}{2}\int x\mathrm{d}\mathrm{e}^{2x} = \dfrac{1}{2}x\mathrm{e}^{2x} - \dfrac{1}{2}\int \mathrm{e}^{2x}\mathrm{d}x = \dfrac{1}{2}x\mathrm{e}^{2x} - \dfrac{1}{4}\mathrm{e}^{2x} + C.$$

情形二. 积分为 $\int x^n \times (三角函数) \mathrm{d}x$ 的类型,选取 x^n(n 为正整数)为 u.

分部积分法运用熟练后,可以简化书写过程,不必具体写出 u,v.

例 28 求 $\int x\sin x\cos x \mathrm{d}x$.

解
$$\int x\sin x\cos x \mathrm{d}x = \frac{1}{2}\int x\sin 2x \mathrm{d}x = -\frac{1}{4}\int x\mathrm{d}\cos 2x$$
$$= -\frac{1}{4}x\cos 2x + \frac{1}{4}\int \cos 2x \mathrm{d}x$$
$$= -\frac{1}{4}x\cos 2x + \frac{1}{8}\sin 2x + C.$$

情形三. 积分为 $\int x^\alpha \times (对数函数) \mathrm{d}x$ 的类型(α 为实数),选取对数函数为 u.

例 29 求 $\int \ln x \mathrm{d}x$.

解 $\int \ln x \mathrm{d}x = x\ln x - \int x \mathrm{d}\ln x = x\ln x - \int \mathrm{d}x = x\ln x - x + C.$

例 30 求 $\int x^2 \ln(x+1) \mathrm{d}x$.

解
$$\int x^2 \ln(x+1) \mathrm{d}x = \int \ln(x+1) \mathrm{d}\left(\frac{x^3}{3}\right)$$
$$= \frac{x^3}{3}\ln(x+1) - \frac{1}{3}\int x^3 \mathrm{d}\ln(x+1)$$
$$= \frac{x^3}{3}\ln(x+1) - \frac{1}{3}\int \frac{x^3}{x+1} \mathrm{d}x$$
$$= \frac{x^3}{3}\ln(x+1) - \frac{1}{3}\int (x^2 - x + 1) \mathrm{d}x$$
$$= \frac{x^3}{3}\ln(x+1) - \frac{1}{9}x^3 + \frac{1}{6}x^2 - \frac{1}{3}x + C.$$

情形四. 积分为 $\int (指数函数) \times (三角函数) \mathrm{d}x$ 的类型,可任选一个函数为 u.

例 31 求 $\int \mathrm{e}^x \cos x \mathrm{d}x$.

解
$$\int \mathrm{e}^x \cos x \mathrm{d}x = \int \mathrm{e}^x \mathrm{d}\sin x = \mathrm{e}^x \sin x - \int \sin x \mathrm{d}\mathrm{e}^x$$
$$= \mathrm{e}^x \sin x - \int \mathrm{e}^x \sin x \mathrm{d}x$$
$$= \mathrm{e}^x \sin x + \int \mathrm{e}^x \mathrm{d}\cos x$$
$$= \mathrm{e}^x \sin x + \mathrm{e}^x \cos x - \int \mathrm{e}^x \cos x \mathrm{d}x.$$

经过两次分部积分之后,在上式右端又出现了所求积分 $\int \mathrm{e}^x \cos x \mathrm{d}x$,这样就得到了含有

不定积分 $\int e^x \cos x \mathrm{d}x$ 的方程式. 于是移项, 得

$$2\int e^x \cos x \mathrm{d}x = e^x \sin x + e^x \cos x + C.$$

即
$$\int e^x \cos x \mathrm{d}x = \frac{1}{2}(e^x \sin x + e^x \cos x) + \frac{1}{2}C.$$

在这种积分类型中, 由于要两次使用分部积分法, 所以两次选取的 u 应当保持一致, 否则不会出现含有所求积分的方程.

本节专门介绍了各种不定积分的计算方法, 而且所求不定积分都可以用初等函数表示出来. 事实上, 从原理上来说, 不定积分一定存在, 但有许多不定积分, 不能用初等函数表示, 这种情况习惯上称为"积不出来". 例如, $\int e^{-x^2} \mathrm{d}x$, $\int \frac{\sin x}{x} \mathrm{d}x$, $\int \frac{1}{\ln x} \mathrm{d}x$ 等是"积不出来"的.

【知识演练】

8. 求下列不定积分:

(1) $\int x e^{-x} \mathrm{d}x$; (2) $\int \ln(3x-1) \mathrm{d}x$;

(3) $\int x \cos x \mathrm{d}x$; (4) $\int x^2 \sin 2x \mathrm{d}x$;

(5) $\int x \cos \frac{x}{3} \mathrm{d}x$; (6) $\int x \ln(x+1) \mathrm{d}x$;

(7) $\int \frac{\ln x}{x^2} \mathrm{d}x$; (8) $\int e^x \cos 2x \mathrm{d}x$.

9. 已知 $f(x)$ 的一个原函数为 $e^x \sin x$, 证明:
$$\int x f'(x) \mathrm{d}x = x e^x \sin x + x e^x \cos x - e^x \sin x + C.$$

3.3 定积分的概念与性质

3.3.1 定积分的概念与性质

【案例提出】

[案例 5] 在直角坐标系中, 由连续曲线 $y = f(x)$(假设 $f(x) \geqslant 0$), 直线 $x = a$, $x = b$ 以及 x 轴所围成的图形 $AabB$, 叫作曲边梯形, 如图 3-1 所示. 我们的问题是如何求曲边梯形 $AabB$ 的面积.

解决该问题的思想方法是"以直代曲". 具体来说, 就是通过以下四步来实现:

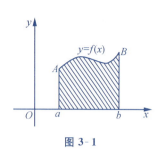
图 3-1

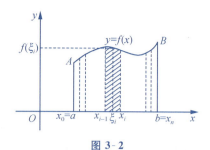
图 3-2

(1) 分割:用任意分点 $a=x_0<x_1<x_2<\cdots<x_{n-1}<x_n=b$ 将区间 $[a,b]$ 分成任意的 n 个小区间 $[x_0,x_1],[x_1,x_2],\cdots,[x_{n-1},x_n]$. 记这些小区间的长度为 $\Delta x_i=x_i-x_{i-1}(i=1,2,\cdots,n)$. 经过每一个分点 $x_i(i=1,2,\cdots,n)$ 作 x 轴的垂线,把曲边梯形 $AabB$ 划分成 n 个小曲边梯形(图 3-2).

用 S 表示曲边梯形 $AabB$ 的面积,ΔS_i 表示第 i 个小曲边梯形的面积,则有

$$S=\sum_{i=1}^{n}\Delta S_i.$$

(2) 近似代替:在每个小区间 $[x_{i-1},x_i]$ 上任取一点 $\xi_i(i=1,2,\cdots,n)$,用以 Δx_i 为底,$f(\xi_i)$ 为高的小矩形的面积近似代替第 i 个小曲边梯形的面积,即

$$\Delta S_i\approx f(\xi_i)\Delta x_i.$$

(3) 求和:所求曲边梯形的面积 $S=\sum_{i=1}^{n}\Delta S_i\approx\sum_{i=1}^{n}f(\xi_i)\Delta x_i$.

(4) 取极限:令 $\lambda=\max_{1\leqslant i\leqslant n}\{\Delta x_i\}$,它表示所有小区间长度的最大值. 当分点数 n 无限增大,且 $\lambda\to 0$ 时求和式 $\sum_{i=1}^{n}f(\xi_i)\Delta x_i$ 的极限,便得到曲边梯形 $AabB$ 的面积,即

$$S=\lim_{\lambda\to 0}\sum_{i=1}^{n}f(\xi_i)\Delta x_i.$$

[案例 6] 某产品总产量的变化率 q 是时间 t 的函数 $q(t)\geqslant 0$,求时间从 a 到 b 的总产量 Q.

因为总产量的变化率不是常量,所以解决此题的思想方法是"以不变应万变".

具体方法如下:

(1) 分割:用任意分点 $a=t_0<t_1<t_2<\cdots<t_{n-1}<t_n=b$ 将时间间隔 $[a,b]$ 分成任意的 n 个小区间 $[t_0,t_1],[t_1,t_2],\cdots,[t_{n-1},t_n]$. 记这些小区间的长度为 $\Delta t_i=t_i-t_{i-1}(i=1,2,\cdots,n)$,则对应第 i 段时间内产品的总产量为 $\Delta Q_i(i=1,2,\cdots,n)$.

(2) 近似代替:在每个小区间 $[t_{i-1},t_i]$ 上任取一时刻 $\xi_i(i=1,2,\cdots,n)$,以 ξ_i 时刻的总产量变化率 $q(\xi_i)$ 来代替 $[t_{i-1},t_i]$ 上各时刻的总产量变化率,即得到此时间间隔内总产量 ΔQ_i 的近似值

$$\Delta Q_i\approx q(\xi_i)\Delta t_i, i=1,2,\cdots,n.$$

(3) 求和:所求时间间隔内的总产量的近似值为

$$Q=\sum_{i=1}^{n}\Delta Q_i\approx\sum_{i=1}^{n}q(\xi_i)\Delta t_i.$$

(4) 取极限：令 $\lambda = \max\limits_{1 \leqslant i \leqslant n} \{\Delta t_i\}$，当 $\lambda \to 0$ 时求和式 $\sum\limits_{i=1}^{n} q(\xi_i) \Delta t_i$ 的极限，便得到所求时间段内总产量的精确值

$$Q = \lim_{\lambda \to 0} \sum_{i=1}^{n} q(\xi_i) \Delta t_i.$$

从以上两个例子可以看出，不管实际问题的背景，最终所求问题都转化为求某种和式的极限，这就是定积分.

【相关知识】

1. 定积分的定义

定义 3.3 设函数 $f(x)$ 在区间 $[a,b]$ 上有定义，在 $[a,b]$ 内任意插入 $n-1$ 个分点

$$a = x_0 < x_1 < x_2 < \cdots < x_{n-1} < x_n = b,$$

把区间 $[a,b]$ 分成任意的 n 个小区间

$$[x_0, x_1], [x_1, x_2], \cdots, [x_{n-1}, x_n],$$

记每个小区间的长度为

$$\Delta x_i = x_i - x_{i-1} (i=1,2,\cdots,n).$$

在每个小区间 $[x_{i-1}, x_i]$ 上任取一点 $\xi_i (x_{i-1} \leqslant \xi_i \leqslant x_i)$，作和式

$$\sum_{i=1}^{n} f(\xi_i) \Delta x_i.$$

记 $\lambda = \max\limits_{1 \leqslant i \leqslant n} \{\Delta x_i\}$，如果不管对 $[a,b]$ 怎样划分，也不管 ξ_i 在小区间 $[x_{i-1}, x_i]$ 上怎样选取，当 $\lambda \to 0$ 时，上述和式 $\sum\limits_{i=1}^{n} f(\xi_i) \Delta x_i$ 总趋于一个确定的常数 I，则称函数 $f(x)$ 在 $[a,b]$ 上可积，并称此极限值 I 为函数 $f(x)$ 在 $[a,b]$ 上的定积分，记作 $\int_a^b f(x) \mathrm{d}x$，即

$$\int_a^b f(x) \mathrm{d}x = \lim_{\lambda \to 0} \sum_{i=1}^{n} f(\xi_i) \Delta x_i.$$

其中，$f(x)$ 称为被积函数，$f(x)\mathrm{d}x$ 称为被积表达式，x 称为积分变量，$[a,b]$ 称为积分区间，a 与 b 分别称为积分下限与积分上限.

若上面定义中的和式极限不存在，则称 $f(x)$ 在 $[a,b]$ 上不可积.

根据定积分的定义，上面两个案例可以分别表示为：

曲边梯形的面积 $S = \int_a^b f(x) \mathrm{d}x$，某产品的总产量 $Q = \int_a^b q(t) \mathrm{d}t$.

下面就定积分的定义作几点说明：

(1) 定积分 $\int_a^b f(x) \mathrm{d}x$ 是一个常数，它只与被积函数 $f(x)$ 和积分区间有关，而与积分变量用什么符号表示无关，即

$$\int_a^b f(x) \mathrm{d}x = \int_a^b f(t) \mathrm{d}t = \int_a^b f(u) \mathrm{d}u.$$

(2) 函数 $f(x)$ 在 $[a,b]$ 上可积的充分条件：

如果 $f(x)$ 在闭区间 $[a,b]$ 上连续,则 $f(x)$ 在 $[a,b]$ 上可积;

如果 $f(x)$ 在闭区间 $[a,b]$ 上有界,且只有有限个间断点,则 $f(x)$ 在 $[a,b]$ 上可积.

(3) 为方便后面定积分的计算,我们对定积分做以下两点补充规定:

当 $a=b$ 时,$\int_a^b f(x)\mathrm{d}x = 0$;

$\int_a^b f(x)\mathrm{d}x = -\int_b^a f(x)\mathrm{d}x.$

2. 定积分的几何意义和经济意义

(1) 几何意义.

由案例 5 容易看出,如果函数 $f(x) \geqslant 0, x \in [a,b]$,定积分 $\int_a^b f(x)\mathrm{d}x$ 在几何上表示由曲线 $y=f(x)$,两条直线 $x=a,x=b$ 与 x 轴所围成的曲边梯形的面积.

如果函数 $f(x) \leqslant 0, x \in [a,b]$,由曲线 $y=f(x)$,两条直线 $x=a,x=b$ 与 x 轴所围成的曲边梯形位于 x 轴的下方(图 3-3). 定积分 $\int_a^b f(x)\mathrm{d}x$ 在几何上表示上述曲边梯形面积的相反数.

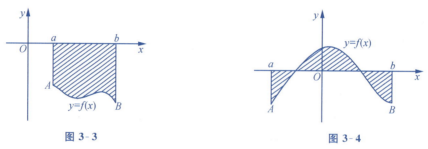

图 3-3　　　　　　　　　　图 3-4

如果函数 $f(x), x \in [a,b]$ 既取得正值又取得负值,函数 $y=f(x)$ 的图形某些部分在 x 轴的上方,而其他部分在 x 轴的下方(图 3-4),此时定积分 $\int_a^b f(x)\mathrm{d}x$ 表示 x 轴上方的曲边梯形面积减去 x 轴下方图形的面积.

(2) 经济意义.

某一经济总量 $G(x)$ 的变化率(边际函数)为 $g(x)$,则定积分 $\int_a^b g(x)\mathrm{d}x$ 表示变量 x 从 a 到 b 时的经济总量 $G(x) = \int_a^b g(x)\mathrm{d}x$.

设某企业的边际收入函数 $MR(Q)$,则 $\int_a^b MR(Q)\mathrm{d}Q$ 表示变量 Q 从 a 到 b 时的总收入

$$R(Q) = \int_a^b MR(Q)\mathrm{d}Q.$$

3. 定积分的性质

设函数 $f(x)$ 和 $g(x)$ 在 $[a,b]$ 上均可积.

性质 3.5　$\int_a^b [f(x) \pm g(x)]\mathrm{d}x = \int_a^b f(x)\mathrm{d}x \pm \int_a^b g(x)\mathrm{d}x.$

性质 3.6 $\int_a^b kf(x)dx = k\int_a^b f(x)dx$(其中 k 是常数).

性质 3.7 [积分区间的可分可加性]设 $a<c<b$,则
$$\int_a^b f(x)dx = \int_a^c f(x)dx + \int_c^b f(x)dx.$$

注:性质 3.7 中的点 c 如果在$[a,b]$外,上述结论仍然成立.

性质 3.8 如果 $f(x) \leqslant g(x), x \in [a,b]$,则
$$\int_a^b f(x)dx \leqslant \int_a^b g(x)dx \ (a<b).$$

特别地,如果在$[a,b]$上有 $f(x) \geqslant 0$,则
$$\int_a^b f(x)dx \geqslant 0 \ (a<b).$$

【例题精选】

例 32 根据定积分的几何意义求定积分 $\int_0^1 2x dx$.

解 由定积分的几何意义可知,定积分 $\int_0^1 2x dx$ 表示的是图 3-5 所示的三角形面积,它的底为 1,高是 2,所以定积分 $\int_0^1 2x dx = \frac{1}{2} \times 1 \times 2 = 1$.

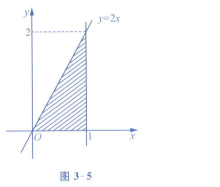

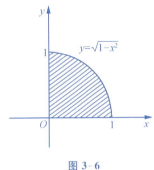

图 3-5   图 3-6

例 33 根据定积分的几何意义求 $\int_0^1 \sqrt{1-x^2}dx$.

解 由图 3-6 可知,定积分 $\int_0^1 \sqrt{1-x^2}dx$ 表示以原点为圆心、半径为 1 的圆位于第一象限的部分面积,所以 $\int_0^1 \sqrt{1-x^2}dx = \frac{1}{4}\pi$.

【知识演练】

10. 试用定积分表示由曲线 $y=e^x$,直线 $x=1, x=2$ 及 x 轴围成的图形的面积 A.

11. 若已知 $\int_{-\frac{\pi}{2}}^{\frac{\pi}{2}} \cos x dx = 2$,试根据定积分的几何意义讨论 $\int_{-\frac{\pi}{2}}^{\frac{\pi}{2}} \cos x dx$ 与 $\int_0^{\frac{\pi}{2}} \cos x dx$ 的

值的关系,并求 $\int_0^{\frac{\pi}{2}} \cos x \, dx$.

12. 用定积分的几何意义计算：

(1) $\int_0^1 (3x+1) \, dx$；　　(2) $\int_{-a}^a \sqrt{a^2-x^2} \, dx \, (a>0)$；　　(3) $\int_0^{2\pi} \sin x \, dx$.

3.3.2 微积分学基本公式

直接用定积分的定义求特定和式的极限很困难,所以要寻求计算定积分的简单方法.

【案例提出】

[案例 7] 边际成本函数 $C'(x)$ 是总成本函数 $C(x)$ 的导数,求产量从 a 到 b 的总成本的增量.

一方面,由定积分的定义可知,产量从 a 到 b 的总成本的增量为 $\int_a^b C'(x) \, dx$；

另一方面,产量从 a 到 b 的总成本 $\Delta C(x) = C(b) - C(a)$.

故有
$$\int_a^b C'(x) \, dx = C(b) - C(a).$$

一般地,若 $F'(x) = f(x)$,则有 $\int_a^b f(x) \, dx = F(b) - F(a)$,这就是求定积分的简单方法,接下来介绍相关知识.

【相关知识】

1. 变上限积分

设函数 $f(x)$ 在区间 $[a,b]$ 上连续,对任意 $x \in [a,b]$,现在我们来考察 $f(x)$ 在部分区间 $[a,x]$ 上的定积分

$$\int_a^x f(t) \, dt.$$

它在 $[a,b]$ 上定义了一个 x 的函数,记作 $\Phi(x)$,即

$$\Phi(x) = \int_a^x f(t) \, dt \, (a \leqslant x \leqslant b).$$

我们称这个函数 $\Phi(x)$ 为积分变上限的函数或变上限积分,它具有下面的重要性质.

定理 3.3 如果函数 $f(x)$ 在区间 $[a,b]$ 上连续,则变上限积分

$$\Phi(x) = \int_a^x f(t) \, dt \, (a \leqslant x \leqslant b)$$

在 $[a,b]$ 上可导,并且它的导数是

$$\Phi'(x) = \left[\int_a^x f(t) \, dt \right]' = f(x) \, (a \leqslant x \leqslant b).$$

这个定理一方面肯定了连续函数的原函数是存在的,另一方面初步揭示了积分学中定积分与原函数之间的关系.这样,我们就有可能通过原函数来计算定积分.

2. 牛顿-莱布尼兹公式

定理 3.4 如果函数 $F(x)$ 是连续函数 $f(x)$ 在区间 $[a,b]$ 上的一个原函数，那么

$$\int_a^b f(x)\mathrm{d}x = F(x)\Big|_a^b = F(b) - F(a),$$

该公式称为**牛顿-莱布尼兹公式**.

这个定理揭示了积分学两大部分——定积分和不定积分、定积分和原函数之间的内在联系，反映了微分学与积分学之间的联系，是整个微积分学的枢纽，所以牛顿-莱布尼兹公式也称为微积分基本定理或微积分基本公式.

【例题精选】

例 34 已知 $\Phi(x) = \int_1^x t\sin t\,\mathrm{d}t$，求 $\Phi'(x)$.

解 由定理 3.3 知，$\Phi'(x) = \left(\int_1^x t\sin t\,\mathrm{d}t\right)' = x\sin x$.

例 35 已知 $\Phi(x) = \int_x^{-1} t\sin t\,\mathrm{d}t$，求 $\Phi'(x)$.

解 由于 $\Phi(x) = \int_x^{-1} t\sin t\,\mathrm{d}t = -\int_{-1}^x t\sin t\,\mathrm{d}t$，所以

$$\Phi'(x) = \left(-\int_{-1}^x t\sin t\,\mathrm{d}t\right)' = -x\sin x.$$

例 36 已知 $\Phi(x) = \int_0^{x^2} t\sin t\,\mathrm{d}t$，求 $\Phi'(x)$.

解 函数 $\Phi(x) = \int_0^{x^2} t\sin t\,\mathrm{d}t$ 是由 $\Phi(u) = \int_0^u t\sin t\,\mathrm{d}t$，$u = x^2$ 两个函数复合而成的，所以由定理 3.3 以及复合函数求导法则，有

$$\Phi'(x) = \Phi'(u) \cdot u' = \left(\int_0^u t\sin t\,\mathrm{d}t\right)'_u \cdot (x^2)' = u\sin u \cdot (2x) = 2x^3 \sin x^2.$$

例 37 已知 $\Phi(x) = \int_{x^3}^{x^2} \mathrm{e}^t \mathrm{d}t$，求 $\Phi'(x)$.

解 这是一个积分上、下限都是变量的函数，因此先利用定积分的积分区间可加性，于是有

$$\Phi(x) = \int_{x^3}^{x^2} \mathrm{e}^t \mathrm{d}t = \int_{x^3}^c \mathrm{e}^t \mathrm{d}t + \int_c^{x^2} \mathrm{e}^t \mathrm{d}t, \text{其中 } c \text{ 为某个常数}.$$

由于

$$\left(\int_{x^3}^c \mathrm{e}^t \mathrm{d}t\right)' = \left(-\int_c^{x^3} \mathrm{e}^t \mathrm{d}t\right)' = -\mathrm{e}^{x^3}(x^3)' = -3x^2 \mathrm{e}^{x^3},$$

$$\left(\int_c^{x^2} \mathrm{e}^t \mathrm{d}t\right)' = \mathrm{e}^{x^2}(x^2)' = 2x\mathrm{e}^{x^2},$$

所以

$$\Phi'(x) = -3x^2 \mathrm{e}^{x^3} + 2x\mathrm{e}^{x^2}.$$

例 38 求极限 $\lim\limits_{x \to 0} \dfrac{\int_0^x t\sin t\,\mathrm{d}t}{x^3}$.

解 由洛必达法则和变上限积分的性质有

$$\lim_{x\to 0}\frac{\int_0^x t\sin t\,\mathrm{d}t}{x^3} = \lim_{x\to 0}\frac{\left(\int_0^x t\sin t\,\mathrm{d}t\right)'}{(x^3)'} = \lim_{x\to 0}\frac{x\sin x}{3x^2} = \frac{1}{3}.$$

例 39 计算定积分 $\int_0^1 3^x\,\mathrm{d}x$.

解 因为 $\dfrac{3^x}{\ln 3}$ 是 3^x 的一个原函数,所以由牛顿-莱布尼兹公式,有

$$\int_0^1 3^x\,\mathrm{d}x = \frac{3^x}{\ln 3}\bigg|_0^1 = \frac{3}{\ln 3} - \frac{1}{\ln 3} = \frac{2}{\ln 3}.$$

例 40 计算 $\int_0^\pi |\cos x|\,\mathrm{d}x$.

解 因为 $|\cos x| = \begin{cases} \cos x, & 0 \leqslant x \leqslant \dfrac{\pi}{2}, \\ -\cos x, & \dfrac{\pi}{2} < x \leqslant \pi, \end{cases}$ 而 $\sin x$ 是 $\cos x$ 的一个原函数,由积分区间的可加性得

$$\int_0^\pi |\cos x|\,\mathrm{d}x = \int_0^{\frac{\pi}{2}} \cos x\,\mathrm{d}x + \int_{\frac{\pi}{2}}^\pi (-\cos x)\,\mathrm{d}x = \sin x\bigg|_0^{\frac{\pi}{2}} - \sin x\bigg|_{\frac{\pi}{2}}^\pi = 1-(-1) = 2.$$

在使用牛顿-莱布尼兹公式时应注意,若 $f(x)$ 在区间 $[a,b]$ 上不连续,则不能使用牛顿-莱布尼兹公式.

例 41 计算 $\int_{-1}^1 \dfrac{1}{x^2}\,\mathrm{d}x$.

解 如果盲目套用牛顿-莱布尼兹公式,则有

$$\int_{-1}^1 \frac{1}{x^2}\,\mathrm{d}x = -\frac{1}{x}\bigg|_{-1}^1 = -2.$$

但事实上,被积函数 $f(x) = \dfrac{1}{x^2}$ 在区间 $[-1,1]$ 上无界,是不可积的,所以上述计算是错误的,这类积分会在后面的广义积分中来介绍.

【知识演练】

13. 求下列函数的导数:

(1) $y = \int_1^x \cos(3t^2 + 1)\,\mathrm{d}t$; (2) $y = \int_{x^2}^0 e^{3-2t}\,\mathrm{d}t$;

(3) $y = \int_{\sin x}^{2x+1} \ln(t+1)\,\mathrm{d}t$; (4) $y = \int_{x^2}^{\ln x} \dfrac{1}{\sqrt{1+t}}\,\mathrm{d}t$.

14. 求下列极限:

(1) $\lim\limits_{x\to 0} \dfrac{\int_0^x \sin t^2\,\mathrm{d}t}{x^2 \sin x}$; (2) $\lim\limits_{x\to 0} \dfrac{\int_0^{x^2} e^{t^2}\,\mathrm{d}t}{\int_0^x t e^{2t^2}\,\mathrm{d}t}$.

15. 计算下列定积分：

(1) $\int_2^4 (x^2 + x - 1)\mathrm{d}x$;

(2) $\int_1^{27} \dfrac{1}{\sqrt[3]{x}} \mathrm{d}x$;

(3) $\int_{-1}^2 |2x+1| \mathrm{d}x$;

(4) $\int_1^4 \dfrac{2x^2 + 3x - 5}{\sqrt{x}} \mathrm{d}x$;

(5) $\int_1^2 2^x \mathrm{d}x$;

(6) $\int_1^2 \left(\dfrac{2}{x} - x\right) \mathrm{d}x$.

16. 设 $f(x) = \begin{cases} \mathrm{e}^x - 2 \cdot 3^x, & x \leqslant 2, \\ 2x - 1, & x > 2, \end{cases}$ 求 $\int_0^4 f(x)\mathrm{d}x$.

17. 求 c 的值，使 $\int_0^1 (x^2 + c^2 x + c)\mathrm{d}x$ 最小.

3.4 定积分的计算

3.4.1 定积分的换元法

【案例提出】

[案例 8] 求 $\int_0^4 \dfrac{1}{1+\sqrt{x}} \mathrm{d}x$.

分析 在不定积分的计算中也碰到过类似的题目，当时用的是第二换元积分法中的去根式法. 现在求解的是定积分，要直接寻找原函数不容易，所以也需要去根式，这就是我们接下来要介绍的定积分的换元积分法.

【相关知识】

设函数 $f(x)$ 在区间 $[a,b]$ 上连续，单调函数 $x=\varphi(t)$ 具有连续的导数，且满足 $a=\varphi(\alpha)$，$b=\varphi(\beta)$，那么

$$\int_a^b f(x)\mathrm{d}x = \int_\alpha^\beta f[\varphi(t)]\varphi'(t)\mathrm{d}t$$

称上式为**定积分的换元积分公式**.

【例题精选】

例 42 [案例 8] 求 $\int_0^4 \dfrac{1}{1+\sqrt{x}} \mathrm{d}x$.

解 令 $t = \sqrt{x}$，则 $x = t^2$，$\mathrm{d}x = 2t\mathrm{d}t$. 当 $x=0$ 时，$t=0$；当 $x=4$ 时，$t=2$. 所以

$$\int_0^4 \frac{1}{1+\sqrt{x}}dx = \int_0^2 \frac{2t}{1+t}dt = 2\int_0^2 dt - 2\int_0^2 \frac{1}{1+t}dt$$
$$= 2t\Big|_0^2 - 2\ln|t+1|\Big|_0^2 = 4 - 2\ln 3.$$

例 43 求 $\int_0^{\frac{\pi}{2}} \cos^3 x \sin x \, dx$.

解 令 $t = \cos x$,则当 $x=0$ 时,$t=1$;当 $x=\frac{\pi}{2}$ 时,$t=0$.

所以 $\int_0^{\frac{\pi}{2}} \cos^3 x \sin x \, dx = -\int_1^0 t^3 dt = -\frac{t^4}{4}\Big|_1^0 = \frac{1}{4}$.

从上面的两个例题可以看出定积分和不定积分的换元法的差异:不定积分换元不需要考虑积分变量的取值范围,而定积分换元需要对积分变量的取值范围作相应的改变,亦即"换元必换限",这是定积分换元积分法的关键.

例 44 设 $f(x)$ 在 $[-a, a]$ 上可积,试证明:

(1) 若 $f(x)$ 为偶函数,则 $\int_{-a}^{a} f(x)dx = 2\int_0^a f(x)dx$;

(2) 若 $f(x)$ 为奇函数,则 $\int_{-a}^{a} f(x)dx = 0$.

证 $\int_{-a}^{a} f(x)dx = \int_{-a}^{0} f(x)dx + \int_0^a f(x)dx$.

对于 $\int_{-a}^{0} f(x)dx$,令 $x = -t$,则 $dx = -dt$.

当 $x = -a$ 时,$t = a$;当 $x = 0$ 时,$t = 0$.所以

$$\int_{-a}^{0} f(x)dx = -\int_a^0 f(-t)dt = \int_0^a f(-t)dt.$$

(1) 当 $f(x)$ 为偶函数时,$f(-t) = f(t)$,所以 $\int_0^a f(-t)dt = \int_0^a f(t)dt = \int_0^a f(x)dx$,于是

$$\int_{-a}^{a} f(x)dx = 2\int_0^a f(x)dx.$$

(2) 当 $f(x)$ 为奇函数时,$f(-t) = -f(t)$,所以 $\int_0^a f(-t)dt = -\int_0^a f(t)dt = -\int_0^a f(x)dx$,于是

$$\int_{-a}^{a} f(x)dx = 0.$$

利用例 44 的结论,常常可以简化奇(偶)函数在以原点为对称区间上的定积分.

例 45 求 $\int_{-1}^{1} (|x| + \sin x) x^2 dx$.

解 $\int_{-1}^{1} (|x| + \sin x) x^2 dx = \int_{-1}^{1} |x| x^2 dx + \int_{-1}^{1} x^2 \sin x \, dx$.

注意到 $x^2|x|$ 在区间 $[-1, 1]$ 上是偶函数,$x^2 \sin x$ 在 $[-1, 1]$ 上是奇函数,故

$$\int_{-1}^{1}(|x|+\sin x)x^2 \mathrm{d}x = 2\int_{0}^{1}|x|\ x^2 \mathrm{d}x = 2\int_{0}^{1}x^3 \mathrm{d}x = \frac{1}{2}x^4 \Big|_{0}^{1} = \frac{1}{2}.$$

【知识演练】

18. 计算下列定积分：

(1) $\int_{-3}^{2}(x-2)^3 \mathrm{d}x$；

(2) $\int_{1}^{e}\frac{\ln x+2}{x}\mathrm{d}x$；

(3) $\int_{1}^{2}\frac{\mathrm{e}^{-\frac{1}{x}}}{x^2}\mathrm{d}x$；

(4) $\int_{1}^{2}\sin(2x-1)\mathrm{d}x$；

(5) $\int_{0}^{2\pi}\cos^2\left(\frac{x}{2}\right)\mathrm{d}x$；

(6) $\int_{1}^{4}\frac{1+3^{\sqrt{x}}}{\sqrt{x}}\mathrm{d}x$；

(7) $\int_{0}^{1}\frac{x}{(x^2+1)^2}\mathrm{d}x$；

(8) $\int_{0}^{3}\frac{x^3}{x^2+1}\mathrm{d}x$；

(9) $\int_{-1}^{1}\frac{\mathrm{e}^x}{\mathrm{e}^x+1}\mathrm{d}x$；

(10) $\int_{0}^{\frac{\pi}{2}}\sin x\cos^2 x\mathrm{d}x$；

(11) $\int_{0}^{8}\frac{1}{\sqrt[3]{x}+1}\mathrm{d}x$；

(12) $\int_{0}^{13}\frac{1}{\sqrt[3]{2x+1}+1}\mathrm{d}x$；

(13) $\int_{0}^{4}\frac{x}{\sqrt{x}+1}\mathrm{d}x$；

(14)* $\int_{0}^{1}x^2\sqrt{1-x^2}\mathrm{d}x$；

(15)* $\int_{0}^{1}\sqrt{1+x^2}\mathrm{d}x$；

(16)* $\int_{0}^{2}\frac{1}{\sqrt{4-x^2}}\mathrm{d}x$.

19. 利用函数的奇偶性计算下列积分：

(1) $\int_{-\pi}^{\pi}\frac{x^4 \sin x}{1+x^6}\mathrm{d}x$；

(2) $\int_{-1}^{1}\cos^2 x\mathrm{d}x$；

(3) $\int_{-1}^{1}\frac{x^2+2\sin x}{x^2-4}\mathrm{d}x$；

(4) $\int_{-\frac{1}{2}}^{\frac{1}{2}}\frac{x}{\sqrt{1-x^2}}\mathrm{d}x$.

20. 设 $f(x)$ 在区间 $[a,b]$ 上连续，证明：
$$\int_{a}^{b}f(x)\mathrm{d}x = \int_{a}^{b}f(a+b-x)\mathrm{d}x.$$

3.4.2 定积分的分部积分法

【案例提出】

[案例9] 求 $\int_{1}^{3}\ln x\mathrm{d}x$.

分析 在求类似的不定积分时，可以应用分部积分法求解．那么定积分的分部积分法是什么呢？

【相关知识】

设函数 $u=u(x), v=v(x)$ 在区间 $[a,b]$ 上连续、可导，则有

$$\int_a^b u\,\mathrm{d}v = uv\Big|_a^b - \int_a^b v\,\mathrm{d}u,$$

称上式为**定积分的分部积分公式**.

需要说明的是,应用定积分的分部积分公式难点仍然是 u 的选择.判断原则仍然和不定积分分部积分法中 u 的判断原则一样.

【例题精选】

例 46 ［案例 9］求 $\int_1^3 \ln x\,\mathrm{d}x$.

解 $\int_1^3 \ln x\,\mathrm{d}x = x\ln x\Big|_1^3 - \int_1^3 x\,\mathrm{d}\ln x = 3\ln 3 - \int_1^3 \mathrm{d}x$
$= 3\ln 3 - x\Big|_1^3 = 3\ln 3 - 2.$

例 47 求 $\int_0^1 x\mathrm{e}^x\,\mathrm{d}x$.

解 令 $u = x, \mathrm{e}^x\,\mathrm{d}x = \mathrm{d}v$,则 $v = \mathrm{e}^x$. 所以
$$\int_0^1 x\mathrm{e}^x\,\mathrm{d}x = x\mathrm{e}^x\Big|_0^1 - \int_0^1 \mathrm{e}^x\,\mathrm{d}x$$
$$= x\mathrm{e}^x\Big|_0^1 - \mathrm{e}^x\Big|_0^1 = \mathrm{e} - (\mathrm{e} - 1) = 1.$$

例 48 求 $\int_0^4 \mathrm{e}^{\sqrt{x}}\,\mathrm{d}x$.

解 令 $t = \sqrt{x}$,则 $\mathrm{d}x = 2t\,\mathrm{d}t$. 于是
$$\int_0^4 \mathrm{e}^{\sqrt{x}}\,\mathrm{d}x = 2\int_0^2 t\mathrm{e}^t\,\mathrm{d}t = 2t\mathrm{e}^t\Big|_0^2 - 2\int_0^2 \mathrm{e}^t\,\mathrm{d}t = 4\mathrm{e}^2 - 2\mathrm{e}^t\Big|_0^2 = 2\mathrm{e}^2 + 2.$$

【知识演练】

21. 计算下列定积分:

(1) $\int_0^1 x\mathrm{e}^{-3x}\,\mathrm{d}x$;

(2) $\int_1^3 \ln(x+1)\,\mathrm{d}x$;

(3) $\int_0^\pi x\cos 2x\,\mathrm{d}x$;

(4) $\int_0^{\sqrt{\ln 3}} x^3 \mathrm{e}^{x^2}\,\mathrm{d}x$;

(5) $\int_{\frac{1}{\mathrm{e}}}^{\mathrm{e}} |\ln x|\,\mathrm{d}x$;

(6) $\int_0^{\frac{\pi}{2}} \mathrm{e}^x \sin x\,\mathrm{d}x$.

3.5 广义积分

【案例提出】

［案例 10］ 假设年利率 r 作连续复利计算,第 t 年年末的收益 $R(t) = A\mathrm{e}^{rt}$(A 为现值)是

时间 t(以年为单位)的函数.如果收益函数 $R(t)$ 长久持续下去,总收益的现值可表示为
$$p_0 = \int_0^{+\infty} R(t) e^{-rt} dt,$$
这种积分的积分区间是无穷区间,区别于前面介绍的定积分,接下来我们要学习广义积分.

【相关知识】

1. 无穷区间上的广义积分

无穷区间可分为三类,分别是 $[a,+\infty)$,$(-\infty,b]$ 及 $(-\infty,+\infty)$,我们分别讨论在这三类区间上的积分.

定义 3.4 设函数 $f(x)$ 在区间 $[a,+\infty)$ 上连续,取 $t>a$,如果极限 $\lim\limits_{t\to+\infty}\int_a^t f(x)dx$ 存在,则称此极限值为函数 $f(x)$ 在无穷区间 $[a,+\infty)$ 上的广义积分,记作 $\int_a^{+\infty} f(x)dx$,即
$$\int_a^{+\infty} f(x)dx = \lim_{t\to+\infty}\int_a^t f(x)dx.$$

这时也称广义积分 $\int_a^{+\infty} f(x)dx$ 收敛.若极限 $\lim\limits_{t\to+\infty}\int_a^t f(x)dx$ 不存在,则称广义积分 $\int_a^{+\infty} f(x)dx$ 发散.

类似地,可以定义函数 $f(x)$ 在区间 $(-\infty,b]$ 及 $(-\infty,+\infty)$ 上的广义积分为
$$\int_{-\infty}^b f(x)dx = \lim_{t\to-\infty}\int_t^b f(x)dx;$$
$$\int_{-\infty}^{+\infty} f(x)dx = \int_{-\infty}^c f(x)dx + \int_c^{+\infty} f(x)dx(其中 c 是任意一个实数).$$
$\int_{-\infty}^{+\infty} f(x)dx$ 收敛的充要条件是等式右边两个广义积分同时收敛.

2. 无界函数的广义积分

与无穷区间上的广义积分一样,无界函数的广义积分也分为三种类型,分别为 $f(x)$ 在 $[a,b]$ 的 a 点无界、b 点无界,或在区间 (a,b) 内一点 $c(a<c<b)$ 处无界.

定义 3.5 设函数 $f(x)$ 在 $(a,b]$ 上连续,当 $x\to a^+$ 时 $f(x)$ 无界,如果极限 $\lim\limits_{\varepsilon\to 0^+}\int_{a+\varepsilon}^b f(x)dx$ 存在,则称此极限值为函数 $f(x)$ 在 $(a,b]$ 上的广义积分,记作 $\int_a^b f(x)dx$,即
$$\int_a^b f(x)dx = \lim_{\varepsilon\to 0^+}\int_{a+\varepsilon}^b f(x)dx,$$

这时也称广义积分 $\int_a^b f(x)dx$ 收敛.若极限 $\lim\limits_{\varepsilon\to 0^+}\int_{a+\varepsilon}^b f(x)dx$ 不存在,则称广义积分 $\int_a^b f(x)dx$ 发散.

类似地,可以定义另外两种无界函数的广义积分.

设函数 $f(x)$ 在 $[a,b)$ 上连续,当 $x\to b^-$ 时 $f(x)$ 无界.如果极限 $\lim\limits_{\varepsilon\to 0^+}\int_a^{b-\varepsilon} f(x)dx$ 存在,则定义

$$\int_a^b f(x)\mathrm{d}x = \lim_{\varepsilon \to 0^+} \int_a^{b-\varepsilon} f(x)\mathrm{d}x,$$

此时称广义积分 $\int_a^b f(x)\mathrm{d}x$ 收敛,否则称广义积分 $\int_a^b f(x)\mathrm{d}x$ 发散.

设函数 $f(x)$ 在 $[a,b]$ 上除了点 $c(a<c<b)$ 外连续,当 $x\to c$ 时 $f(x)$ 无界,那么定义

$$\int_a^b f(x)\mathrm{d}x = \int_a^c f(x)\mathrm{d}x + \int_c^b f(x)\mathrm{d}x.$$

显然,广义积分 $\int_a^b f(x)\mathrm{d}x$ 收敛的充要条件是广义积分 $\int_a^c f(x)\mathrm{d}x$ 与 $\int_c^b f(x)\mathrm{d}x$ 同时收敛.

【例题精选】

例 49 计算广义积分 $\int_0^{+\infty} \mathrm{e}^{-x}\mathrm{d}x$.

解 $\int_0^{+\infty} \mathrm{e}^{-x}\mathrm{d}x = \lim_{t\to+\infty}\int_0^t \mathrm{e}^{-x}\mathrm{d}x = -\lim_{t\to+\infty}\int_0^t \mathrm{e}^{-x}\mathrm{d}(-x) = \lim_{t\to+\infty}(-\mathrm{e}^{-x})\Big|_0^t$
$= \lim_{t\to+\infty}[-(\mathrm{e}^{-t}-\mathrm{e}^0)] = 1.$

例 50 计算广义积分 $\int_1^{+\infty} \dfrac{1}{x(1+\ln x)}\mathrm{d}x$.

解 $\int_1^{+\infty} \dfrac{1}{x(1+\ln x)}\mathrm{d}x = \lim_{a\to+\infty}\int_1^a \dfrac{1}{1+\ln x}\mathrm{d}(1+\ln x) = \lim_{a\to+\infty}\ln|1+\ln x|\Big|_1^a$
$= \lim_{a\to+\infty}\ln|1+\ln a| = +\infty,$

故 $\int_1^{+\infty} \dfrac{1}{x(1+\ln x)}\mathrm{d}x$ 发散.

例 51 计算广义积分 $\int_{-\infty}^{+\infty} \mathrm{e}^x\mathrm{d}x$.

解 $\int_{-\infty}^{+\infty} \mathrm{e}^x\mathrm{d}x = \int_{-\infty}^0 \mathrm{e}^x\mathrm{d}x + \int_0^{+\infty} \mathrm{e}^x\mathrm{d}x.$

由于广义积分 $\int_0^{+\infty} \mathrm{e}^x\mathrm{d}x$ 发散,所以广义积分 $\int_{-\infty}^{+\infty} \mathrm{e}^x\mathrm{d}x$ 也发散.

例 52 计算广义积分 $\int_0^1 \dfrac{1}{\sqrt{1-x}}\mathrm{d}x$.

解 $\int_0^1 \dfrac{1}{\sqrt{1-x}}\mathrm{d}x = \lim_{\varepsilon\to 0^+}\int_0^{1-\varepsilon} \dfrac{1}{\sqrt{1-x}}\mathrm{d}x = -\lim_{\varepsilon\to 0^+}\int_0^{1-\varepsilon}(1-x)^{-\frac{1}{2}}\mathrm{d}(1-x)$
$= -2\lim_{\varepsilon\to 0^+}(1-x)^{\frac{1}{2}}\Big|_0^{1-\varepsilon} = 2.$

例 53 计算广义积分 $\int_{-1}^1 \dfrac{1}{x^2}\mathrm{d}x$.

解 由于 $\lim_{x\to 0}\dfrac{1}{x^2} = \infty$,所以

$$\int_{-1}^1 \dfrac{1}{x^2}\mathrm{d}x = \int_{-1}^0 \dfrac{1}{x^2}\mathrm{d}x + \int_0^1 \dfrac{1}{x^2}\mathrm{d}x.$$

$$\int_{-1}^{0} \frac{1}{x^2} dx = \lim_{\varepsilon \to 0^+} \int_{-1}^{0-\varepsilon} \frac{1}{x^2} dx = \lim_{\varepsilon \to 0^+} \left(-\frac{1}{x}\right)\Big|_{-1}^{0-\varepsilon} = \lim_{\varepsilon \to 0^+} \frac{1}{\varepsilon} - 1 = \infty.$$

所以,广义积分 $\int_{-1}^{1} \frac{1}{x^2} dx$ 发散.

【知识应用】

例 54 [案例 10]假设年利率 r 作连续复利计算,收益函数 $R(t)$ 长久持续下去,且 $R(t) = A$(常数),求此时总收益的现值.

解 此时总收益的现值为

$$p_0 = \int_0^{+\infty} A e^{-rt} dt = A \lim_{x \to +\infty} \int_0^x e^{-rt} dt = \frac{A}{r} \lim_{x \to +\infty} (1 - e^{-rx}) = \frac{A}{r}.$$

例 55 设持久收益资金流量每年为 3600 元,按年利率 6% 计算,求其总和的现值.

解 其总和的现值为

$$p_0 = \frac{A}{r} = \frac{3600}{0.06} = 60000(元).$$

【知识演练】

22. 判断下列无穷区间上广义积分的敛散性,若收敛,求积分的值.

(1) $\int_0^{+\infty} e^{1-2x} dx$;

(2) $\int_{-\infty}^{1} \frac{dx}{\sqrt[3]{x}}$;

(3) $\int_0^{+\infty} x e^{-x} dx$;

(4) $\int_{-\infty}^{+\infty} \frac{2x}{\sqrt{1+x^2}} dx$.

23. 判断下列无界函数广义积分的敛散性,若收敛,求积分的值.

(1) $\int_0^1 \frac{1}{x} dx$;

(2) $\int_0^2 \frac{dx}{x^2 - 4x + 3}$;

(3) $\int_0^e \ln x \, dx$;

(4) $\int_0^1 \frac{dx}{(1-x)^2}$.

3.6 定积分的应用

定积分是求总量的数学工具,它在几何学、经济学、管理学等方面都有广泛的应用.本节将应用学过的定积分方法来分析和解决一些实际问题,主要讨论在几何中和经济中的一些应用.

3.6.1 定积分在几何中的应用

【案例提出】

[案例 11] 求由曲线 $y = \sqrt{x}$ 与直线 $y = x$ 围成的平面图形的面积.

【相关知识】

由曲线 $y=f(x)(f(x)\geqslant 0)$ 与直线 $x=a, x=b$ 及 x 轴所围成的曲边梯形的面积 S 为

$$S=\int_a^b f(x)\mathrm{d}x.$$

利用定积分,不但可以计算曲边梯形的面积,还可以计算一些比较复杂的平面图形的面积.

设由两条连续曲线 $y=f(x), y=g(x)$(其中 $f(x)\geqslant g(x)$)及直线 $x=a, x=b$ 所围成的平面图形(图 3-7)的面积为 S.

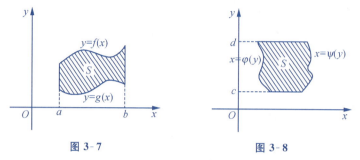

图 3-7　　　　　图 3-8

如果把曲线 $y=f(x)$,直线 $x=a, x=b$ 及 x 轴所围成的平面图形的面积记为 S_1,曲线 $y=g(x)$,直线 $x=a, x=b$ 及 x 轴所围成的平面图形的面积记为 S_2,所求图形的面积记为 S,则

$$S=S_1-S_2=\int_a^b f(x)\mathrm{d}x-\int_a^b g(x)\mathrm{d}x,$$

即

$$S=\int_a^b [f(x)-g(x)]\mathrm{d}x.$$

考虑到在 $[a,b]$ 上 $f(x)\geqslant g(x)$ 不一定成立,所以得到一般性结论:

$$S=\int_a^b |f(x)-g(x)|\mathrm{d}x.$$

由此可以总结出求平面图形面积的两种情形:

情形一(X 型). 由两条连续曲线 $y=f(x), y=g(x)$ 及直线 $x=a, x=b$ 所围成的平面图形(图 3-7)的面积为

$$S=\int_a^b |f(x)-g(x)|\mathrm{d}x.$$

情形二(Y 型). 由两条连续曲线 $x=\varphi(y), x=\psi(y)$ 及直线 $y=c, y=d$ 所围成的平面图形(图 3-8)的面积为

$$S=\int_c^d |\varphi(y)-\psi(y)|\mathrm{d}y.$$

【例题精选】

例 56　[案例 11]求由曲线 $y=\sqrt{x}$ 与直线 $y=x$ 围成的平面图形的面积.

解 方法一（X 型） 选择 x 为积分变量，所求面积的图形如图 3-9 所示.

由 $\begin{cases} y=\sqrt{x}, \\ y=x, \end{cases}$ 解得两个交点为 $(0,0),(1,1)$.

因此，所求图形的面积为

$$S = \int_0^1 (\sqrt{x} - x) dx = \left(\frac{2}{3}x^{\frac{3}{2}} - \frac{1}{2}x^2\right)\bigg|_0^1 = \frac{1}{6}.$$

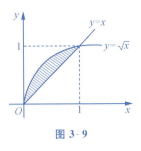

图 3-9

方法二（Y 型） 选择 y 为积分变量，已知两条曲线的交点为 $(0,0),(1,1)$. 因此，所求图形的面积为

$$S = \int_0^1 (y - y^2) dy = \left(\frac{y^2}{2} - \frac{1}{3}y^3\right)\bigg|_0^1 = \frac{1}{6}.$$

例 57 求由曲线 $y = \dfrac{1}{x}$ 与直线 $y = 4x, x = 2$ 所围成的平面图形的面积.

解 所围成的平面图形如图 3-10 所示.

方法一（X 型） 选择 x 为积分变量，由 $\begin{cases} y=\dfrac{1}{x}, \\ y=4x, \end{cases}$ 解得两个交点为 $\left(\dfrac{1}{2}, 2\right), \left(-\dfrac{1}{2}, -2\right)$；$x = 2$ 与 $y = 4x$ 的交点为 $(2, 8)$；$y = \dfrac{1}{x}$ 与 $x = 2$ 的交点为 $\left(2, \dfrac{1}{2}\right)$. 所以

$$S = \int_{\frac{1}{2}}^{2} \left(4x - \frac{1}{x}\right) dx = (2x^2 - \ln|x|)\bigg|_{\frac{1}{2}}^{2} = \frac{15}{2} - 2\ln 2.$$

图 3-10

方法二（Y 型） 选择 y 为积分变量，曲线和直线的交点为 $\left(\dfrac{1}{2}, 2\right), \left(2, \dfrac{1}{2}\right), (2, 8)$.

因此，所求图形的面积为

$$\begin{aligned} S &= \int_{\frac{1}{2}}^{2} \left(2 - \frac{1}{y}\right) dy + \int_{2}^{8} \left(2 - \frac{y}{4}\right) dy \\ &= 2y\bigg|_{\frac{1}{2}}^{2} - \ln y\bigg|_{\frac{1}{2}}^{2} + 2y\bigg|_{2}^{8} - \frac{y^2}{8}\bigg|_{2}^{8} \\ &= 3 - 2\ln 2 + 12 - \frac{60}{8} \\ &= \frac{15}{2} - 2\ln 2. \end{aligned}$$

从以上两例可以看出，选择合适的积分变量，计算平面图形的面积会简单得多.

例 58 求由曲线 $y = e^x, y = e^{-x}$ 及直线 $x = 1$ 所围成的平面图形的面积.

解 如图 3-11 所示，由 $\begin{cases} y = e^x, \\ y = e^{-x}, \end{cases}$ 得两条曲线的交点为 $(0, 1)$，则所求图形的面积为

$$S = \int_0^1 (e^x - e^{-x})dx = (e^x + e^{-x})\Big|_0^1 = e + e^{-1} - 2.$$

【知识演练】

24. 求由下列曲线围成的平面图形的面积：

(1) $y = x^2, y = 4$；

(2) $y = \ln x, x = 2, y = 0$；

(3) $y = 2 - x^2, y = x$；

(4) $y = x^2, y = 2 - x^2$；

(5) $y = \dfrac{1}{x}, y = \sqrt{x}, x = 4$.

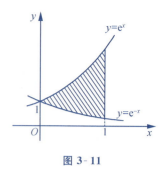

图 3-11

3.6.2 定积分在经济中的应用

在经济学中,边际函数是经济函数的导数.例如,边际成本就是成本函数的导数,边际收入就是收入函数的导数等,下面介绍定积分在经济中的应用.

【案例提出】

[案例 12] 已知某商品的边际收入为 $-0.2Q + 50$(万元/t),固定成本为 15(万元/t),边际成本为 5(万元/t),求产量 $Q = 250$ t 时的收入 $R(Q)$、总成本 $C(Q)$ 及利润 $L(Q)$.

分析 在案例 12 中,主要的一个问题是:如果已知边际函数,怎样求原来的经济函数? 这就需要用到我们前面所讲的积分方法.

【相关知识】

为了便于讨论,假设产品的产量＝需求量＝销售量,都用 Q 表示,并且假设本节提到的经济函数都是连续的,我们先来讨论和分析几个常用的总量函数.

若边际收入是 $R'(Q) = MR(Q)$,那么在闭区间 $[0, Q]$ 上对应的收入函数为

$$R(Q) - R(0) = \int_0^Q R'(Q)dQ.$$

其中 $R(0)$ 表示销售量 $Q = 0$ 时的收入,因此当然有 $R(0) = 0$. 于是,总收入函数为

$$R(Q) = \int_0^Q R'(Q)dQ.$$

若边际成本是 $C'(Q) = MC(Q)$,类似地有

$$C(Q) - C(0) = \int_0^Q C'(Q)dQ.$$

其中 $C(0)$ 表示产量 $Q = 0$ 的成本,也就是固定成本 C_0,即 $C(0) = C_0$. 于是总成本函数为

$$C(Q) = \int_0^Q C'(Q)dQ + C_0.$$

则总利润函数为

$$L(Q)=R(Q)-C(Q)=\int_0^Q[R'(Q)-C'(Q)]\mathrm{d}Q-C_0.$$

注意到 $L'(Q)=R'(Q)-C'(Q)$,故

$$L(Q)=\int_0^Q L'(Q)\mathrm{d}Q-C_0.$$

定积分除了可用于计算经济问题中的总量问题,还可以用来计算资金流量的现值问题. 例如,存入银行本金 A 元,年利率为 r,按复利计算第 t 年年末存款的本利和 B_t. 若按年复利结算有 $B_t=A(1+r)^t$;

若一年分 n 期计息,年利率为 r,那么每期利率为 $\dfrac{r}{n}$,于是第 1 年年末的本利和为

$$B_1=A\left(1+\frac{r}{n}\right)^n;$$

第 t 年年末存款的本利和为
$$B_t=A\left(1+\frac{r}{n}\right)^{nt};$$

若计息期数 $n\to+\infty$,即每时每刻计息(连续复利),年利率为 r,第 t 年年末存款的本利和为

$$B_t=\lim_{n\to+\infty}A\left(1+\frac{r}{n}\right)^{nt}=A\mathrm{e}^{rt}.$$

已知未来值 B_t,求现值 A,称为贴现问题,这时的 r 称为贴现率,贴现公式为

$$A=B_t\mathrm{e}^{-rt}.$$

因此,连续复利情况下,设第 t 年年末的收益 $R(t)$ 是时间 t(以年为单位)的函数,则 $R(t)$ 对应的现值 $p_0(t)=R(t)\mathrm{e}^{-rt}$,到第 n 年年末收益总和的现值就是时间 t 从 0 到 n 的定积分,即 $p_0=\int_0^n R(t)\mathrm{e}^{-rt}\mathrm{d}t$. 特别地,当每年的收益 $R(t)$ 不变,均为常数 A 时,则

$$p_0=A\int_0^n\mathrm{e}^{-rt}\mathrm{d}t=\frac{A}{r}(1-\mathrm{e}^{-nr}).$$

【例题精选】

例 59 [案例 12] 已知某商品的边际收入为 $-0.2Q+50$(万元/t),固定成本为 15(万元/t),边际成本为 5(万元/t),求产量 $Q=250$ 时的收入 $R(Q)$、总成本 $C(Q)$ 及利润 $L(Q)$.

解 当 $Q=250$ 时,收入函数为

$$R(250)=\int_0^{250}R'(Q)\mathrm{d}Q=\int_0^{250}(-0.2Q+50)\mathrm{d}Q=6250(万元).$$

总成本 $C(250)=\int_0^{250}C'(Q)\mathrm{d}Q+C_0=\int_0^{250}5\mathrm{d}Q+15=1265$(万元).

总利润 $L(250)=R(250)-C(250)=4985$(万元).

例 60 某工厂生产某产品的边际产量 $MQ(t)=12t+60$,求 t 由 3 到 6 h 的总产量 ΔQ.

解 开始的 3 h 的总产量为 $Q(3)=\int_0^3 MQ(t)\mathrm{d}t$;

开始的 6 h 的总产量为 $Q(6) = \int_0^6 MQ(t) dt$.

所以 t 由 3 到 6 h 的总产量为

$$\Delta Q = Q(6) - Q(3) = \int_3^6 MQ(t) dt = \int_3^6 (12t + 60) dt = 342.$$

例 61 已知某商场电视机销售的边际利润为 $L'(x) = 100 - \dfrac{x}{5}(x \geqslant 20)$，固定成本为 0. 试求：

(1) 售出 30 台电视机的总利润；

(2) 售出 60 台时，前 30 台与后 30 台的平均利润各为多少.

解 由题意知 $C_0 = 0$.

(1) 售出 30 台的总利润为

$$L(30) = \int_0^{30} \left(100 - \dfrac{x}{5}\right) dx - C_0 = \left(100x - \dfrac{x^2}{10}\right)\bigg|_0^{30} = 2910.$$

(2) 售出 60 台的总利润为

$$L(60) = \int_0^{60} \left(100 - \dfrac{x}{5}\right) dx - C_0 = \left(100x - \dfrac{x^2}{10}\right)\bigg|_0^{60} = 5640.$$

于是，前 30 台的平均利润为 $\dfrac{L(30)}{30} = 97$；后 30 台的平均利润为

$$\dfrac{L(60) - L(30)}{30} = \dfrac{5640 - 2910}{30} = 91.$$

例 62 一位居民准备购买一栋别墅，现价为 600 万元. 首付 300 万元，以后分期付款购买，每年付款数相同，且 10 年付清. 若银行贷款年利率为 6%，按连续复利计算，每年应付款多少元？($e^{-0.6} \approx 0.5488$)

解 设每年应付款为 A 元，使得 10 年后现金流量总额的现值达到 300 万元，得

$$3000000 = A\int_0^{10} e^{-0.06t} dt = \dfrac{A}{0.06}(1 - e^{-0.06 \times 10}),$$

所以

$$A = \dfrac{180000}{1 - e^{-0.6}} \approx 398936 (元),$$

即每年应付款 398936 元.

例 63 有一个投资项目，投资成本 $A = 10000$(万元)，投资年利率 $r = 5\%$，每年的平均年收入为 $a = 1000$(万元)，求该投资为无限期时的总收入的现值.

解 由题意知，该投资为无限期投资时的总收入的现值为

$$p_0 = a\int_0^{+\infty} e^{-rt} dt = \dfrac{a}{r}.$$

当 $a = 1000$(万元)，$r = 5\%$ 时，$p_0 = 20000$(万元).

例 64 某公司生产过程中需要某种机器设备，该机器设备的使用寿命为 10 年. 若购进此机器设备，需要 35000 元；若租用此机器设备，每月须支付 600 元租金. 假设资金的年利率

为 14%,按连续复利计算,问购进设备与租用设备哪种方式合算?

解 计算租金总值的现值,与购进费用比较.

由每月租金 600 元,可知该机器设备的年租金为 7200 元,则租金流量总值的现值为
$$P = 7200 \int_0^{10} e^{-0.14t} dt = \frac{7200}{0.14}(1 - e^{-0.14 \times 10}) = 38746(元).$$

因为购进费用只需要 35000 元,显然购进设备要比租用合算.

【知识演练】

25. 某家电产业生产彩电数量满足 $MQ(t) = 3t^2 - t + 7$(t 以年为单位),求开始 10 年的总产量.

26. 已知生产某产品 Q 个单位时的边际收入是 $R'(Q) = 80 - 2Q$,求:

(1) 开始生产 30 个单位时的总收入;

(2) 生产数量从 30 到 40 个单位的总收入.

27. 已知生产某产品的边际成本为 $C'(Q) = 4 + \frac{1}{3}Q$,边际收入为 $R'(Q) = 16 - Q$,固定成本为 1,试求:

(1) 成本函数、收入函数和利润函数;

(2) 取得最大利润时的产量及最大利润.

28. 某地区居民的消费支出 $W(x)$ 的变化率是居民总收入 x 的函数,$W'(x) = \frac{3}{\sqrt{x}}$,当居民收入由 90000 元增加至 250000 元时,消费支出增加多少元?

29. 设某品牌汽车现售价为 100000 元,分期付款购买,5 年付清,每年付款数相同,若年利率为 3%,按连续复利计算,每年应付款多少元?($e^{-0.15} \approx 0.86$)

数学实验三

用 Mathematica 计算积分

【案例提出】

[案例] 某度假村新建了一个鱼塘,该鱼塘的平均深度为 6 m,鱼塘的平面图如图(单位:m). 度假村的经理打算在钓鱼季节来临之际将鱼放入鱼塘,投放的鱼数按每 3 m³ 有一条鱼的比例投放. 如果一张钓鱼证可以钓鱼 20 条,而要求在钓鱼季节结束时所剩的鱼是开始的 25%,试问:最多可以卖出多少张钓鱼证?

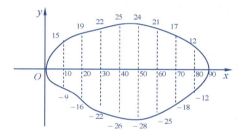

鱼塘的体积等于鱼塘水面面积乘以高,计算鱼塘的水面面积,可以先求出鱼塘的边界曲线,然后用定积分即可以算出面积. 而鱼塘的边界曲线方程未知,需要通过现有边界数据进行拟合来模拟.

【相关知识】

用数学软件 Mathematica 计算积分等内容的相关函数与命令为:

1. 不定积分、定积分 Integrate;
2. 定积分近似值 NIntegrate;
3. 散点作图 ListPlot;
4. 图形重画 Show;
5. 数据拟合 Fit.

【例题精选】

例 1 求不定积分 $\int \dfrac{(\ln x + 1)^3}{x \ln x} dx$.

解 In[1]:= Integrate[(Log[x]+1)^3/(x*Log[x]),x]

Out[1]= $3\text{Log}[x] + \dfrac{3\text{Log}[x]^2}{2} + \dfrac{\text{Log}[x]^3}{3} + \text{Log}[\text{Log}[x]]$

注意 在 Mathematica 软件中不定积分结果中的积分常数 C 被省略.

例 2 求定积分 $\int_0^1 \sqrt{\dfrac{1+x}{2-x}} x \, \mathrm{d}x$.

解 In[1]:= Integrate[((1+x)/(2−x))^(1/2)*x,{x,0,1}]

Out[1]= $\dfrac{1}{4}\left(-2\sqrt{2}+15\mathrm{ArcSin}\left[\sqrt{\dfrac{2}{3}}\right]-15\mathrm{ArcSin}\left[\dfrac{1}{\sqrt{3}}\right]\right)$

例 3 计算 $\int_0^{10} \mathrm{e}^{-x^2} \mathrm{d}x$ 的近似值.

解 In[1]:= N[Integrate[E^(−x^2),{x,0,10}]]
Out[1]= 0.886227
或者 In[2]:= NIntegrate[E^(−x^2),{x,0,10}]
Out[2]= 0.886227

例 4 （完成案例）

解 输入鱼塘的边界曲线的数据.
In[1]:=d={{0,0},{10,15+9},{20,19+16},{30,22+22},{40,25+26},
{50,24+28},{60,21+25},{70,17+18},{80,12+12},{90,0}}
画出散点图.
In[2]:= q=ListPlot[d,PlotStyle−>PointSize[0.02]]

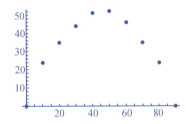

Out[2]= −Graphics−

观察这组数据,发现它具有抛物线的形状,可以采用二次拟合函数求拟合曲线.
In[3]:= p=Fit[d,{1,x,x^2},x];p1=Plot[p,{x,0,90}]

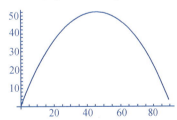

Out[3]= −Graphics−
In[4]:= Show[q,p1]

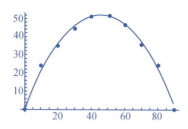

Out[4]= -Graphics-

从图象看,拟合比较接近,故就以 p 作为拟合曲线,则鱼塘面积 S 的近似值 $S \approx \int_0^{90} p \mathrm{d}x$. 于是得到鱼塘体积的近似值 $V=6S$. 求出鱼塘体积 V 之后,根据题目要求,可以卖出去的最大钓鱼证数 M 满足关系式: $\frac{V}{3}(1-25\%)=20M$,因此有卖出去的最大钓鱼证数为 $M=\frac{V}{60}(1-25\%)$.

In[5]:= s=Integrate[p,{x,0,90}];v=s*6;M=(1-0.25)*v/60
Out[5]= 235.084

即可以卖出钓鱼证的最大数为 235 张.

【知识演练】

1. 计算下列积分.

(1) $\int \mathrm{e}^x (\sin x + \cos x) \mathrm{d}x$;

(2) $\int (\tan x)^4 x \mathrm{d}x$;

(4) $\int_0^1 (1-x^2)\sqrt{1-x^2} \mathrm{d}x$;

(5) $\int_0^1 \frac{\arcsin x}{x} \mathrm{d}x$;

(6) $\int_0^{+\infty} \frac{\sin x}{x} \mathrm{d}x$.

2. 计算 $\int_1^{10} \frac{\sin x}{x} \mathrm{d}x$ 的近似值.

历史上的三次数学危机

历史上数学的发展如同人类生产技术的进步过程,道路并不平坦.数学发展史上有三次数学危机.每一次数学危机,都是由一两个典型的数学悖论引起,进而冲击先前建立好的数学框架,引起人们对数学基础的怀疑以及对数学可靠性信仰的动摇.危机意味着挑战,但同时,危机的解决也意味着进步.恰恰也是这三次危机,引发了数学历史上的三次思想解放,给数学发展带来了新的生机和希望,大大推动了数学科学的发展.

第一次数学危机发生于大约公元前 5 世纪,当时古希腊的毕达哥拉斯学派推崇"万物皆数",他们深信数的和谐与数是万物的本源,宇宙间的一切现象都能归结为整数或整数比,也即有理数.但是该学派的成员希帕索斯却根据勾股定理(也称毕达哥拉斯定理)推理发现,边长为 1 的正方形的对角线,长度既不是整数,也不能用两个整数的比来表示.这一发现冲击了古希腊人的数学认知,引起了人们的恐慌,造成了数学中上的第一次危机.第一次数学危机的解除以无理数闪亮登场而告终,整数的地位受到挑战,希腊人开始重视演绎推理,几何学得到充分发展.

第二次数学危机源于微积分工具的使用.微积分自问世以来,就被迅速、广泛地应用于各个领域,在解决科学理论和生产实践的众多难题中崭露锋芒.然而,牛顿和莱布尼兹各自独立创立的微积分理论,虽然都是建立在无穷小分析之上,但他们对作为基本概念的无穷小量的理解与运用,却是混乱的.无穷小量在牛顿的著作中,有时是零,有时是非零有限量.例如,牛顿当时是这样求函数 $y=x^n$ 的导数的:

$$(x+\Delta x)^n = x^n + n \cdot x^{n-1} \Delta x + \frac{n(n+1)}{2} \cdot x^{n-2} \cdot (\Delta x)^2 + \cdots + (\Delta x)^n,$$

然后用自变量的增量 Δx 除函数的增量 Δy,

$$\frac{\Delta y}{\Delta x} = \frac{(x+\Delta x)^n - x^n}{\Delta x}$$

$$= n \cdot x^{n-1} + \frac{n(n-1)}{2} \cdot x^{n-2} \cdot \Delta x + \cdots + n \cdot x \cdot (\Delta x)^{n-2} + (\Delta x)^{n-1},$$

最后扔掉其中含有无穷小量 Δx 的项,即得函数 $y=x^n$ 的导数为 $y'=nx^{n-1}$.

类似这样自相矛盾的逻辑和不严谨的推理,遭到了一些人的强烈反对和攻击,其中攻击最强烈的是英国大主教贝克莱,他指出:Δx 作为分母说明 Δx 不等于零,而后扔掉含有 Δx 的项,则又说明 Δx 等于零,这岂不是自相矛盾吗?因此,贝克莱嘲弄无穷小是"逝去的量的鬼魂",他认为微积分是依靠双重的错误得到了正确的结果,说微积分的推导是"分明的诡辩",这就是著名的"贝克莱悖论".贝克莱的攻击虽说出自维护神学的目的,但却真正抓住了微积分理论中的缺陷,在当时引起了一定的混乱,导致了数学史上的第二次危机.

第二次数学危机的出现,迫使数学家们不得不认真对待无穷小量.大量数学家投身于此,试图为微积分找出合乎逻辑的理论基础.麦克劳林、欧拉、达朗贝尔、拉格朗日、卡诺等都为此做了巨大的努力,虽有发现,但可惜未能获得圆满的结果.最终微积分理论的严格化由19世纪的数学家来完成.挪威数学家阿贝尔,捷克数学家波尔查诺,法国数学家柯西,德国数学家魏尔斯特拉斯、戴德金,意大利数学家皮亚诺等做出了主要的贡献.其中贡献最大者首推法国数学家柯西.柯西详细、系统地发展极限论,把极限概念作为微积分的基础,用极限定义无穷小量.柯西认为无穷小量本质上是变量,而且是以零为极限的变量,至此澄清了前人无穷小概念上的混乱,为整个微积分的运算提供了可靠的根据.而此时距离微积分问世已过去了100多年.19世纪后半叶,康托尔、魏尔斯特拉斯和戴德金等人沿着柯西开辟的道路,建立起完整的实数理论,伴随着分析的严格化,第二次数学危机也宣告结束.

第三次数学危机,源自集合论和罗素悖论.19世纪70年代,德国数学家康托尔创立的集合论成为现代数学的基石.1902年英国数学家罗素提出了著名的罗素悖论:设集合S是一切不以自身为元素的集合所组成的集合,问:S是否属于S? 之后,罗素本人还提出了罗素悖论的通俗版本,即理发师悖论:"理发师宣布他只为村子里不给自己刮胡子的人刮胡子."那么,当回答"理发师是否要给自己刮胡子"这一问题时,就会发现:理发师如果不给自己刮胡子,那么他就应该为自己刮胡子;反之,如果他给自己刮胡子,那么他就不应该为自己刮胡子.毫无疑问,罗素悖论尖锐地指出:集合论是有漏洞的! 由于集合概念已经渗透到众多的数学分支,并且实际上成了数学的基础,因此该悖论的发现自然地引起了对数学的整个基本结构的有效性的怀疑,从而造成了数学史上的第三次危机.为解决这场危机,数学家开始了对康托尔集合论的改造,主要是通过对集合定义加以限制,将集合论建立在一组公理之上,以回避悖论.其中影响最大的是德国数学家策梅罗,他提出七条公理,建立了一种不会产生悖论的集合论,后来经另一位德国数学家弗伦克尔的改进,形成了著名的Zerme-to-Fraenkel(ZF)集合论公理体系,至此这场数学危机才缓和下来.除ZF系统外,集合论的公理系统还有多种,如诺伊曼等人提出的NBG系统等.

纵观历史上这三次数学危机,悖论的提出是因为人们善于解放思想,不禁锢于原有的认知,而危机的解除则依赖于人们坚持探索、创新发展,其结果不仅使数学的发展取得了巨大的进步,同时也极大地推动了人类的发展和进步.

第 4 章　多元函数微积分学

一元微积分讨论的对象是只有一个自变量的一元函数,但在经济领域中很多问题会涉及多方面的因素,一个变量会依赖于多个变量,如商品的需求量除了和价格有关,还受消费者的收入的影响,反映到数学上,就产生了多元函数的概念.本章我们将以二元函数为主讨论多元函数微积分学.在学习过程中,将一元和二元进行类比,注意它们的异同之处,并将概念和结论类推到二元以上的多元函数.本章包含下列主题:
- 多元函数的概念;
- 二元函数的极限和连续性;
- 偏导数的概念和求法;
- 全微分的概念和求法;
- 二元函数极值的概念及求法;
- 偏导数在经济分析中的应用;
- 二重积分的概念和求法.

4.1　多元函数

4.1.1　多元函数的概念

【案例提出】

[案例 1]　某企业生产两种商品,甲商品的需求函数为 $Q_1=10-2P_1$,乙商品的需求函数为 $Q_2=20-5P_2$.那么,甲商品的收入为 $R_1=Q_1P_1=10P_1-2P_1^2$,乙商品的收入为 $R_2=Q_2P_2=20P_2-5P_2^2$,该企业的总收入为 $R=R_1+R_2=10P_1-2P_1^2+20P_2-5P_2^2$,总收入与两种商品价格都有关系.特别地,当 $P_1=3,P_2=2$ 时,总收入 $R=32$.

[案例 2]　企业能生产的最大产品数量不仅受它投入的资本的影响,还和劳动力、土地、企业家才能等生产要素有关,所以最大产品数量和生产要素之间是一个多元函数的关系,在经济学中,有专门的理论去研究.

【相关知识】

1. 空间直角坐标系与曲面

为了确定平面上任意一点的位置,我们建立了平面直角坐标系,把平面上的点和二元有序数组(x,y)一一对应.类似地,要确定空间任一点的位置,需要引入空间直角坐标系,把空间的点与有序数组对应起来.

在空间取一个点O,作三条以O为原点、相同长度作为度量单位、两两相互垂直的数轴,这三条数轴分别称为x轴(横轴)、y轴(纵轴)、z轴(竖轴),统称坐标轴.各轴的正方向满足"右手法则",即右手握住z轴,当右手的除大拇指外的四指从x轴正向向y轴正向旋转$90°$时,大拇指的指向作为z轴的正方向.这样我们就建立了一个空间直角坐标系$O\text{-}xyz$,O称为坐标原点.通常将x,y轴配置在水平面上,z轴配置在铅直位置,正向自下而上,如图4-1所示.

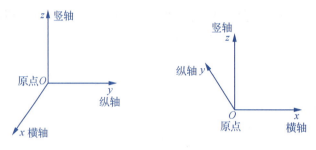

图 4-1

在空间直角坐标系$O\text{-}xyz$中,每两条坐标轴确定的平面称为坐标平面,相应地称为xOy坐标平面、yOz坐标平面、zOx坐标平面.

在建立了空间直角坐标系$O\text{-}xyz$的空间中任取一点M,过M点分别作垂直于x轴、y轴、z轴的平面,这三个平面与坐标轴的交点分别为P,Q,R.设P点在x轴上的坐标为x,Q点在y轴上的坐标为y,R点在z轴上的坐标为z,若不改变坐标的次序,就得到一个有序数组(x,y,z);反之,若给定一个有序数组(x,y,z),设在x轴上以x为坐标的点为P,在y轴上以y为坐标的点为Q,在z轴上以z为坐标的点为R,过点P,Q,R分别作垂直于x轴、y轴、z轴的平面,这三个平面有唯一的一个交点,设交点为M,这样一个有序数组(x,y,z)就唯一地确定了空间中的一个点,如图4-2所示.

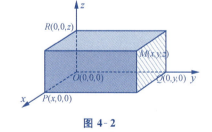

图 4-2

因此我们说,在建立了空间直角坐标系$O\text{-}xyz$的空间中的点M与一组有序数组(x,y,z)一一对应,有序数组(x,y,z)称为点M的坐标,x称为横坐标(或x坐标),y称为纵坐标(或y坐标),z称为竖坐标(或z坐标).显然,原点的坐标为$(0,0,0)$.

类似于平面上两点之间的距离公式,可以证明空间$M_1(x_1,y_1,z_1),M_2(x_2,y_2,z_2)$两点之间的距离为$|M_1M_2|=\sqrt{(x_2-x_1)^2+(y_2-y_1)^2+(z_2-z_1)^2}$,如图4-3所示.

建立了空间直角坐标系之后,由于点与一个三元有序数组(x,y,z)之间一一对应的关系,当动点的坐标(x,y,z)没有任何限制时,动点的轨迹形成整个空间;如果动点的运动满足一定的规律,其轨迹形成一个曲面.

例如,空间中任意给定一条曲线 C,过 C 上的任意一点引一条直线 b,直线 b 沿 C 作平行移动形成一个曲面,称为柱面,这条定曲线 C 称为柱面的准线,动直线 b 称为柱面的母线,如图 4-4 所示.

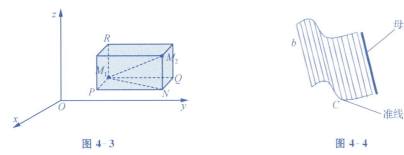

图 4-3　　　　　　　　　图 4-4

2. 邻域与区域

定义 4.1　设 $P_0(x_0,y_0)$ 是 xOy 平面上的一个点,δ 是某一正数,与点 $P_0(x_0,y_0)$ 距离小于 δ 的点 $P(x,y)$ 的全体,称为点 P_0 的 δ 邻域,记为 $U(P_0,\delta)$,即

$$U(P_0,\delta)=\{P\mid |PP_0|<\delta\}=\{(x,y)\mid \sqrt{(x-x_0)^2+(y-y_0)^2}<\delta\}.$$

几何上,$U(P_0,\delta)$ 就是 xOy 平面上以 $P_0(x_0,y_0)$ 为圆心,$\delta>0$ 为半径的圆的内部的点的全体.

若在点 P_0 的 δ 邻域中去掉 P_0 点,则称这样的点的全体为点 P_0 的去心 δ 邻域,记为 $U^{\circ}(P_0,\delta)$,即 $U^{\circ}(P_0,\delta)=\{P\mid 0<|PP_0|<\delta\}$,如图 4-5 所示.

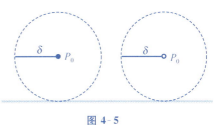

图 4-5

定义 4.2　整个 xOy 平面或者是平面内由一条或几条曲线所围成的部分称为区域.围成平面区域的曲线称为该区域的边界.不包含边界的区域称为开区域,包含边界在内的区域称为闭区域.可以被一个以原点为圆心,以适当长度为半径的圆包围在内的区域称为有界区域,否则称为无界区域.

例如,$y-x<0$ 所确定的区域是无界开区域,$x^2+y^2\leqslant 4$ 所确定的区域是有界闭区域,如图 4-6 所示.

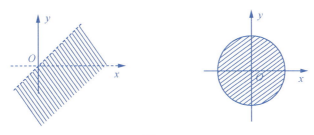

图 4-6

3. 二元函数的概念

定义 4.3　设有三个变量 x,y,z,如果存在某种对应法则 f,使得对某区域 D 内任意取定的一组数值 (x,y),变量 z 总存在唯一确定的值与它们对应,则称变量 z 是 x,y 的二元函数,记作 $z=f(x,y)$,并称 x,y 为自变量,z 为因变量,自变量的取值范围 D 称为二元函数的

定义域. 当自变量 x,y 取定一组数值 (x_0,y_0) 时, 对应的函数值记作 $f(x_0,y_0)$ 或 $z|_{(x_0,y_0)}$.

和一元函数一样, 二元函数也只与函数的定义域和对应法则有关, 而与用什么字母表示变量无关.

有两个自变量的函数称为二元函数, 那么, 有三个自变量的函数就称为三元函数, $\cdots$, 有 n 个自变量的函数称为 n 元函数, 可记作 $u=f(x_1,x_2,x_3,\cdots,x_n)$. 我们将二元及二元以上的函数统称为多元函数.

若函数 $z=f(x,y)$ 的定义域为 D, 对于任意取定的 $P(x,y)\in D$, 对应的函数值为 $z=f(x,y)$, 这样, 以 x 为横坐标、y 为纵坐标、z 为竖坐标, 就在空间确定一点 $M(x,y,z)$, 当 (x,y) 取遍 D 上一切点时, 相应的点 M 的全体形成一张空间曲面, 称为二元函数 $z=f(x,y)$ 的图形. 显然, 这张曲面在 xOy 坐标平面上的投影区域就是二元函数 $z=f(x,y)$ 的定义域 D, 如图 4-7 所示.

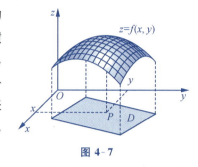

图 4-7

【例题精选】

例 1 试讨论当空间中一点 $M(x,y,z)$ 在坐标轴上或在坐标平面上时, 坐标有何特征.

解 当点 M 在 x 轴上时, 有 $y=0,z=0$;

当点 M 在 y 轴上时, 有 $x=0,z=0$;

当点 M 在 z 轴上时, 有 $x=0,y=0$.

当点 M 在 xOy 坐标平面上时, 有 $z=0$;

当点 M 在 yOz 坐标平面上时, 有 $x=0$;

当点 M 在 zOx 坐标平面上时, 有 $y=0$.

例 2 方程 $z=5$ 在空间表示什么样的图形?

解 在方程 $z=5$ 中没有变量 x 和 y, 这表明 $z=5$ 的图形上的点无论 x 和 y 取何值, 竖坐标 $z=5$, 因此, 该图形是一个与 xOy 坐标平面平行, 且经过点 $(0,0,5)$ 的平面.

例 3 求以已知点 $M_0(x_0,y_0,z_0)$ 为球心, 以 R 为半径的球面方程.

解 球面可以看作空间与定点(球心)有定距离(半径)的点的几何轨迹.

设球面上任一点 M 的坐标为 (x,y,z), 根据球面上点的特征即球面上任一点 M 到球心 M_0 的距离等于半径 R, 有 $|M_0M|=R$. 根据两点间距离公式, 球面上任一点的坐标满足:

$$\sqrt{(x-x_0)^2+(y-y_0)^2+(z-z_0)^2}=R.$$

因此方程 $(x-x_0)^2+(y-y_0)^2+(z-z_0)^2=R^2$ 表示球心在点 $M_0(x_0,y_0,z_0)$、半径为 R 的球面. 特殊地, 以原点 $O(0,0,0)$ 为球心, 以 1 为半径的球面方程为 $x^2+y^2+z^2=1$, 而二元函数 $z=\sqrt{1-x^2-y^2}$ 表示的曲面就是上半球面, 如图 4-8 所示.

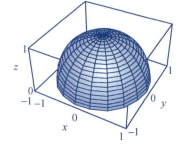

图 4-8

例 4 试分别描述满足下列条件的是一个什么样的区域.

(1) $\begin{cases} -1 < x < 4, \\ 1 < y < 3; \end{cases}$ (2) $\begin{cases} -1 \leqslant x \leqslant 4, \\ 1 \leqslant y \leqslant \dfrac{2}{5}x + \dfrac{7}{5}; \end{cases}$ (3) $\begin{cases} y - 1 \leqslant x \leqslant -y + 5, \\ 1 \leqslant y \leqslant 3. \end{cases}$

解 (1) 表示的区域如图 4-9 所示,这是一个矩形区域,是一个有界开区域;

(2) 表示的区域如图 4-10 所示,这是一个三角形区域,是一个有界闭区域;

(3) 表示的区域如图 4-11 所示,这是一个三角形区域,是一个有界闭区域.

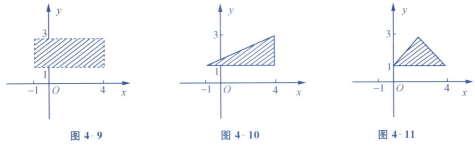

图 4-9   图 4-10   图 4-11

例 5 用形如 $\begin{cases} a \leqslant x \leqslant b, \\ \varphi_1(x) \leqslant y \leqslant \varphi_2(x) \end{cases}$ 或 $\begin{cases} \psi_1(y) \leqslant x \leqslant \psi_2(y), \\ c \leqslant y \leqslant d \end{cases}$ 的不等式组表示以下平面区域 D.

(1) D 由直线 $y = 1, x = 2, y = x^2 (x > 0)$ 围成.

解 先作出 D 的图形如图 4-12 所示.

求出 $y = 1, y = x^2$ 的交点 $(1,1)$,将 D 投影到 x 轴上,得到区间 $[1,2]$,则 $1 \leqslant x \leqslant 2$. 在 $[1,2]$ 内任取一点 x,作平行于 y 轴的直线,该直线与区域 D 的边界交于两点,这两点的横坐标为 x,纵坐标分别为 $1, x^2$,则 $1 \leqslant y \leqslant x^2$. 所以,平面区域 D 可以用不等式组 $\begin{cases} 1 \leqslant x \leqslant 2, \\ 1 \leqslant y \leqslant x^2 \end{cases}$ 表示.

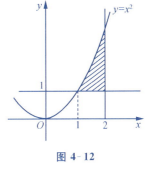

图 4-12

或者将 D 投影到 y 轴上,得到区间 $[1,4]$,则 $1 \leqslant y \leqslant 4$. 在 $[1,4]$ 内任取一点 y,作平行于 x 轴的直线,该直线与区域 D 的边界交于两点,这两点的纵坐标为 y,横坐标分别为 $\sqrt{y}, 2$,则 $\sqrt{y} \leqslant x \leqslant 2$. 所以,平面区域 D 可以用不等式组 $\begin{cases} \sqrt{y} \leqslant x \leqslant 2, \\ 1 \leqslant y \leqslant 4 \end{cases}$ 表示.

(2) D 由 $y = x^2$ 和 $y = 1 - x^2$ 围成.

解 先作出 D 的图形如图 4-13 所示.

求出 $y = x^2, y = 1 - x^2$ 的交点 $\left(\pm \dfrac{\sqrt{2}}{2}, \dfrac{1}{2} \right)$,将 D 投影到 x 轴上,得到区间 $\left[-\dfrac{\sqrt{2}}{2}, \dfrac{\sqrt{2}}{2} \right]$,则 $-\dfrac{\sqrt{2}}{2} \leqslant x \leqslant \dfrac{\sqrt{2}}{2}$. 在 $\left[-\dfrac{\sqrt{2}}{2}, \dfrac{\sqrt{2}}{2} \right]$ 内任取一点 x,作平行于 y 轴的直线,该直线与区域 D 的边界交于两

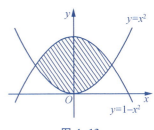

图 4-13

点,这两点的横坐标为 x,纵坐标分别为 $x^2,1-x^2$,则 $x^2 \leqslant y \leqslant 1-x^2$. 所以,平面区域 D 可以用不等式组 $\begin{cases} -\frac{\sqrt{2}}{2} \leqslant x \leqslant \frac{\sqrt{2}}{2}, \\ x^2 \leqslant y \leqslant 1-x^2 \end{cases}$ 表示.

或者将 D 投影到 y 轴上,得到区间 $[0,1]$,但在 $\left[0,\frac{1}{2}\right],\left[\frac{1}{2},1\right]$ 两个区间内分别任取一点 y,作平行于 x 轴的直线时,该直线与区域 D 的边界的两个交点有所不同,所以我们把该区域以 $y=\frac{1}{2}$ 为分界线分成两个部分. 在 $\left[0,\frac{1}{2}\right]$ 内任取一点 y,作平行于 x 轴的直线,该直线与区域 D 的边界的两个交点的纵坐标为 y,横坐标分别为 $-\sqrt{y},\sqrt{y}$,则 $-\sqrt{y} \leqslant x \leqslant \sqrt{y}$. 在 $\left[\frac{1}{2},1\right]$ 内任取一点 y,作平行于 x 轴的直线,该直线与区域 D 的边界的两个交点的纵坐标为 y,横坐标分别为 $-\sqrt{1-y},\sqrt{1-y}$,则 $-\sqrt{1-y} \leqslant x \leqslant \sqrt{1-y}$. 所以,平面区域 D 可以用不等式组 $\begin{cases} -\sqrt{y} \leqslant x \leqslant \sqrt{y}, \\ 0 \leqslant y \leqslant \frac{1}{2}, \end{cases} \begin{cases} -\sqrt{1-y} \leqslant x \leqslant \sqrt{1-y}, \\ \frac{1}{2} \leqslant y \leqslant 1 \end{cases}$ 表示.

(3) D 由 $y=2x,y=2,x=\frac{8}{y}$ 围成.

解 方法同上,D 的图形如图 4-14 所示.

平面区域 D 可以用不等式组 $\begin{cases} 1 \leqslant x \leqslant 2, \\ 2 \leqslant y \leqslant 2x, \end{cases} \begin{cases} 2 \leqslant x \leqslant 4, \\ 2 \leqslant y \leqslant \frac{8}{x} \end{cases}$ 或 $\begin{cases} 2 \leqslant y \leqslant 4, \\ \frac{y}{2} \leqslant x \leqslant \frac{8}{y} \end{cases}$ 表示.

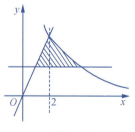

图 4-14

图 4-15

例 6 设函数 $z=x^3-xy+2y^2$,求 $z|_{(-2,-3)}$.

解 $z|_{(-2,-3)}=(-2)^3-(-2)\times(-3)+2\times(-3)^2=4$.

例 7 求二元函数 $z=\frac{\ln(y-x)}{\sqrt{x}}+\sqrt{4-x^2-y^2}$ 的定义域.

解 由于 $y-x>0,x>0$ 且 $4-x^2-y^2 \geqslant 0$,故该函数的定义域为 $D=\{(x,y)|y>x>0, x^2+y^2 \leqslant 4\}$,如图 4-15 所示.

【知识应用】

例 8 生产函数表示在一定时期内,在生产技术状况给定的条件下,生产过程中投入的各种生产要素的数量与其所能生产的最大产量之间的关系. 设 Q 表示产量, $x_1, x_2, \cdots, x_n$ 为 n 种生产要素的投入量, 则 $Q = f(x_1, x_2, \cdots, x_n)$ 表示企业生产某种产品的生产函数.

为了讨论问题的简便, 我们假设生产要素有两种, 投入资本 K 和投入劳动 L, 产品只有一种. 于是这种产品的总产量 Q 的生产函数就是资本 K 和劳动 L 的一个二元函数, 记为 $Q = f(L, K)$. 生产函数主要有以下三种常见形式:

(1) 线性生产函数: $Q = aL + bK + c$.

(2) 柯布-道格拉斯生产函数: 在 20 世纪 30 年代, 美国经济学家柯布和道格拉斯根据历史统计资料, 研究得出生产要素的投入量与产品的总产量之间存在如下关系: $Q = AK^\alpha L^{1-\alpha}$, 其中 A, α 为正常数, $0 < \alpha < 1$.

(3) 齐次生产函数: 如果一个生产函数的每一种投入要素都是原来的 $\lambda (\lambda > 1)$ 倍, 引起产量变成原来的 λn 倍, 称为该生产函数的齐次生产函数. 若 $Q = f(L, K)$, 则齐次生产函数为 $f(\lambda L, \lambda K) = \lambda n f(L, K)$.

例 9 在经济学理论中, 人类的满足程度称为效用. 效用取决于所消费的各种商品的数量, 若 U 表示消费者的效用, $x_1, x_2, \cdots, x_n$ 是对 n 种商品的消费量, $U = f(x_1, x_2, \cdots, x_n)$ 称为效用函数. 常见效用函数有:

(1) 完全替代(线性)效用函数: $U(x_1, x_2) = x_1 + x_2$;

(2) 完全互补效用函数: $U(x_1, x_2) = \min\{x_1, x_2\}$;

(3) 拟线性效用函数: $U(x_1, x_2) = f(x_1) + x_2$;

(4) 柯布-道格拉斯效用函数: $U(x_1, x_2) = x_1^\alpha x_2^{1-\alpha}$.

【知识演练】

1. 求点 $M(x, y, z)$ 分别关于 x 轴、y 轴、z 轴、xOy 坐标平面、yOz 坐标平面、zOx 坐标平面以及原点对称的点的坐标.

2. 用形如 $\begin{cases} a \leqslant x \leqslant b, \\ \varphi_1(x) \leqslant y \leqslant \varphi_2(x) \end{cases}$ 或 $\begin{cases} \psi_1(y) \leqslant x \leqslant \psi_2(y), \\ c \leqslant y \leqslant d \end{cases}$ 的不等式组表示以下平面区域 D:

(1) D 由 $y = 2x + 3, y = x^2$ 围成;

(2) D 由 $y = e^x, y = e, x = 0$ 围成;

(3) D 由 $y = 2x, y = x, y = 2$ 围成;

(4) D 由 $y = (2-x)^2, y = x^2, y = 0$ 围成.

3. 求下列函数的定义域 D:

(1) $z = \sqrt{2x - \sqrt{y}}$;

(2) $z = \dfrac{x}{x^2 + y^2}$;

(3) $z = \dfrac{y}{\ln(y^2 - x + 2)}$;

(4) $z = \sqrt{R^2 - x^2 - y^2} + \dfrac{1}{\sqrt{x^2 + y^2 - r^2}}$ $(R > r > 0)$.

4. 设 $f(x,y)=\dfrac{x^2+y^2}{5xy}$，求：

(1) 在点 $(3,-4)$ 和点 $(a,a)(a>0)$ 处的函数值；

(2) $\dfrac{f(1+\Delta x,1)-f(1,1)}{\Delta x}$；

(3) $f\left(1,\dfrac{y}{x}\right)$ 及 $f(tx,ty)$.

5. 某人以本金 P 元进行一项投资，投资年利率为 5%，假设连续计息，则 t 年后的本利和 S 是 P 和 t 的二元函数 $S=f(P,t)=Pe^{0.05t}$，试求 $f(10000,20)$.

6. 设 $Q=f(x,y)$ 表示企业生产某种产品的生产函数，其中 Q 表示生产该产品的产量，x,y 为生产产品时两种要素的投入量. 若产品的价格为 P，两种要素的单价为 P_1,P_2，试求利润函数.

4.1.2 二元函数的极限与连续性

【相关知识】

1. 二元函数极限的定义

定义 4.4 设二元函数 $z=f(x,y)$ 在点 $P_0(x_0,y_0)$ 的某一去心邻域内有定义，如果当动点 $P(x,y)$ 以任何方式无限趋向于定点 $P_0(x_0,y_0)$ 时，函数 $z=f(x,y)$ 无限趋向于一个确定的常数 A，则称 A 为二元函数 $z=f(x,y)$ 当 $x\to x_0, y\to y_0$ 时的极限，记作

$$\lim_{\substack{x\to x_0\\y\to y_0}}f(x,y)=A \text{ 或 } \lim_{(x,y)\to(x_0,y_0)}f(x,y)=A.$$

为了区别于一元函数的极限，我们通常称二元函数的极限为二重极限.

2. 二元函数的连续性

定义 4.5 设二元函数 $z=f(x,y)$ 在点 $P_0(x_0,y_0)$ 的某一邻域内有定义，且满足

$$\lim_{\substack{x\to x_0\\y\to y_0}}f(x,y)=f(x_0,y_0),$$

则称二元函数 $z=f(x,y)$ 在点 $P_0(x_0,y_0)$ 处连续，否则称函数 $f(x,y)$ 在点 $P_0(x_0,y_0)$ 处不连续（或间断），$P_0(x_0,y_0)$ 称为 $f(x,y)$ 的间断点.

如果二元函数 $z=f(x,y)$ 在区域 D 上每一点处都连续，则称函数 $z=f(x,y)$ 在区域 D 上连续，或称 $f(x,y)$ 为区域 D 上的连续函数. 二元连续函数的图形是空间的一张连续曲面.

类似于一元函数的讨论，二元初等函数在其定义区域内都是连续的. 例如，函数 $e^{xy}\cos y$ 在整个 xOy 坐标平面上连续，函数 $z=\sqrt{1-x^2-y^2}$ 在闭区域 $x^2+y^2\leqslant 1$ 上连续.

与闭区间上一元函数的性质类似，在有界闭区域上连续的二元函数，有以下定理：

(1) 最大值和最小值定理：在有界闭区域 D 上的二元连续函数，在 D 上一定存在最大值和最小值.

(2) 介值定理：在有界闭区域 D 上的二元连续函数，在 D 上必能取得介于最大值和最小

值之间的任何数值.

【例题精选】

例 10 求 $\lim\limits_{(x,y)\to(3,4)} \ln(\sqrt{x^2+y^2-9}+5)$.

解 函数 $f(x,y)=\ln(\sqrt{x^2+y^2-9}+5)$ 在点 $(3,4)$ 处连续,所以
$$\lim\limits_{(x,y)\to(3,4)} \ln(\sqrt{x^2+y^2-9}+5)=\ln(\sqrt{3^2+4^2-9}+5)=\ln 9.$$

【知识演练】

7. 求极限: $\lim\limits_{\substack{x\to 1 \\ y\to 0}} \dfrac{\ln(x+e^y)}{\sqrt{x^2+y^2}}$.

4.2 偏 导 数

4.2.1 偏导数的概念

【案例提出】

[**案例 3**] 设生产函数 $Q=f(K,L)$,如果资本 K 保持不变,总产量 Q 随劳动 L 的变化而变化,则总产量 Q 关于劳动 L 的瞬时变化率就是劳动 L 的边际生产率;如果劳动 L 保持不变,总产量 Q 随资本 K 的变化而变化,则总产量 Q 关于资本 K 的瞬时变化率就是资本 K 的边际生产率.

【相关知识】

1. 偏导数的定义

在研究一元函数时,我们需要研究函数 $y=f(x)$ 关于自变量 x 的瞬时变化率,从而引入了一元函数的导数的概念.在实际问题中,也需要研究多元函数的瞬时变化率问题,但多元函数的自变量不止一个,若每个自变量都有变化时,函数关于自变量的瞬时变化率太复杂.所以,我们通常研究其随一个自变量变化而其余自变量不变时的瞬时变化率问题.

对于二元函数 $z=f(x,y)$ 来讲,我们固定 $y=y_0$,此时二元函数 $z=f(x,y)$ 就成为自变量 x 的一元函数 $f(x,y_0)$,利用一元函数导数的定义,我们提出相应二元函数 $z=f(x,y)$ 关于 x 的偏导数的定义.

定义 4.6 设二元函数 $z=f(x,y)$ 在点 (x_0,y_0) 的某一邻域内有定义,固定 $y=y_0$,让自变量 x 在 x_0 处取得改变量 $\Delta x(\Delta x\neq 0)$,相应地函数有增量 $f(x_0+\Delta x,y_0)-f(x_0,y_0)$(记作 $\Delta_x z$,叫作 $z=f(x,y)$ 在点 (x_0,y_0) 处对 x 的偏增量),如果极限 $\lim\limits_{\Delta x\to 0}\dfrac{f(x_0+\Delta x,y_0)-f(x_0,y_0)}{\Delta x}$

存在,则称此极限值为函数 $z=f(x,y)$ 在点 (x_0,y_0) 处关于 x 的偏导数,记作 $f'_x(x_0,y_0)$,$z'_x\big|_{\substack{x=x_0\\y=y_0}}$ 或 $\dfrac{\partial f}{\partial x}\big|_{\substack{x=x_0\\y=y_0}}$,$\dfrac{\partial z}{\partial x}\big|_{\substack{x=x_0\\y=y_0}}$.

即
$$f'_x(x_0,y_0)=\lim_{\Delta x\to 0}\frac{f(x_0+\Delta x,y_0)-f(x_0,y_0)}{\Delta x}.$$

类似地,固定 $x=x_0$,让自变量 y 在 y_0 处取得改变量 $\Delta y(\Delta y\neq 0)$,相应地函数有增量 $f(x_0,y_0+\Delta y)-f(x_0,y_0)$(记作 $\Delta_y z$,叫作 $z=f(x,y)$ 在点 (x_0,y_0) 处对 y 的偏增量),如果极限 $\lim\limits_{\Delta y\to 0}\dfrac{f(x_0,y_0+\Delta y)-f(x_0,y_0)}{\Delta y}$ 存在,则称此极限值为函数 $z=f(x,y)$ 在点 (x_0,y_0) 处关于 y 的偏导数,记作 $f'_y(x_0,y_0)$,$z'_y\big|_{\substack{x=x_0\\y=y_0}}$ 或 $\dfrac{\partial f}{\partial y}\big|_{\substack{x=x_0\\y=y_0}}$,$\dfrac{\partial z}{\partial y}\big|_{\substack{x=x_0\\y=y_0}}$. 即

$$f'_y(x_0,y_0)=\lim_{\Delta y\to 0}\frac{f(x_0,y_0+\Delta y)-f(x_0,y_0)}{\Delta y}.$$

2. 二元函数在区域 D 内的偏导数

如果二元函数 $z=f(x,y)$ 在区域 D 内的每一点 (x,y) 处关于 x 的偏导数都存在,则这个偏导数是区域 D 上 x,y 的函数,称为 $f(x,y)$ 在区域 D 上关于 x 的偏导函数,记作 $f'_x(x,y)$,z'_x 或 $\dfrac{\partial f}{\partial x}$,$\dfrac{\partial z}{\partial x}$.

显然,偏导函数 $f'_x(x,y)=\lim\limits_{\Delta x\to 0}\dfrac{f(x+\Delta x,y)-f(x,y)}{\Delta x}$ 仍然是关于 x,y 的二元函数.

类似地,可以定义函数 $z=f(x,y)$ 关于 y 的偏导函数

$$f'_y(x,y)=\lim_{\Delta y\to 0}\frac{f(x,y+\Delta y)-f(x,y)}{\Delta y},$$

记作 $f'_y(x,y)$,z'_y 或 $\dfrac{\partial f}{\partial y}$,$\dfrac{\partial z}{\partial y}$.

偏导函数的概念可以推广到二元以上的函数,如 $u=f(x,y,z)$ 在 (x,y,z) 处的偏导数为

$$f'_x(x,y,z)=\lim_{\Delta x\to 0}\frac{f(x+\Delta x,y,z)-f(x,y,z)}{\Delta x},$$

$$f'_y(x,y,z)=\lim_{\Delta y\to 0}\frac{f(x,y+\Delta y,z)-f(x,y,z)}{\Delta y},$$

$$f'_z(x,y,z)=\lim_{\Delta z\to 0}\frac{f(x,y,z+\Delta z)-f(x,y,z)}{\Delta z}.$$

如同一元函数的导函数一样,在不致混淆的情况下,我们也把偏导函数简称为偏导数. 此外,由偏导函数的概念可知,如果二元函数 $f(x,y)$ 在点 (x_0,y_0) 处的偏导数存在,那么

$$f'_x(x_0,y_0)=f'_x(x,y)\big|_{\substack{x=x_0\\y=y_0}},\quad f'_y(x_0,y_0)=f'_y(x,y)\big|_{\substack{x=x_0\\y=y_0}}.$$

3. 二元函数偏导数的求法

由偏导数的定义可知,求二元函数偏导数的问题其实可归结为一元函数求导问题,因此并不需要建立新的运算法则. 求偏导数 $f'_x(x,y)$ 时,只需暂时地把 y 看作常数,对 x 利用一元函数的求导法则求导;同样地,求偏导数 $f'_y(x,y)$ 时,则需暂时地把 x 看作常数,对 y 利用一元函数的求导法则求导.

4. 偏导数存在与连续的关系

若一元函数在某点可导,则函数在该点一定连续,但多元函数在某点偏导数存在,函数未必连续.

【例题精选】

例 11 求 $z = x^2 - 3xy + 2y^3$ 在点 $(2,1)$ 处的偏导数.

解 把 y 看作常数,对 x 求导可得 $\dfrac{\partial z}{\partial x} = 2x - 3y$;

把 x 看作常数,对 y 求导可得 $\dfrac{\partial z}{\partial y} = -3x + 6y^2$.

所以 $\dfrac{\partial z}{\partial x}\bigg|_{\substack{x=2\\y=1}} = 2 \times 2 - 3 \times 1 = 1, \dfrac{\partial z}{\partial y}\bigg|_{\substack{x=2\\y=1}} = -3 \times 2 + 6 \times 1 = 0.$

例 12 求 $z = x^3 e^{2x+5y}$ 的偏导数.

解 把 y 看作常数,对 x 求导可得

$$\dfrac{\partial z}{\partial x} = 3x^2 e^{2x+5y} + 2x^3 e^{2x+5y};$$

把 x 看作常数,对 y 求导可得

$$\dfrac{\partial z}{\partial y} = 5x^3 e^{2x+5y}.$$

例 13 求 $z = \sin(xy^2) + \ln\dfrac{y}{x}$ 的偏导数.

解 把 y 看作常数,对 x 求导可得

$$\dfrac{\partial z}{\partial x} = y^2 \cos(xy^2) + \dfrac{x}{y}\left(-\dfrac{y}{x^2}\right) = y^2 \cos(xy^2) - \dfrac{1}{x};$$

把 x 看作常数,对 y 求导可得

$$\dfrac{\partial z}{\partial y} = 2xy\cos(xy^2) + \dfrac{x}{y} \cdot \dfrac{1}{x} = 2xy\cos(xy^2) + \dfrac{1}{y}.$$

例 14 求 $z = (\cos x)^y$ 的偏导数.

解 把 y 看作常数,对 x 求导可得

$$\dfrac{\partial z}{\partial x} = y(\cos x)^{y-1}(\cos x)'_x = -y(\cos x)^{y-1}\sin x;$$

把 x 看作常数,对 y 求导可得

$$\dfrac{\partial z}{\partial y} = (\cos x)^y \ln(\cos x).$$

例 15 已知 $z = xe^{\frac{y}{x}}$,求证 $x\dfrac{\partial z}{\partial x} + y\dfrac{\partial z}{\partial y} = z.$

证 把 y 看作常数,对 x 求导可得

$$\dfrac{\partial z}{\partial x} = e^{\frac{y}{x}} + xe^{\frac{y}{x}}\left(-\dfrac{y}{x^2}\right) = e^{\frac{y}{x}}\left(1 - \dfrac{y}{x}\right);$$

把 x 看作常数,对 y 求导可得

$$\frac{\partial z}{\partial y} = x\mathrm{e}^{\frac{y}{x}} \frac{1}{x} = \mathrm{e}^{\frac{y}{x}}.$$

所以
$$x\frac{\partial z}{\partial x} + y\frac{\partial z}{\partial y} = x\mathrm{e}^{\frac{y}{x}}\left(1 - \frac{y}{x}\right) + y\mathrm{e}^{\frac{y}{x}} = x\mathrm{e}^{\frac{y}{x}} = z.$$

【知识应用】

例 16 求柯布-道格拉斯生产函数:$Q = AK^{\alpha}L^{1-\alpha}$($A,\alpha$ 为正常数)的偏导数.

解 这里的变量是 K 和 L,$\frac{\partial Q}{\partial K} = \alpha AK^{\alpha-1}L^{1-\alpha}$,$\frac{\partial Q}{\partial L} = (1-\alpha)AK^{\alpha}L^{-\alpha}$.

【知识演练】

8. 求下列函数的偏导数:

(1) $z = x^3 y + y^3$;

(2) $z = \sin x \cos(x^2 - y)$;

(3) $s = \frac{u+v}{uv}$;

(4) $z = x^{\sqrt{y}}$;

(5) $z = \sin(\mathrm{e}^x + y)$;

(6) $z = \cos(2\mathrm{e}^{xy})$;

(7) $z = \ln(x + \sqrt{x^2 + y^2})$;

(8) $z = y^2 \ln(x^3 + 2y^2)$.

9. 设 $z = \ln\tan\frac{y}{x}$,求证:$x\frac{\partial z}{\partial x} + y\frac{\partial z}{\partial y} = 0$.

10. 设 $f(x,y) = xy + \frac{x}{x^2+y^2}$,求 $f'_x(0,1)$,$f'_y(0,1)$.

11. 某厂商生产 x 单位的产品 A 与 y 单位的产品 B 的利润为 $L(x,y) = 10x + 6y + 3xy - x^2 - 2000$,试求 $L'_x(x,y)$ 和 $L'_y(x,y)$.

4.2.2 高阶偏导数

【相关知识】

1. 高阶偏导数的定义

设二元函数 $z = f(x,y)$ 在区域 D 内偏导数 $\frac{\partial z}{\partial x}$ 和 $\frac{\partial z}{\partial y}$ 都存在,则由偏导数的定义知这两个偏导数仍然是区域 D 内的二元函数.如果它们关于 x,y 的偏导数也存在,则称为 $z = f(x,y)$ 的**二阶偏导数**.按照对 x,y 的求导次序的不同,二元函数的二阶偏导数共有四个,分别记作

$$\frac{\partial}{\partial x}\left(\frac{\partial z}{\partial x}\right) = \frac{\partial^2 z}{\partial x^2} = f''_{xx} = z''_{xx},$$

$$\frac{\partial}{\partial y}\left(\frac{\partial z}{\partial x}\right) = \frac{\partial^2 z}{\partial x \partial y} = f''_{xy} = z''_{xy},$$

$$\frac{\partial}{\partial x}\left(\frac{\partial z}{\partial y}\right) = \frac{\partial^2 z}{\partial y \partial x} = f''_{yx} = z''_{yx},$$

$$\frac{\partial}{\partial y}\left(\frac{\partial z}{\partial y}\right)=\frac{\partial^2 z}{\partial y^2}=f''_{yy}=z''_{yy},$$

其中 $\frac{\partial^2 z}{\partial x^2}$ 表示对 $\frac{\partial z}{\partial x}$ 关于 x 再求偏导数,称为二元函数 $z=f(x,y)$ 对 x 的二阶偏导数;$\frac{\partial^2 z}{\partial y^2}$ 表示对 $\frac{\partial z}{\partial y}$ 关于 y 再求偏导数,称为二元函数 $z=f(x,y)$ 对 y 的二阶偏导数;$\frac{\partial^2 z}{\partial x \partial y}$ 表示对 $\frac{\partial z}{\partial x}$ 关于 y 再求偏导数,$\frac{\partial^2 z}{\partial y \partial x}$ 表示对 $\frac{\partial z}{\partial y}$ 关于 x 再求偏导数,称为二元函数 $z=f(x,y)$ 的二阶混合偏导数.

如果 $z=f(x,y)$ 的二阶偏导数仍然存在关于 x,y 的偏导数,就称它们为函数 $z=f(x,y)$ 的三阶偏导数,其记号与二阶偏导数相类似.如此继续下去,还可得到四阶乃至更高阶的偏导数.我们把二阶以及二阶以上的偏导数统称为高阶偏导数.相应地,$\frac{\partial z}{\partial x}$ 和 $\frac{\partial z}{\partial y}$ 称为一阶偏导数.

2. 二阶混合偏导数相等的一个充分条件

定理 4.1 如果二元函数 $z=f(x,y)$ 的两个二阶混合偏导数在区域 D 内均连续,那么在区域 D 内两个二阶混合偏导数相等,即 $\frac{\partial^2 z}{\partial x \partial y}=\frac{\partial^2 z}{\partial y \partial x}$.

定理 4.1 表明,两个二阶混合偏导数在连续的条件下是相等的,也就是二阶混合偏导数的求导结果与求导次序无关.

【例题精选】

例 17 设 $z=x^3 y^2-3xy^3-xy+1$,求 $\frac{\partial^2 z}{\partial x^2}, \frac{\partial^2 z}{\partial y \partial x}, \frac{\partial^2 z}{\partial x \partial y}, \frac{\partial^2 z}{\partial y^2}$.

解 $\frac{\partial z}{\partial x}=3x^2 y^2-3y^3-y,$ $\frac{\partial z}{\partial y}=2x^3 y-9xy^2-x,$

$\frac{\partial^2 z}{\partial x^2}=\frac{\partial}{\partial x}\left(\frac{\partial z}{\partial x}\right)=6xy^2,$ $\frac{\partial^2 z}{\partial y^2}=\frac{\partial}{\partial y}\left(\frac{\partial z}{\partial y}\right)=2x^3-18xy,$

$\frac{\partial^2 z}{\partial x \partial y}=\frac{\partial}{\partial y}\left(\frac{\partial z}{\partial x}\right)=6x^2 y-9y^2-1,$ $\frac{\partial^2 z}{\partial y \partial x}=\frac{\partial}{\partial x}\left(\frac{\partial z}{\partial y}\right)=6x^2 y-9y^2-1.$

例 18 设 $z=y\ln(x+y)$,求 $\frac{\partial^2 z}{\partial x^2}, \frac{\partial^2 z}{\partial x \partial y}, \frac{\partial^2 z}{\partial y \partial x}, \frac{\partial^2 z}{\partial y^2}$.

解 因为 $\frac{\partial z}{\partial x}=\frac{y}{x+y}, \frac{\partial z}{\partial y}=\ln(x+y)+\frac{y}{x+y},$

所以 $\frac{\partial^2 z}{\partial x^2}=\frac{\partial}{\partial x}\left(\frac{\partial z}{\partial x}\right)=-\frac{y}{(x+y)^2},$

$\frac{\partial^2 z}{\partial x \partial y}=\frac{\partial}{\partial y}\left(\frac{\partial z}{\partial x}\right)=\frac{1}{x+y}-\frac{y}{(x+y)^2}=\frac{x}{(x+y)^2},$

$\frac{\partial^2 z}{\partial y \partial x}=\frac{\partial}{\partial x}\left(\frac{\partial z}{\partial y}\right)=\frac{1}{x+y}-\frac{y}{(x+y)^2}=\frac{x}{(x+y)^2},$

$$\frac{\partial^2 z}{\partial y^2}=\frac{\partial}{\partial y}\left(\frac{\partial z}{\partial y}\right)=\frac{2}{x+y}-\frac{y}{(x+y)^2}=\frac{2x+y}{(x+y)^2}.$$

例 19 设 $z=x^y$，求 $\dfrac{\partial^2 z}{\partial x^2}, \dfrac{\partial^2 z}{\partial y^2}, \dfrac{\partial^2 z}{\partial x \partial y}\bigg|_{\substack{x=e\\y=2}}$.

解 因为
$$\frac{\partial z}{\partial x}=yx^{y-1}, \frac{\partial z}{\partial y}=x^y \ln x,$$

所以
$$\frac{\partial^2 z}{\partial x^2}=y(y-1)x^{y-2}, \frac{\partial^2 z}{\partial y^2}=x^y \ln^2 x,$$

$$\frac{\partial^2 z}{\partial x \partial y}=x^{y-1}+yx^{y-1}\ln x=x^{y-1}(1+y\ln x),$$

$$\frac{\partial^2 z}{\partial x \partial y}\bigg|_{\substack{x=e\\y=2}}=e^{2-1}(1+2\ln e)=3e.$$

例 20 设 $z=2xy+\dfrac{\sin y}{y^2+1}$，求 $\dfrac{\partial^2 z}{\partial y \partial x}$.

解 因为初等函数在其定义域内二阶混合偏导数都连续，因此都相等，求导与次序无关．所以
$$\frac{\partial^2 z}{\partial y \partial x}=\frac{\partial^2 z}{\partial x \partial y}=2.$$

【知识演练】

12. 求下列函数的二阶偏导数.

(1) $z=x^3+y^3-x^2 y$；　　　　　　(2) $z=e^{2x-3y}$；

(3) $z=2xy^2+x\sin y$；　　　　　　(4) $z=\dfrac{\cos y^2}{x}$；

(5) $z=y^{\ln x}$；　　　　　　(6) $z=e^x \cos(x+y)+e^y \sin(xy)$.

4.2.3 多元复合函数和二元隐函数的求导法

【相关知识】

1. 多元复合函数的求导法

设 $z=f(u,v)$ 是关于 u,v 的函数，而 $u=\varphi(x,y)$ 和 $v=\psi(x,y)$ 是关于 x,y 的函数，则 $z=f[\varphi(x,y),\psi(x,y)]$ 是关于 x,y 的二元复合函数，其中 x,y 称为自变量，u,v 称为中间变量．例如，$z=u^{\sin v}, u=x-y, v=xy$，则复合函数可表示为 $z=(x-y)^{\sin xy}$.

对于这类复合函数，可通过下面的定理求解它的偏导数．

定理 4.2 设 $u=\varphi(x,y), v=\psi(x,y)$ 在点 (x,y) 处的两个偏导数都存在，$z=f(u,v)$ 的偏导数在 (x,y) 的对应点 (u,v) 处连续，则复合函数 $z=f[\varphi(x,y),\psi(x,y)]$ 在点 (x,y) 处的偏导数存在且

$$\frac{\partial z}{\partial x}=\frac{\partial z}{\partial u}\frac{\partial u}{\partial x}+\frac{\partial z}{\partial v}\frac{\partial v}{\partial x},$$

$$\frac{\partial z}{\partial y} = \frac{\partial z}{\partial u}\frac{\partial u}{\partial y} + \frac{\partial z}{\partial v}\frac{\partial v}{\partial y}.$$

上述求导公式称为多元复合函数求导的链锁法则. 为了直观地反映变量间的复合关系，便于分析和记忆，我们可以画出它们的复合关系图. 图中变量之间用线段连接的表示它们之间有函数关系，并按因变量、中间变量、自变量之间的复合关系分层次表示出来. 这里复合函数 $z = f[\varphi(x,y), \psi(x,y)]$ 用图 4-16 表示. 当我们要求 $\frac{\partial z}{\partial x}$ 时，从关系图中可以看到，由 z 通过中间变量 u, v 到达 x 的路径有两条，而公式中恰是两项之和，路径 $z - u - x$ 表示 $\frac{\partial z}{\partial u}\frac{\partial u}{\partial x}$，路径 $z - v - x$ 表示 $\frac{\partial z}{\partial v}\frac{\partial v}{\partial x}$.

多元复合函数的中间变量或者自变量也可能是一元函数. 例如，$z = f[\varphi(x), \psi(x)]$ 是 $z = f(u,v), u = \varphi(x)$ 和 $v = \psi(x)$ 构成的复合函数，这是 x 的一元函数，复合关系可用图 4-17 表示. z 对 x 的导数是 $\frac{\mathrm{d}z}{\mathrm{d}x} = \frac{\partial z}{\partial u}\frac{\mathrm{d}u}{\mathrm{d}x} + \frac{\partial z}{\partial v}\frac{\mathrm{d}v}{\mathrm{d}x}$，称为全导数.

再如 $z = f[\varphi(x,y), \psi(y)]$ 是 $z = f(u,v), u = \varphi(x,y)$ 和 $v = \psi(y)$ 构成的复合函数，我们依然可以利用复合关系图 4-18 来求偏导数，从图中可以看到，由 z 通过中间变量 u, v 到达 x 的路径有一条 $z - u - x$，只有一项 $\frac{\partial z}{\partial u}\frac{\partial u}{\partial x}$；由 z 通过中间变量 u, v 到达 y 的路径有两条，路径 $z - u - y$ 表示 $\frac{\partial z}{\partial u}\frac{\partial u}{\partial y}$，路径 $z - v - y$ 表示 $\frac{\partial z}{\partial v}\frac{\mathrm{d}v}{\mathrm{d}y}$. 所以

$$\frac{\partial z}{\partial x} = \frac{\partial z}{\partial u}\frac{\partial u}{\partial x},$$

$$\frac{\partial z}{\partial y} = \frac{\partial z}{\partial u}\frac{\partial u}{\partial y} + \frac{\partial z}{\partial v}\frac{\mathrm{d}v}{\mathrm{d}y}.$$

图 4-16
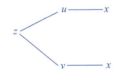
图 4-17
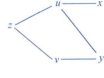
图 4-18

2. 二元隐函数的求导法

在一元函数微分学中已经介绍了一元隐函数的求导方法，但是并没有给出隐函数的一般求导公式. 现在利用多元复合函数求导法则，我们就可以得到一元隐函数的一般求导公式，并由它推广得到二元隐函数的求导公式.

设有方程 $F(x,y) = 0$，其中 $F(x,y)$ 具有一阶连续偏导数 F'_x, F'_y 且 $F'_y \neq 0$. 记该方程所确定的隐函数为 $y = y(x)$，代入 $F(x,y) = 0$ 中，可得恒等式 $F(x, y(x)) \equiv 0$. 两边对 x 求导数，由多元复合函数链锁法则，可得 $F'_x + F'_y \frac{\mathrm{d}y}{\mathrm{d}x} = 0$. 由此得到一元隐函数的求导公式为 $\frac{\mathrm{d}y}{\mathrm{d}x} = -\frac{F'_x}{F'_y}$.

同样地，设有方程 $F(x,y,z)=0$，其中 $F(x,y,z)$ 有一阶连续偏导数 F_x'，F_y'、F_z' 且 $F_z'\neq 0$. 记该方程所确定的隐函数为 $z=z(x,y)$，与一元隐函数求导公式相类似，得到二元隐函数的求偏导数的公式 $\dfrac{\partial z}{\partial x}=-\dfrac{F_x'}{F_z'}$，$\dfrac{\partial z}{\partial y}=-\dfrac{F_y'}{F_z'}$.

【例题精选】

例 21 设 $z=u^2\ln v$，$u=xy$，$v=3x-2y$，求 $\dfrac{\partial z}{\partial x}$，$\dfrac{\partial z}{\partial y}$.

解 由于 $\dfrac{\partial z}{\partial u}=2u\ln v$，$\dfrac{\partial z}{\partial v}=\dfrac{u^2}{v}$，$\dfrac{\partial u}{\partial x}=y$，$\dfrac{\partial u}{\partial y}=x$，$\dfrac{\partial v}{\partial x}=3$，$\dfrac{\partial v}{\partial y}=-2$，

则由多元复合函数求导的链锁法则得

$$\frac{\partial z}{\partial x}=\frac{\partial z}{\partial u}\cdot\frac{\partial u}{\partial x}+\frac{\partial z}{\partial v}\cdot\frac{\partial v}{\partial x}=(2u\ln v)\cdot y+\frac{u^2}{v}\cdot 3=2xy^2\ln(3x-2y)+\frac{3x^2y^2}{3x-2y},$$

$$\frac{\partial z}{\partial y}=\frac{\partial z}{\partial u}\cdot\frac{\partial u}{\partial y}+\frac{\partial z}{\partial v}\cdot\frac{\partial v}{\partial y}=(2u\ln v)\cdot x+\frac{u^2}{v}\cdot(-2)=2x^2y\ln(3x-2y)-\frac{2x^2y^2}{3x-2y}.$$

例 22 设 $z=u^v$，$u=\sin(2x+y^3)$，$v=e^x$，求 $\dfrac{\partial z}{\partial x}$ 和 $\dfrac{\partial z}{\partial y}$.

解 $\dfrac{\partial z}{\partial x}=\dfrac{\partial z}{\partial u}\cdot\dfrac{\partial u}{\partial x}+\dfrac{\partial z}{\partial v}\cdot\dfrac{\mathrm{d}v}{\mathrm{d}x}=vu^{v-1}\cdot 2\cos(2x+y^3)+u^v\ln u\cdot e^x$

$=e^x[\sin(2x+y^3)]^{e^x}[2\cot(2x+y^3)+\ln\sin(2x+y^3)];$

$\dfrac{\partial z}{\partial y}=\dfrac{\partial z}{\partial u}\dfrac{\partial u}{\partial y}=vu^{v-1}\cdot 3y^2\cos(2x+y^3)=3y^2e^x[\sin(2x+y^3)]^{e^x}\cot(2x+y^3).$

例 23 设 $z=(x^2-y^2)^{xy}$，求 $\dfrac{\partial z}{\partial x}$ 和 $\dfrac{\partial z}{\partial y}$.

解 本题可直接求偏导数，但要使用对数求导法. 若引入中间变量，看作复合函数来做，则比较简单. 令 $z=u^v$，而 $u=x^2-y^2$，$v=xy$，所以

$\dfrac{\partial z}{\partial x}=vu^{v-1}(2x)+u^v(\ln u)y=2x^2y(x^2-y^2)^{xy-1}+y(x^2-y^2)^{xy}\ln(x^2-y^2),$

$\dfrac{\partial z}{\partial y}=vu^{v-1}(-2y)+u^v(\ln u)x=-2xy^2(x^2-y^2)^{xy-1}+x(x^2-y^2)^{xy}\ln(x^2-y^2).$

例 24 设 $z=f(x+y,xy)$，其中 f 的偏导数都连续，求 $\dfrac{\partial z}{\partial x}$，$\dfrac{\partial z}{\partial y}$，$\dfrac{\partial^2 z}{\partial x\partial y}$.

解 设 $u=x+y$，$v=xy$，则 $z=f(u,v)$，所以

$$\frac{\partial z}{\partial x}=\frac{\partial f}{\partial u}\cdot\frac{\partial u}{\partial x}+\frac{\partial f}{\partial v}\cdot\frac{\partial v}{\partial x}=\frac{\partial f}{\partial u}+y\frac{\partial f}{\partial v}=f_1'+yf_2',$$

$$\frac{\partial z}{\partial y}=\frac{\partial f}{\partial u}\cdot\frac{\partial u}{\partial y}+\frac{\partial f}{\partial v}\cdot\frac{\partial v}{\partial y}=\frac{\partial f}{\partial u}+x\frac{\partial f}{\partial v}=f_1'+xf_2'.$$

式中，$f_1'=\dfrac{\partial f}{\partial u}$ 表示 f 对第 1 个位置上的中间变量 u 求偏导数，$f_2'=\dfrac{\partial f}{\partial v}$ 表示 f 对第 2 个位置上的中间变量 v 求偏导数，这里 f_1'，f_2' 仍然是以 u，v 为中间变量，以 x，y 为自变量的函数.

$$\frac{\partial^2 z}{\partial x \partial y} = \frac{\partial f_1'}{\partial u}\frac{\partial u}{\partial y} + \frac{\partial f_1'}{\partial v}\frac{\partial v}{\partial y} + f_2' + y\left(\frac{\partial f_2'}{\partial u}\frac{\partial u}{\partial y} + \frac{\partial f_2'}{\partial v}\frac{\partial v}{\partial y}\right)$$
$$= f_{11}'' + f_{12}'' \cdot x + f_2' + y(f_{21}'' + f_{22}'' \cdot x)$$
$$= f_{11}'' + (x+y)f_{12}'' + f_2' + xy f_{22}''.$$

式中,$f_{12}'' = \frac{\partial^2 f}{\partial u \partial v}$ 表示 f 先对第 1 个位置上的中间变量 u 求偏导数,再对第 2 个位置上的中间变量 v 求偏导数. 这种表示方法不依赖于中间变量用什么字母表示,具有通用性.

例 25 设函数 $z = f(\sin x, x^2 - y^2)$,其中函数 f 具有二阶连续偏导数,求 $\frac{\partial^2 z}{\partial y^2}, \frac{\partial^2 z}{\partial x \partial y}$.

解 $\frac{\partial z}{\partial y} = -2y f_2', \frac{\partial^2 z}{\partial y^2} = -2f_2' + 4y^2 f_{22}'',$

$$\frac{\partial^2 z}{\partial x \partial y} = \frac{\partial^2 z}{\partial y \partial x} = -2y \cos x f_{21}'' - 4xy f_{22}''.$$

例 26 已知函数 $z = f(e^{xy}, \varphi(y))$,其中函数 f 具有二阶连续偏导数,又函数 φ 具有连续导数,求 $\frac{\partial^2 z}{\partial y^2}$.

解 $\frac{\partial z}{\partial y} = f_1' \cdot x e^{xy} + f_2' \cdot \varphi'(y),$

$$\frac{\partial^2 z}{\partial y^2} = [f_{11}'' x e^{xy} + f_{12}'' \cdot \varphi'(y)] \cdot x e^{xy} + f_1' \cdot x^2 e^{xy} + [f_{21}'' x e^{xy} + f_{22}'' \cdot \varphi'(y)] \cdot$$
$$\varphi'(y) + f_2' \cdot \varphi''(y)$$
$$= x^2 e^{xy} f_1' + \varphi''(y) f_2' + x^2 e^{2xy} f_{11}'' + 2x e^{xy} \varphi'(y) f_{12}'' + [\varphi'(y)]^2 f_{22}''.$$

例 27 设 $x^2 + y^2 - 1 = 0 (y \geq 0)$ 能唯一确定 $y = f(x)$,求 $\frac{dy}{dx}\bigg|_{x=0}$.

解 令 $F(x, y) = x^2 + y^2 - 1$,则 $F_x' = 2x, F_y' = 2y,$
$$\frac{dy}{dx} = -\frac{F_x'}{F_y'} = -\frac{x}{y}, \frac{dy}{dx}\bigg|_{x=0} = 0.$$

例 28 设 $z = z(x, y)$ 是由方程 $\cos(y+z) + xy + z^2 = 1$ 确定的函数,求 $\frac{\partial z}{\partial x}, \frac{\partial z}{\partial y}$.

解 设 $F(x, y, z) = \cos(y+z) + xy + z^2 - 1, F_x'(x, y, z) = y,$
$F_y'(x, y, z) = -\sin(y+z) + x, F_z'(x, y, z) = -\sin(y+z) + 2z,$
$$\frac{\partial z}{\partial x} = -\frac{F_x'}{F_z'} = -\frac{y}{-\sin(y+z) + 2z} = \frac{y}{\sin(y+z) - 2z},$$
$$\frac{\partial z}{\partial y} = -\frac{F_y'}{F_z'} = -\frac{-\sin(y+z) + x}{-\sin(y+z) + 2z} = \frac{x - \sin(y+z)}{\sin(y+z) - 2z}.$$

【知识演练】

13. 设 $z = u^v, u = 3x + y, v = x + 2y$,求 $\frac{\partial z}{\partial x}, \frac{\partial z}{\partial y}$.

14. 设 $z = \frac{u^2}{v}, u = x - 2y, v = 5xy$,求 $\frac{\partial z}{\partial x}, \frac{\partial z}{\partial y}$.

15. 设 $z=e^{u+v}, u=\sin(x+y), v=\ln y$，求 $\dfrac{\partial z}{\partial x}, \dfrac{\partial z}{\partial y}$.

16. 已知 $z=f(\sin(xy^2), e^{5x-y})$，求 $\dfrac{\partial z}{\partial x}, \dfrac{\partial z}{\partial y}$.

17. 已知 $z=f(3x+2y, \ln xy)$，求 $\dfrac{\partial^2 z}{\partial x^2}, \dfrac{\partial^2 z}{\partial x \partial y}$.

18. 设 $z=f\left(x^2, \dfrac{x}{y}\right)$，其中 f 具有二阶连续偏导数，求 $\dfrac{\partial z}{\partial x}, \dfrac{\partial^2 z}{\partial x \partial y}$.

19. 已知函数 $z=f(\cos x, y^2)$，其中 $f(u,v)$ 有二阶连续偏导数，求 $\dfrac{\partial z}{\partial y}, \dfrac{\partial^2 z}{\partial y^2}$.

20. 设 $z=yf(x^2+y^2, xy)$，其中函数 $\cos x+e^y-xy=0$ 具有二阶连续偏导数，求 $\dfrac{\partial^2 z}{\partial x \partial y}$.

21. 设 $\cos x+e^y-xy=0$，求 $\dfrac{dy}{dx}$.

22. 设 $x\sin(2x+y^2+yz)=z^2+1$，求 $\dfrac{\partial z}{\partial x}, \dfrac{\partial z}{\partial y}$.

23. 设 $\dfrac{x}{z}=e^{y+z}$，求 $\dfrac{\partial z}{\partial x}, \dfrac{\partial z}{\partial y}$.

4.2.4 全微分

【案例提出】

[案例 4] 某企业的成本 C 与甲、乙两种产品的产量 x,y 之间的关系是 $C(x,y)=x^2-xy+3y^2$. 若甲的产量从 500 增加到 505，乙的产量从 100 增加到 102，那么成本大约需要增加多少？

上述案例中，如果设 $x_0=500, y_0=100, \Delta x=5, \Delta y=2$，则成本增加量为 $\Delta C=C(x_0+\Delta x, y_0+\Delta y)-C(x_0, y_0)$. 问题即要求 ΔC 的（近似）值.

在一元函数微分学中，我们已经学过一元函数 $y=f(x)$ 的微分 $dy=f'(x)dx$，当 $|\Delta x|$ 很小时，它可以用来近似代替函数增量 Δy，即 $\Delta y \approx dy$. 二元函数中，也有类似的近似替代关系.

【相关知识】

如果二元函数 $z=f(x,y)$ 在点 (x,y) 的某一邻域内有定义，称 $f(x+\Delta x, y+\Delta y)-f(x,y)$ 为函数在点 (x,y) 处的全增量，记作 Δz.

Δz 的结构一般来说比较复杂，因此我们希望如同一元函数一样能用自变量增量 $\Delta x, \Delta y$ 的线性函数来近似代替全增量 Δz. 从而引入下面的二元函数全微分的概念.

定义 4.7 设二元函数 $z=f(x,y)$ 在点 (x,y) 的某个邻域内具有连续的偏导数，则称 $\dfrac{\partial z}{\partial x}\Delta x+\dfrac{\partial z}{\partial y}\Delta y$ 为二元函数 $z=f(x,y)$ 在点 (x,y) 处的全微分，记作 dz，即 $dz=\dfrac{\partial z}{\partial x}\Delta x+\dfrac{\partial z}{\partial y}\Delta y$.

如果二元函数 $z=f(x,y)$ 在点 (x,y) 处的全微分 $\mathrm{d}z$ 存在,则称函数 $z=f(x,y)$ 在点 (x,y) 处可微.

通常也称自变量的增量 $\Delta x,\Delta y$ 为自变量的微分,分别记作 $\mathrm{d}x,\mathrm{d}y$,即 $\Delta x=\mathrm{d}x,\Delta y=\mathrm{d}y$,那么二元函数 $z=f(x,y)$ 在点 (x,y) 处的全微分 $\mathrm{d}z$ 也可写为

$$\mathrm{d}z=\frac{\partial z}{\partial x}\mathrm{d}x+\frac{\partial z}{\partial y}\mathrm{d}y.$$

这里需说明的是,如果二元函数 $z=f(x,y)$ 的偏导数 $\frac{\partial z}{\partial x},\frac{\partial z}{\partial y}$ 在点 (x,y) 处存在,并不能保证二元函数 $z=f(x,y)$ 在点 (x,y) 处可微,这与一元函数有很大区别. 但如果二元函数 $z=f(x,y)$ 的偏导数 $\frac{\partial z}{\partial x},\frac{\partial z}{\partial y}$ 在点 (x,y) 处连续,则二元函数在点 (x,y) 处可微.

【例题精选】

例 29 求函数 $z=x^3y^2$ 在点 $(-2,3)$ 处当 $\Delta x=0.01,\Delta y=-0.02$ 时的全微分.

解 因为
$$\frac{\partial z}{\partial x}=3x^2y^2,\frac{\partial z}{\partial y}=2x^3y,$$

所以
$$\left.\frac{\partial z}{\partial x}\right|_{\substack{x=-2\\y=3}}=108,\left.\frac{\partial z}{\partial y}\right|_{\substack{x=-2\\y=3}}=-48.$$

当 $\Delta x=0.01,\Delta y=-0.02$ 时,
$$\left.\mathrm{d}z\right|_{\substack{x=-2\\y=3}}=108\times\Delta x-48\times\Delta y=108\times 0.01-48\times(-0.02)=2.04.$$

例 30 求函数 $z=\cos(2x-3y)$ 在点 $\left(0,\frac{\pi}{2}\right)$ 处的全微分.

解 因为
$$\frac{\partial z}{\partial x}=-2\sin(2x-3y),\frac{\partial z}{\partial y}=3\sin(2x-3y),$$

所以全微分
$$\mathrm{d}z=-2\sin(2x-3y)\mathrm{d}x+3\sin(2x-3y)\mathrm{d}y.$$

在点 $\left(0,\frac{\pi}{2}\right)$ 处的全微分为
$$\left.\mathrm{d}z\right|_{\left(0,\frac{\pi}{2}\right)}=-2\sin\left(-\frac{3\pi}{2}\right)\mathrm{d}x+3\sin\left(-\frac{3\pi}{2}\right)\mathrm{d}y=-2\mathrm{d}x+3\mathrm{d}y.$$

例 31 设 $\frac{x}{z}=2\ln\frac{z}{y}$,求 $\mathrm{d}z$.

解 设 $F(x,y,z)=\frac{x}{z}-2\ln\frac{z}{y}=\frac{x}{z}-2\ln z+2\ln y$,则

$$F'_x=\frac{1}{z},F'_y=\frac{2}{y},F'_z=-\frac{x}{z^2}-\frac{2}{z}=-\frac{x+2z}{z^2},$$

所以
$$\frac{\partial z}{\partial x}=-\frac{F'_x}{F'_z}=-\frac{\frac{1}{z}}{-\frac{x+2z}{z^2}}=\frac{z}{x+2z},$$

$$\frac{\partial z}{\partial y} = -\frac{F'_y}{F'_z} = -\frac{\dfrac{2}{y}}{-\dfrac{x+2z}{z^2}} = \frac{2z^2}{y(x+2z)}.$$

因此 $dz = \dfrac{z}{x+2z}dx + \dfrac{2z^2}{y(x+2z)}dy$.

【知识应用】

与一元函数的微分一样,我们可以利用全微分进行近似计算. 当 $\dfrac{\partial z}{\partial x}, \dfrac{\partial z}{\partial y}$ 在点 $P_0(x_0, y_0)$ 处存在且连续, $|\Delta x|$ 和 $|\Delta y|$ 都很小时, $z = f(x, y)$ 在 (x_0, y_0) 处的全增量 Δz 与全微分 dz 之间有近似计算公式 $\Delta z \approx dz$, 于是

$$\Delta z = f(x_0 + \Delta x, y_0 + \Delta y) - f(x_0, y_0) \approx f'_x(x_0, y_0)\Delta x + f'_y(x_0, y_0)\Delta y$$

或 $f(x_0 + \Delta x, y_0 + \Delta y) \approx f(x_0, y_0) + f'_x(x_0, y_0)\Delta x + f'_y(x_0, y_0)\Delta y.$

例 32 [案例 4] 某企业的成本 C 与甲、乙两种产品的产量 x, y 之间的关系是 $C(x, y) = x^2 - xy + 3y^2$, 若甲的产量从 500 增加到 505, 乙的产量从 100 增加到 102, 那么成本大约需要增加多少?

解 $\Delta C \approx dC = \dfrac{\partial C}{\partial x}\Delta x + \dfrac{\partial C}{\partial y}\Delta y = (2x - y)\Delta x + (6y - x)\Delta y.$

由题意, $x = 500, y = 100$; $\Delta x = 5, \Delta y = 2$, 所以

$$\Delta C \approx (2 \times 500 - 100) \times 5 + (6 \times 100 - 500) \times 2 = 4700,$$

即成本大约需要增加 4700.

【知识演练】

24. 求下列函数的全微分:

(1) $z = xy + \dfrac{y}{x}$;

(2) $z = \ln(3x - 2y)$;

(3) $z = \dfrac{y}{1+x^2}$;

(4) $z = e^{\cos x}\tan y$;

(5) $z = x^y$;

(6) $z = e^{\sin(xy)}$.

25. 计算函数 $z = x^2 e^{y^2}$ 在点 $(2, 1)$ 处的全微分.

26. 设函数 $z = z(x, y)$ 由方程 $xyz^2 - x^3 + y^2 + z = 0$ 所确定, 求 dz.

4.3 偏导数的应用

本节以二元函数为例,讨论偏导数在求多元函数的极值和最值,以及在经济分析中的应用.

4.3.1 多元函数的极值和最值

【案例提出】

[案例 5] 某超市卖两种牌子的饮料,甲种每瓶进价 2 元,乙种每瓶进价 3 元.如果甲种饮料每瓶卖 x 元,乙种饮料每瓶卖 y 元,则每天可卖出 $8-5x+4y$ 瓶甲种饮料,$5+6x-7y$ 瓶乙种饮料.问:超市每天以什么价格卖两种牌子的饮料可取得最大利润?

由题意可知,店主每天的利润是受这两种饮料价格影响的.若设利润为 L,则
$$L=(x-2)(8-5x+4y)+(y-3)(5+6x-7y),$$
求最大利润也就是求该二元函数的最大值.

【相关知识】

1. 多元函数的极值的定义

定义 4.8 设函数 $f(x,y)$ 在点 (x_0,y_0) 的某邻域内有定义,对于该邻域内异于 (x_0,y_0) 的点 (x,y) 有

(1) 如果不等式 $f(x,y)<f(x_0,y_0)$ 恒成立,则称 $f(x_0,y_0)$ 为函数 $f(x,y)$ 的极大值,点 (x_0,y_0) 为函数 $f(x,y)$ 的极大值点;

(2) 如果不等式 $f(x,y)>f(x_0,y_0)$ 恒成立,则称 $f(x_0,y_0)$ 为函数 $f(x,y)$ 的极小值,点 (x_0,y_0) 为函数 $f(x,y)$ 的极小值点.

极大值、极小值统称为极值,极大值点、极小值点统称为极值点.

例如,函数 $z=x^2+2y^2$ 在 $(0,0)$ 处有极小值 $f(0,0)=0$,函数 $z=-\sqrt{x^2+y^2}$ 在 $(0,0)$ 处有极大值 $f(0,0)=0$.

对于一个给定的二元函数,我们如何去寻找它的极值点呢?下面给出有关二元函数极值的两个定理,使得我们可以利用二元函数的一阶和二阶偏导数来求解二元函数的极值问题.

2. 极值存在的必要条件

定理 4.3[极值存在的必要条件] 设函数 $f(x,y)$ 在点 (x_0,y_0) 处的两个偏导数存在,且点 (x_0,y_0) 为其极值点,则它在该点处的一阶偏导数必然为零,即 $f'_x(x_0,y_0)=0$,且 $f'_y(x_0,y_0)=0$.

和一元函数一样,我们把二元函数 $z=f(x,y)$ 的一阶偏导数 $f'_x(x_0,y_0)=f'_y(x_0,y_0)=0$ 的点 (x_0,y_0) 称为二元函数 $f(x,y)$ 的驻点.

3. 极值存在的充分条件

由定理 4.3 可知,在偏导数存在的条件下,极值点必定是驻点,但是反过来,驻点不一定是极值点. 例如,函数 $z=xy$,$(0,0)$ 是它的驻点,但函数在 $(0,0)$ 处没有极值. 那么,如何判断一个驻点是否是极值点呢? 我们有如下定理:

定理 4.4[极值存在的充分条件] 设函数 $z=f(x,y)$ 在点 (x_0,y_0) 的某邻域内有连续的一阶和二阶偏导数,点 (x_0,y_0) 是函数的驻点. 记 $A=f''_{xx}(x_0,y_0)$, $B=f''_{xy}(x_0,y_0)$, $C=f''_{yy}(x_0,y_0)$,判别式 $\Delta=B^2-AC$.

- 如果 $\Delta<0$,则 $f(x,y)$ 在点 (x_0,y_0) 处取得极值,且当 $A>0$ 时取得极小值,当 $A<0$ 时取得极大值;
- 如果 $\Delta>0$,则 $f(x,y)$ 在点 (x_0,y_0) 处不能取得极值;
- 如果 $\Delta=0$,则 $f(x,y)$ 在点 (x_0,y_0) 是否取得极值无法判定.

4. 多元函数极值的求法

如果 $f(x,y)$ 具有二阶连续偏导数,则我们可按下列步骤求解极值:

(1) 求出 $f(x,y)$ 的一阶偏导数,解方程组 $\begin{cases} f'_x(x,y)=0, \\ f'_y(x,y)=0, \end{cases}$ 求出 $f(x,y)$ 的全部驻点;

(2) 求出 $f(x,y)$ 的二阶偏导数;

(3) 对于每个驻点,求出相应的二阶偏导数的值 A,B,C;

(4) 确定 $\Delta=B^2-AC$ 的符号,由极值存在的充分条件判定是否取得极值.

在这里说明一点,当函数的驻点较多时,采用列表的方式判定极值较为简便.

5. 多元函数最值的求法

与一元函数相类似,我们可以利用函数的极值来求函数的最值. 在 4.1 节中已经指出,如果 $f(x,y)$ 在有界闭区域 D 上连续,则 $f(x,y)$ 在 D 上必定能取得最大值和最小值. 这种使函数取得最值的点既可能在 D 的内部,也可能在 D 的边界上. 若函数在 D 的内部取得最大值(最小值),则这个最大值(最小值)也是函数的极大值(极小值).

在求解实际问题中的二元函数的最值时,如果由问题的本身性质可以断定函数 $f(x,y)$ 的最大值(或最小值)一定能在 D 内取到,而函数 $f(x,y)$ 在区域 D 内可微,且只有唯一一个驻点,则该驻点处的函数值即为最大值(或最小值).

【例题精选】

例 33 求函数 $f(x,y)=x^3+y^3-6xy$ 的极值.

解 $f(x,y)=x^3+y^3-6xy$,故 $f'_x(x,y)=3x^2-6y$,$f'_y(x,y)=3y^2-6x$.

于是 $A=f''_{xx}(x,y)=6x$,$B=f''_{xy}(x,y)=-6$,$C=f''_{yy}(x,y)=6y$.

根据方程组 $\begin{cases} f'_x(x,y)=3x^2-6y=0, \\ f'_y(x,y)=3y^2-6x=0, \end{cases}$ 可解得该函数的驻点为 $(0,0),(2,2)$.

对于点 $(0,0)$,因为 $A=0,B=-6,C=0$,有 $B^2-AC=(-6)^2-0=36>0$,所以 $f(x,y)$ 在点 $(0,0)$ 处不能取得极值.

对于点$(2,2)$，因为$A=12,B=-6,C=12$，有$B^2-AC=(-6)^2-12^2=-108<0$且$A=12>0$，所以$f(x,y)$在点$(2,2)$处取得极小值，且极小值为$f(2,2)=-8$.

本题也可以用列表的方式来判定极值：

驻点	A	B	C	$\Delta=B^2-AC$	判定结果
$(0,0)$	0	-6	0	$36>0$	$f(0,0)$不是极值
$(2,2)$	$12>0$	-6	12	$-108<0$	$f(2,2)=-8$为极小值

例34 求$f(x,y)=x^3-y^3+3x^2+3y^2-9x$的极值．

解 $f'_x(x,y)=3x^2+6x-9, f'_y(x,y)=-3y^2+6y$,

$f''_{xx}(x,y)=6x+6, f''_{xy}(x,y)=0, f''_{yy}(x,y)=-6y+6$.

由方程组$\begin{cases} f'_x(x,y)=3x^2+6x-9=0, \\ f'_y(x,y)=-3y^2+6y=0 \end{cases}$得驻点$(1,0),(1,2),(-3,0),(-3,2)$.

列表判定极值点：

驻点	A	B	C	$\Delta=B^2-AC$的符号	结论
$(1,0)$	12	0	6	$-$	极小值$f(1,0)=-5$
$(1,2)$	12	0	-6	$+$	$f(1,2)$不是极值
$(-3,0)$	-12	0	6	$+$	$f(-3,0)$不是极值
$(-3,2)$	-12	0	-6	$-$	极大值$f(-3,2)=31$

例35 [案例5]某超市卖两种牌子的饮料，甲种每瓶进价2元，乙种每瓶进价3元．如果甲种饮料每瓶卖x元，乙种饮料每瓶卖y元，则每天可卖出$8-5x+4y$瓶甲种饮料，$5+6x-7y$瓶乙种饮料．问：超市每天以什么价格卖两种牌子的饮料可取得最大利润？

解 由题意可知

$$L(x,y)=(x-2)(8-5x+4y)+(y-3)(5+6x-7y),$$

于是由方程组$\begin{cases} L'_x=-10x+10y=0, \\ L'_y=10x-14y+18=0 \end{cases}$解得驻点为$\left(\dfrac{9}{2},\dfrac{9}{2}\right)$. 由问题的实际意义可知，函数$L(x,y)$当$x>0,y>0$时确有最大值，而函数$L(x,y)$只有一个驻点，所以此驻点即为最大值点，即当两种牌子的饮料都卖$\dfrac{9}{2}$元时，可取得最大利润．

【知识演练】

27. 求函数$f(x,y)=x^2+xy+y^2+x-y+3$的极值．

28. 求函数$f(x,y)=2(x-y)-x^2-y^2$的极值．

29. 求函数$f(x,y)=(x^2-2x)(y^2-8y)$的极值．

30. 求函数$f(x,y)=-6xy+2x^3+y^3$的极值．

31. 某工厂生产甲、乙两种食品，生产成本是每千克2元和5元，售价分别为P_1(元)和P_2(元)，若需求量分别为$Q_1=24-0.2P_1$(千克)和$Q_2=10-0.05P_2$(千克)，且成本函数为

$C = 35 + 40(Q_1 + Q_2)$(元),试问 P_1, P_2 分别为多少时可取得最大利润？最大利润为多少？

4.3.2 条件极值——拉格朗日乘数法

【案例提出】

[案例 6] 日常生活中，人们常常碰到如何分配定量的钱来购买两种物品的问题，由于钱数固定，则购买其中一种物品较多时，那么另一种物品势必要少买.那如何分配，才能达到最满意的效果呢？经济学家借助"效用函数"来解决这一问题.所谓效用函数，就是描述人们同时购买两种产品各 x, y 时满意程度的量.常见的形式有 $U(x,y) = x^\alpha + y^\beta$，$U(x,y) = \ln x + \ln y$，$U(x,y) = A x^\alpha y^\beta$ 等，当效用函数达到最大值时，人们购物分配的方案最佳.

小明有 200 元钱，他决定用来购买两种急需用品，数量分别为 x, y，单价分别是 10 和 16，效用函数是 $U(x,y) = \ln x + \ln y$，问 x, y 分别为多少时，小明的满意程度最大？

【相关知识】

1. 无条件极值与条件极值

在讨论极值问题时，如果对于函数 $f(x,y)$ 除了限制自变量 x, y 在其定义域内变化之外，再无其他任何限制，则称这种极值为无条件极值.但在实际应用中，遇到的极值问题常常还附有一些约束条件，则称这种极值为条件极值，附加的条件称为约束条件.

2. 条件极值的求法——拉格朗日乘数法

拉格朗日乘数法用来寻求函数 $f(x,y)$ 在约束条件 $\varphi(x,y) = 0$ 下的可能极值点，其具体步骤如下：

(1) 构造辅助函数 $F(x,y,\lambda) = f(x,y) + \lambda \varphi(x,y)$，称为拉格朗日函数，其中 λ 为参数，称为拉格朗日乘数；

(2) 解方程组 $\begin{cases} F'_x = f'_x(x,y) + \lambda \varphi'_x(x,y) = 0, \\ F'_y = f'_y(x,y) + \lambda \varphi'_y(x,y) = 0, \\ F'_\lambda = \varphi(x,y) = 0, \end{cases}$ 得 $F(x,y,\lambda)$ 的驻点 (x_0, y_0, λ_0)；

(3) 根据实际意义判定 (x_0, y_0) 是否是 $z = f(x,y)$ 在约束条件 $\varphi(x,y) = 0$ 下的极值点.这种求条件极值的方法可以类似推广到两个以上自变量及约束条件多于一个的情形.

【例题精选】

例 36 有表面积一定的长方体，问其边长为多少时体积最大？

解 设长方体的体积为 V，表面积为 $2a$，各边长为 x, y, z，则 $xy + xz + yz = a$，$V = xyz$.
设 $F(x,y,z,\lambda) = xyz + \lambda(xy + xz + yz - a)$，令

$$\begin{cases} F'_x = yz + \lambda(y+z) = 0, \\ F'_y = xz + \lambda(x+z) = 0, \\ F'_z = xy + \lambda(x+y) = 0, \\ F'_\lambda = xy + xz + yz = a, \end{cases}$$

解得驻点 $x=y=z=\frac{\sqrt{3}}{3}a$(唯一).

由题设可知最大值是存在的,所以当 $x=y=z=\frac{\sqrt{3}}{3}a$ 时,体积最大.

例 37 某企业生产一种产品,两种要素的投入量分别为 x,y,价格分别为 50 元和 20 元,生产函数为 $Q=100xy$.现企业打算投入两种要素共 10000 元,问如何安排生产才能使产量达到最高,最高产量为多少?

解 由题意,投入成本为 $50x+20y=10000$,所以本题是求在 $5x+2y=1000$ 的条件下 $Q=100xy$ 达到最大的条件极值问题.

设 $F(x,y,\lambda)=100xy+\lambda(5x+2y-1000)$,

解方程组 $\begin{cases} F'_x=100y+5\lambda=0, \\ F'_y=100x+2\lambda=0, \\ F'_\lambda=5x+2y-1000=0, \end{cases}$ 得 $\begin{cases} x=100, \\ y=250, \\ \lambda=-5000. \end{cases}$

根据问题的实际意义,当两种要素的投入量分别为 100,250 时,产品的产量最高,最高产量为

$$Q=100\times100\times250=2500000.$$

例 38 [案例 6] 小明有 200 元钱,他决定用来购买两种急需用品,数量分别为 x,y,单价分别是 10 和 20,效用函数是 $U(x,y)=\ln x+\ln y$,问 x,y 分别为多少时,小明的满意程度最大?

解 由题意,总消费额为 $10x+20y=200$,本题是求在 $x+2y=20$ 的条件下 $U(x,y)=\ln x+\ln y$ 达到最大的条件极值问题.

设 $F(x,y,\lambda)=\ln x+\ln y+\lambda(x+2y-20)$.

解方程组 $\begin{cases} F'_x=\frac{1}{x}+\lambda=0, \\ F'_y=\frac{1}{y}+2\lambda=0, \\ F'_\lambda=x+2y-20=0, \end{cases}$ 得 $\begin{cases} x=10, \\ y=5, \\ \lambda=-\frac{1}{10}. \end{cases}$

根据问题的实际意义,当 $x=10,y=5$ 时,小明的满意程度最大.

【知识应用】

例 39 设某企业在两个相互分割的市场上出售同一种商品,两个市场的需求函数分别是 $Q_1=9-\frac{P_1}{2}$,$Q_2=12-P_2$,其中 P_1 和 P_2 分别表示该商品在两个市场上的价格(单位:万元/吨),Q_1 和 Q_2 分别表示该商品在两个市场上的销售量(即需求量,单位:吨),该企业生产该商品的总成本函数是 $C=2Q+5$ ($Q=Q_1+Q_2$).

(1) 如果该企业实行价格差别策略,试确定两个市场上该商品的销售量和价格,使得该企业获得最大利润;

(2) 如果该企业实行价格无差别策略,试确定两个市场上该商品的销售量及其统一价格,使得该企业获得最大利润,并比较两种策略下的总利润大小.

解 (1) 总利润函数 $L = R - C = P_1 Q_1 + P_2 Q_2 - (2Q + 5)$

$$= -\frac{P_1^2}{2} - P_2^2 + 10P_1 + 14P_2 - 47.$$

解方程组 $\begin{cases} \dfrac{\partial L}{\partial P_1} = -P_1 + 10 = 0, \\ \dfrac{\partial L}{\partial P_2} = -2P_2 + 14 = 0, \end{cases}$ 得 $\begin{cases} P_1 = 10, \\ P_2 = 7 \end{cases}$ (唯一).

实际问题一定存在最大值,所以,当 $P_1 = 10, P_2 = 7$ 时,该企业获得最大利润 $L = 52$(万元).

(2) 实行价格无差别策略,则 $P_1 = P_2$,即有约束条件 $P_1 - P_2 = 0$. 设拉格朗日函数

$$L(P_1, P_2, \lambda) = -\frac{P_1^2}{2} - P_2^2 + 10P_1 + 14P_2 - 47 + \lambda(P_1 - P_2),$$

解方程组 $\begin{cases} \dfrac{\partial L}{\partial P_1} = -P_1 + 10 + \lambda = 0, \\ \dfrac{\partial L}{\partial P_2} = -2P_2 + 14 - \lambda = 0, \\ \dfrac{\partial L}{\partial \lambda} = P_1 - P_2 = 0, \end{cases}$ 得 $P_1 = P_2 = 8$(唯一).

根据问题的实际意义,当 $P_1 = P_2 = 8$ 时,该企业获得最大利润 $L = 49$(万元). 所以,企业实行价格差别策略所得利润大.

【知识演练】

32. 某公司通过电台及报刊两种方式做某种产品的推销广告. 根据统计资料可知:销售收入 R(万元)与电台广告费 x(万元)、报刊广告费 y(万元)的关系为

$$R(x, y) = 15 + 14x + 32y - 8xy - 2x^2 - 10y^2.$$

(1) 在广告费用不限制时,求最佳广告策略;

(2) 若提供的广告费用为 1.5 万元,求相应的最佳广告策略.

33. 设某消费者的效用函数为 $U(x, y) = x^{\frac{1}{2}} y$,其中 x 是甲商品的数量,y 是乙商品的数量. 若甲、乙两种商品的单价分别为 $P_x = 1, P_y = 4$,消费者的可支配收入为 48,问当 x, y 为多少时,消费者的效用达到最大?

4.4 偏导数在经济分析中的应用

与一元经济函数边际分析和弹性分析类似,多元函数的偏边际和偏弹性在经济学中也有广泛的应用.

【案例提出】

[案例 7] 设生产者投入劳动 L,投入资本 K,生产函数为 $Q=AK^{\alpha}L^{1-\alpha}$,其中常数 $A>0$,$0<\alpha<1$.固定 K 时,投入劳动 L 的基础上,再多投入 1 个单位劳动,产出怎么改变,改变多少? 若再多投入 1% 的劳动,产出怎么改变,改变多少?

【相关知识】

1. 偏边际

定义 4.9 设函数 $z=f(x,y)$ 是可导的,那么导函数 $f'_x(x,y)$ 和 $f'_y(x,y)$ 在经济学中也称为偏边际函数.

若有甲、乙两种商品彼此相关,那么甲、乙的需求量 Q_1,Q_2 分别是两种商品的价格 P_1,P_2 的函数,即 $Q_1=f(P_1,P_2)$,$Q_2=g(P_1,P_2)$,可以求得四个偏导数: $\frac{\partial Q_1}{\partial P_1}$,$\frac{\partial Q_1}{\partial P_2}$,$\frac{\partial Q_2}{\partial P_1}$,$\frac{\partial Q_2}{\partial P_2}$.

这里 $\frac{\partial Q_1}{\partial P_1}$ 是甲商品需求量 Q_1 关于自身价格 P_1 的偏边际需求,表示甲商品的价格 P_1 发生变化时,甲商品需求量 Q_1 的变化率.它的经济意义是:当乙商品的价格 P_2 固定时,甲商品的价格变化一个单位时,甲商品的需求量的近似改变量. $\frac{\partial Q_1}{\partial P_2}$ 表示甲商品的需求量 Q_1 关于乙商品的价格 P_2 的偏边际需求,表示乙商品的价格 P_2 发生变化时,甲商品需求量 Q_1 的变化率.它的经济意义是:当甲商品的价格 P_1 固定时,乙商品的价格变化一个单位时,甲商品的需求量的近似改变量.

类似地,$\frac{\partial Q_2}{\partial P_1}$ 表示乙商品的需求量关于甲商品的价格 P_1 的偏边际需求,$\frac{\partial Q_2}{\partial P_2}$ 表示乙商品的需求量关于乙商品的价格 P_2 的偏边际需求.

正常情况下,若甲商品价格 P_1 提高,甲商品的需求量 Q_1 会减少;若乙商品价格 P_2 提高,乙商品的需求量 Q_2 也会减少.所以 $\frac{\partial Q_1}{\partial P_1}<0$,$\frac{\partial Q_2}{\partial P_2}<0$,而 $\frac{\partial Q_1}{\partial P_2}$,$\frac{\partial Q_2}{\partial P_1}$ 则可正可负.

经济学上,对 $\frac{\partial Q_1}{\partial P_2}$,$\frac{\partial Q_2}{\partial P_1}$ 的正负情况有如下定义.

若 $\frac{\partial Q_1}{\partial P_2}>0$,$\frac{\partial Q_2}{\partial P_1}>0$,说明甲、乙两种商品中任意一种商品的价格提高,都将使另一种商品的需求量相应地增加,这时称甲、乙两种商品为替代品.例如,牛奶和羊奶这两种相关产品,如果羊奶价格降低,羊奶的需求量会增加,而牛奶的需求量就会减少.

若 $\frac{\partial Q_1}{\partial P_2}<0$,$\frac{\partial Q_2}{\partial P_1}<0$,说明甲、乙两种商品中任意一种商品的价格提高,都将使另一种商品的需求量相应地减少,这时称甲、乙两种商品为互补品.例如,汽车和汽油这两种相关产品,如果汽车的价格提高,不仅汽车的需求量减少,相应汽油的需求量也将同时减少.

2. 偏弹性

一元需求函数的价格弹性主要用来度量当价格变化时引起需求的反应程度,即当价格变化百分之一时,需求量变化的百分数.对于二元乃至二元以上的需求函数来说,同样需要考虑类似问题.

定义 4.10 设函数 $z=f(x,y)$ 在 (x,y) 处偏导数存在,函数对 x 的相对改变量 $\dfrac{\Delta_x z}{z}=\dfrac{f(x+\Delta x,y)-f(x,y)}{f(x,y)}$ 与自变量 x 的相对改变量 $\dfrac{\Delta x}{x}$ 之比 $\dfrac{\dfrac{\Delta_x z}{z}}{\dfrac{\Delta x}{x}}$,称为函数 $f(x,y)$ 关于 x 在 x 与 $x+\Delta x$ 两点间的偏弹性.而极限 $\lim\limits_{\Delta x\to 0}\dfrac{\dfrac{\Delta_x z}{z}}{\dfrac{\Delta x}{x}}$ 称为函数 $f(x,y)$ 在点 (x,y) 处关于 x 的偏弹性,记为 $\dfrac{Ez}{Ex}$,即 $\dfrac{Ez}{Ex}=\lim\limits_{\Delta x\to 0}\dfrac{\dfrac{\Delta_x z}{z}}{\dfrac{\Delta x}{x}}=\dfrac{x}{z}\lim\limits_{\Delta x\to 0}\dfrac{\Delta_x z}{\Delta x}=\dfrac{x}{z}\dfrac{\partial z}{\partial x}$.

类似地,定义函数 $f(x,y)$ 在点 (x,y) 处关于 y 的偏弹性,

$$\frac{Ez}{Ey}=\lim_{\Delta y\to 0}\frac{\dfrac{\Delta_y z}{z}}{\dfrac{\Delta y}{y}}=\frac{y}{z}\lim_{\Delta y\to 0}\frac{\Delta_y z}{\Delta y}=\frac{y}{z}\frac{\partial z}{\partial y}.$$

商品的需求函数为 $Q=f(P,R)$,其中 Q 表示需求量,P 表示商品的价格,R 表示消费者的收入.当商品的价格 P 保持不变,消费者的收入 R 变化时,称 $\dfrac{EQ}{ER}=\lim\limits_{\Delta R\to 0}\dfrac{\dfrac{\Delta_R Q}{Q}}{\dfrac{\Delta R}{R}}=\dfrac{R}{Q}\cdot\dfrac{\partial Q}{\partial R}$ 为需求量 Q 关于收入 R 的偏弹性.它的经济意义是:当商品的价格 P 固定时,消费者的收入 R 改变 1% 时,商品的需求量 Q 改变的百分数,表示商品的需求量对收入变化的敏感程度.

$\dfrac{EQ}{ER}>0$,表示随着消费者收入的增加,商品的需求量也增加,说明该商品是正常品.

$\dfrac{EQ}{ER}<0$,表示随着消费者收入的增加,商品的需求量是减少的,说明该商品是低档或劣质品.

设甲、乙两种商品的需求量函数 $Q_1=f(P_1,P_2)$,$Q_2=g(P_1,P_2)$,当商品乙的价格 P_2 保持不变,商品甲的价格 P_1 变化时,称 $\dfrac{EQ_1}{EP_1}=\lim\limits_{\Delta P_1\to 0}\dfrac{\dfrac{\Delta_{P_1}Q_1}{Q_1}}{\dfrac{\Delta P_1}{P_1}}=\dfrac{P_1}{Q_1}\cdot\dfrac{\partial Q_1}{\partial P_1}$ 为需求量 Q_1 关于自身价格 P_1 的直接价格偏弹性.它的经济意义是:商品甲、乙的价格在某个水平上,当乙商品的价格 P_2 固定时,甲商品的价格 P_1 改变 1% 时,甲商品的需求量 Q_1 改变的百分数,它反映了在 P_2 保持不变,需求量 Q_1 对自身价格 P_1 变化的灵敏程度.

称 $\dfrac{EQ_2}{EP_1} = \lim\limits_{\Delta P_1 \to 0} \dfrac{\dfrac{\Delta_{P_1} Q_2}{Q_2}}{\dfrac{\Delta P_1}{P_1}} = \dfrac{P_1}{Q_2} \cdot \dfrac{\partial Q_2}{\partial P_1}$ 为需求量 Q_2 关于价格 P_1 的交叉价格偏弹性. 它的经济意义是:商品甲、乙的价格在某个水平上,当乙商品的价格 P_2 固定时,甲商品的价格 P_1 改变 1% 时,乙商品的需求量 Q_2 改变的百分数,它反映了在 P_2 保持不变,需求量 Q_2 对另一商品价格 P_1 变化的灵敏程度.

类似地,可定义甲、乙商品的需求量 Q_1, Q_2 关于乙商品的价格 P_2 的交叉价格偏弹性 $\dfrac{EQ_1}{EP_2} = \dfrac{P_2}{Q_1} \cdot \dfrac{\partial Q_1}{\partial P_2}$,直接价格偏弹性 $\dfrac{EQ_2}{EP_2} = \dfrac{P_2}{Q_2} \cdot \dfrac{\partial Q_2}{\partial P_2}$.

若 $\dfrac{EQ_1}{EP_2} < 0$,商品甲的需求对商品乙的交叉价格偏弹性是负数,说明当甲商品的价格 P_1 不变,乙商品的价格 P_2 上升时,甲商品的需求量 Q_1 相应地减少.

若 $\dfrac{EQ_1}{EP_2} > 0$,商品甲的需求对商品乙的交叉价格偏弹性是正数,说明当甲商品的价格 P_1 不变,乙商品的价格 P_2 上升时,甲商品的需求量 Q_1 相应地增加.

若 $\dfrac{EQ_1}{EP_2} > 0, \dfrac{EQ_2}{EP_1} > 0$,则 $\dfrac{\partial Q_1}{\partial P_2} > 0, \dfrac{\partial Q_2}{\partial P_1} > 0$,说明甲、乙两种商品为替代品,是竞争的,可以相互取代.

若 $\dfrac{EQ_1}{EP_2} < 0, \dfrac{EQ_2}{EP_1} < 0$,则 $\dfrac{\partial Q_1}{\partial P_2} < 0, \dfrac{\partial Q_2}{\partial P_1} < 0$,说明甲、乙两种商品为互补品,是相互依赖的.

【例题精选】

例 40 某商品关于本身价格 P_1 和相关产品价格 P_2 的需求函数为 $Q = 400 - 10P_1 + 25P_2$,求 $P_1 = 20, P_2 = 24$ 时,商品的交叉价格弹性.

解 $\dfrac{EQ}{EP_2} = \dfrac{P_2}{Q} \cdot \dfrac{\partial Q}{\partial P_2} = \dfrac{P_2}{400 - 10P_1 + 25P_2} \cdot 25 = \dfrac{24}{400 - 200 + 600} \times 25 = 0.75.$

所以 $P_1 = 20, P_2 = 24$ 时,商品的交叉价格弹性为 0.75.

例 41 给定生产函数 $Q = 12L^{\frac{1}{3}} K^{\frac{2}{3}}$,其中投入劳动为 L,投入资本为 K,求 $L = 8, K = 16$ 时的边际产量以及产出关于投入要素的偏弹性,并给出经济解释.

解 $L = 8, K = 16$ 时,劳动投入的边际产量为 $MP_L = 4L^{-\frac{2}{3}} K^{\frac{2}{3}} \big|_{(8,16)} = 4\sqrt[3]{4}.$

$L = 8, K = 16$ 时,资本投入的边际产量为 $MP_K = 8L^{\frac{1}{3}} K^{-\frac{1}{3}} \big|_{(8,16)} = 4\sqrt[3]{4}.$

可见,在资本投入量保持 16 单位不变的情形下,生产者在劳动投入量 8 单位的基础上,再多投入 1 单位劳动时,产量增加约 $4\sqrt[3]{4}$ 单位;在劳动投入量保持 8 单位不变的情形下,生产者在资本投入量 16 单位的基础上,再多投入 1 单位资本时,产量增加约 $4\sqrt[3]{4}$ 单位.

$L = 8, K = 16$ 时,产出关于劳动投入的偏弹性为

$$\dfrac{EQ}{EL} \bigg|_{(8,16)} = \dfrac{L}{Q} \cdot \dfrac{\partial Q}{\partial L} \bigg|_{(8,16)} = \dfrac{L}{12L^{\frac{1}{3}} K^{\frac{2}{3}}} \cdot 4L^{-\frac{2}{3}} K^{\frac{2}{3}} \bigg|_{(8,16)} = \dfrac{1}{3} \approx 0.33.$$

$L=8, K=16$ 时,产出关于资本投入的偏弹性为

$$\frac{EQ}{EK}\Big|_{(8,16)} = \frac{K}{Q} \cdot \frac{\partial Q}{\partial K}\Big|_{(8,16)} = \frac{K}{12L^{\frac{1}{3}}K^{\frac{2}{3}}} \cdot 8L^{\frac{1}{3}}K^{-\frac{1}{3}}\Big|_{(8,16)} = \frac{2}{3} \approx 0.67.$$

可见,在资本投入量保持 16 单位不变的情形下,生产者在劳动投入量 8 单位的基础上,改变 1‰ 时,引起产量同向变动 0.33%;在劳动投入量保持 8 单位不变的情形下,生产者在资本投入量 16 单位的基础上,改变 1‰ 时,引起产量同向变动 0.67%。

例 42 已知两种商品的需求函数分别为 $Q_1 = a_1 P_1 + a_2 P_2 + a_3$,$Q_2 = b_1 P_1 + b_2 P_2 + b_3$,当参数 a_1, a_2, b_1, b_2 满足什么条件时,这两种商品分别是替代品或互补品?

解 先求两种商品的偏边际需求函数:

$$\frac{\partial Q_1}{\partial P_1} = a_1, \frac{\partial Q_1}{\partial P_2} = a_2, \frac{\partial Q_2}{\partial P_1} = b_1, \frac{\partial Q_2}{\partial P_2} = b_2.$$

由经济意义可知,$a_1 < 0, b_2 < 0$.

当 $a_2 > 0, b_1 > 0$ 时,这两种商品是替代品;

当 $a_2 < 0, b_1 < 0$ 时,这两种商品是互补品.

例 43 已知两种商品的需求函数分别为 $Q_1 = 300 P_1^{-\frac{1}{3}} P_2^{\frac{1}{2}}$,$Q_2 = 600 P_1^{\frac{1}{6}} P_2^{-\frac{1}{4}}$,求需求量 Q_1, Q_2 在 $P_1 = 64, P_2 = 81$ 时,关于价格 P_1, P_2 的价格偏弹性,此时这两种商品是替代品还是互补品?

解 先求两种商品的偏边际需求函数:

$\frac{\partial Q_1}{\partial P_1} = -100 P_1^{-\frac{4}{3}} P_2^{\frac{1}{2}}$,$\frac{\partial Q_1}{\partial P_2} = 150 P_1^{-\frac{1}{3}} P_2^{-\frac{1}{2}}$,

$\frac{\partial Q_2}{\partial P_1} = 100 P_1^{-\frac{5}{6}} P_2^{-\frac{1}{4}}$,$\frac{\partial Q_2}{\partial P_2} = -125 P_1^{\frac{1}{6}} P_2^{-\frac{5}{4}}$.

$P_1 = 64, P_2 = 81$ 时,$Q_1 = 675, Q_2 = 400$.

$\frac{\partial Q_1}{\partial P_1} = -\frac{225}{64}, \frac{\partial Q_1}{\partial P_2} = \frac{25}{6}, \frac{\partial Q_2}{\partial P_1} = \frac{25}{24}, \frac{\partial Q_2}{\partial P_2} = -\frac{250}{243}$.

两种商品的需求量关于价格的直接价格偏弹性分别为

$\frac{EQ_1}{EP_1}\Big|_{(64,81)} = \frac{P_1}{Q_1} \cdot \frac{\partial Q_1}{\partial P_1}\Big|_{(64,81)} = \frac{64}{675} \times \left(-\frac{225}{64}\right) = -\frac{1}{3}$;

$\frac{EQ_2}{EP_2}\Big|_{(64,81)} = \frac{P_2}{Q_2} \cdot \frac{\partial Q_2}{\partial P_2}\Big|_{(64,81)} = \frac{81}{400} \times \left(-\frac{250}{243}\right) = -\frac{5}{24}$.

两种商品的需求量关于价格的交叉价格偏弹性分别为

$\frac{EQ_1}{EP_2}\Big|_{(64,81)} = \frac{P_2}{Q_1} \cdot \frac{\partial Q_1}{\partial P_2}\Big|_{(64,81)} = \frac{81}{675} \times \left(\frac{25}{6}\right) = \frac{1}{2}$;

$\frac{EQ_2}{EP_1}\Big|_{(64,81)} = \frac{P_1}{Q_2} \cdot \frac{\partial Q_2}{\partial P_1}\Big|_{(64,81)} = \frac{64}{400} \times \left(\frac{25}{24}\right) = \frac{1}{6}$.

∵ $\frac{EQ_1}{EP_2} > 0, \frac{EQ_2}{EP_1} > 0$,说明甲、乙两种商品为替代品.

【知识应用】

例 44 设生产者投入劳动 L,投入资本 K,生产函数为 $Q = AK^\alpha L^{1-\alpha}$,其中常数 $A > 0$,

$0<\alpha<1$. 证明:劳动的边际产出 MQ_L 是正的,固定 K 时,MQ_L 是 L 的单调递减函数.

证 劳动的边际产出 $MQ_L = \dfrac{\partial Q}{\partial L} = (1-\alpha)AK^\alpha L^{-\alpha} = (1-\alpha)\dfrac{Q}{L}$.

∵ $1-\alpha>0, Q>0, L>0, ∴ MQ_L>0$.

又∵ $\dfrac{\partial^2 Q}{\partial L^2} = -\alpha(1-\alpha)AK^\alpha L^{-\alpha-1} = -\alpha(1-\alpha)\dfrac{Q}{L^2} < 0$,

∴ MQ_L 是 L 的单调递减函数.

【知识演练】

34. 若效用函数形式为 $U(x_1,x_2)=(x_1+5)^2(x_2+2)^3$,其中 U 为总效用,x_1,x_2 为两种消费商品的数量,试计算:

(1) 每一种商品的边际效用函数;

(2) 当消费的每种商品均为 4 个单位时,第一种商品的边际效用值.

35. 求生产函数 $Q=100L^{\frac{1}{4}}K^{\frac{2}{3}}$ 的边际产量和产出关于投入要素的偏弹性.

36. 已知两种商品的需求函数分别为 $Q_1=30-3P_1-2P_2$,$Q_2=20-2P_1-P_2$,求需求量 Q_1,Q_2 在 $P_1=2,P_2=6$ 时,关于价格 P_1,P_2 的价格偏弹性,此时这两种商品是替代品还是互补品?

4.5 多元函数积分学

在一元函数积分学中,定积分是因为实际问题的需要而抽象出来的某种确定形式的和式的极限,将这种和式的极限推广到二元函数中,便得到了二重积分的概念.

【案例提出】

[**案例 8**] 设有一立体,它的底是坐标平面上的有界闭区域 D,侧面是以 D 的边界曲线为准线而母线平行于 z 轴的柱面,它的顶是二元连续函数 $z=f(x,y)(f(x,y)\geqslant 0)$ 所表示的曲面,我们将这种立体称为曲顶柱体,如图 4-19 所示.

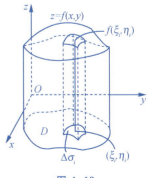

图 4-19

我们知道,平顶柱体,即当 $f(x,y)\equiv h$(h 为常数,$h>0$)时,它的体积=底面积×高=$\sigma \times h$(σ 为有界闭区域 D 的面积),但曲顶柱体由于其顶是曲面,因此其体积不能按照上述公式进行计算. 我们采用与求曲边梯形面积相类似的方法来求曲顶柱体的体积. 将曲顶柱体分割成若干个小曲顶柱体,这时每一个小曲顶柱体可以近似看作是平顶的,从而可求出它的近似值. 将这些小曲顶柱体体积的近似值相加,便得到原曲顶柱体体积的近似值,分割得越细越精确. 当分割无限进行下去时,近似值无限接近精确值. 具体步骤为

(1) 分割：将区域 D 任意分成 n 个小区域，记为 $\Delta\sigma_1, \Delta\sigma_2, \cdots, \Delta\sigma_n$，同时也以 $\Delta\sigma_i$ 表示第 i 个小区域的面积. 分别以每个小区域的边界曲线为准线，作母线平行于 z 轴的柱面，这些柱面将整个曲顶柱体分成了 n 个小曲顶柱体，它们的顶都是曲面 $z = f(x, y)$ 的一部分.

(2) 近似代替：在每个小曲顶柱体的底 $\Delta\sigma_i$ 上任取一点 (ξ_i, η_i) $(i = 1, 2, 3, \cdots, n)$，以 $f(\xi_i, \eta_i)$ 为高，以 $\Delta\sigma_i$ 为底，作小平顶柱体近似代替小曲顶柱体，则小曲顶柱体体积可近似地表示为

$$\Delta V_i \approx f(\xi_i, \eta_i)\Delta\sigma_i, i = 1, 2, 3, \cdots, n.$$

(3) 求和：将这 n 个小曲顶柱体体积的近似值相加，于是得到整个曲顶柱体体积 V 的近似值

$$V = \sum_{i=1}^{n} \Delta V_i \approx \sum_{i=1}^{n} f(\xi_i, \eta_i)\Delta\sigma_i.$$

(4) 取极限：用 λ 表示 n 个小区域的直径的最大值，其中小区域的直径表示该小区域上任意两点间距离的最大值，则当分割无限变细 $(\lambda \to 0)$ 时，对上述和式取极限，则可得到整个曲顶柱体体积 V 的精确值

$$V = \lim_{\lambda \to 0} \sum_{i=1}^{n} f(\xi_i, \eta_i)\Delta\sigma_i.$$

这样的二元函数的和式的极限我们称为二重积分，记为 $\iint\limits_{D} f(x, y)\mathrm{d}\sigma$.

【相关知识】

1. 二重积分的概念

定义 4.11 设二元函数 $z = f(x, y)$ 是定义在有界闭区域 D 上的有界函数，将 D 任意分成 n 个小区域 $\Delta\sigma_1, \Delta\sigma_2, \cdots, \Delta\sigma_n$，其中 $\Delta\sigma_i$ 表示第 i 个小区域，也表示其面积. 在每个小区域 $\Delta\sigma_i$ 上任取一点 (ξ_i, η_i)，作和式 $\sum_{i=1}^{n} f(\xi_i, \eta_i)\Delta\sigma_i$，如果当各小区域的直径中的最大值 $\lambda \to 0$ 时，这个和式的极限存在，且该极限值与 D 的分割方式和点 (ξ_i, η_i) 的取法无关，则称此极限值为函数 $f(x, y)$ 在闭区域 D 上的二重积分，记作 $\iint\limits_{D} f(x, y)\mathrm{d}\sigma$，即

$$\iint\limits_{D} f(x, y)\mathrm{d}\sigma = \lim_{\lambda \to 0} \sum_{i=1}^{n} f(\xi_i, \eta_i)\Delta\sigma_i,$$

其中 $f(x, y)$ 称为被积函数，D 称为积分区域，$f(x, y)\mathrm{d}\sigma$ 称为被积表达式，$\mathrm{d}\sigma$ 称为面积元素，x, y 称为积分变量，并称二元函数 $f(x, y)$ 在有界闭区域 D 上可积.

特别地，若在区域 D 上二元函数 $f(x, y) = 1$，且 D 的面积为 σ，则有 $\iint\limits_{D} \mathrm{d}\sigma = \sigma$.

如果二元函数 $f(x, y)$ 在区域 D 上满足不等式 $f(x, y) \geqslant 0$，则二重积分 $\iint\limits_{D} f(x, y)\mathrm{d}\sigma$ 等于曲顶柱体的体积；如果二元函数 $f(x, y)$ 在区域 D 上满足不等式 $f(x, y) \leqslant 0$，则 $\iint\limits_{D} f(x, y)\mathrm{d}\sigma$

等于柱体体积的相反数;如果二元函数 $f(x,y)$ 在区域 D 的部分区域上满足不等式 $f(x,y) \geqslant 0$,部分区域上满足不等式 $f(x,y) \leqslant 0$,则 $\iint\limits_{D} f(x,y)\mathrm{d}\sigma$ 等于各部分区域上的柱体体积的代数和.

2. 二重积分的性质

性质 4.1[加法法则] 两个函数的代数和的二重积分等于它们的二重积分的代数和,即

$$\iint\limits_{D}[f(x,y) \pm g(x,y)]\mathrm{d}\sigma = \iint\limits_{D} f(x,y)\mathrm{d}\sigma \pm \iint\limits_{D} g(x,y)\mathrm{d}\sigma.$$

性质 4.2[数乘法则] 被积函数中的常数因子可以提到积分号的外面,即

$$\iint\limits_{D} kf(x,y)\mathrm{d}\sigma = k\iint\limits_{D} f(x,y)\mathrm{d}\sigma \ (k \text{ 为常数}).$$

性质 4.3[关于积分区域的可加性] 如果区域 D 被一条曲线分割成两个不相交的区域 D_1 和 D_2,则有

$$\iint\limits_{D} f(x,y)\mathrm{d}\sigma = \iint\limits_{D_1} f(x,y)\mathrm{d}\sigma + \iint\limits_{D_2} f(x,y)\mathrm{d}\sigma.$$

性质 4.4[保不等式性] 如果在区域 D 上 $f(x,y) \leqslant g(x,y)$,则有

$$\iint\limits_{D} f(x,y)\mathrm{d}\sigma \leqslant \iint\limits_{D} g(x,y)\mathrm{d}\sigma.$$

3. 二重积分的计算法

直接利用二重积分的定义计算二重积分一般是很困难的.本节中将介绍一种实际可行的计算法,其实质是将二重积分转化为两次定积分来计算,这种方法称为累次积分法.

设二元函数 $f(x,y)$ 在区域 D 上可积,则由二重积分的定义可知积分值 $\iint\limits_{D} f(x,y)\mathrm{d}\sigma$ 与区域 D 的分割方式无关,于是我们在直角坐标系中可以采用一种特殊的分割方式:用分别平行于两条坐标轴的直线族来分割区域 D,所得小区域一般为矩形.设其边长分别为 $\Delta x_k, \Delta y_l$,则小区域面积为 $\Delta \sigma_i = \Delta x_k \cdot \Delta y_l$ (图 4-20).于是在直角坐标系中,面积元素为 $\mathrm{d}\sigma = \mathrm{d}x\mathrm{d}y$,因此二重积分可以记为 $\iint\limits_{D} f(x,y)\mathrm{d}x\mathrm{d}y$.

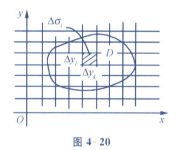

图 4-20

把二重积分转化为两次定积分计算时,对于不同类型的积分区域,一般会有不同的计算公式.

类型 A. 积分区域 D 可以用不等式组表示为 $D: \begin{cases} a \leqslant x \leqslant b, \\ \varphi_1(x) \leqslant y \leqslant \varphi_2(x), \end{cases}$
称此区域为 X 型区域.此时,穿过 D 内部且平行于 y 轴的任一直线与 D 的边界的交点不多于两点,如图 4-21 所示.

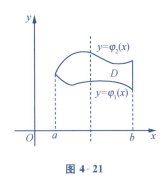
图 4-21

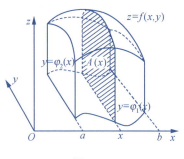
图 4-22

在区间 $[a,b]$ 上任取一点 x，过点 x 作平行于 yOz 面的平面，平面与曲顶柱体相交所得截面是定义在 $[\varphi_1(x),\varphi_2(x)]$ 上的以曲线 $z=f(x,y)$（x 是固定的）为曲边的曲边梯形，其面积为 $A(x)=\int_{\varphi_1(x)}^{\varphi_2(x)} f(x,y)\mathrm{d}y$，如图 4-22 所示. 于是曲顶柱体体积 $V=\int_a^b A(x)\mathrm{d}x = \int_a^b \left[\int_{\varphi_1(x)}^{\varphi_2(x)} f(x,y)\mathrm{d}y\right]\mathrm{d}x$，它通常也可表示为

$$\iint_D f(x,y)\mathrm{d}\sigma = \int_a^b \mathrm{d}x \int_{\varphi_1(x)}^{\varphi_2(x)} f(x,y)\mathrm{d}y.$$

上述积分称为"先对 y，后对 x"的二次积分（或称为累次积分），这个公式称为二重积分的二次积分公式. 由此可见，二重积分的计算可以转化为两次定积分的计算. 先把变量 x 看作常数，对变量 y 作定积分 $\int_{\varphi_1(x)}^{\varphi_2(x)} f(x,y)\mathrm{d}y$，它的积分上、下限分别是 $\varphi_2(x)$ 和 $\varphi_1(x)$，积分的结果是关于 x 的一元函数，即 $A(x)=\int_{\varphi_1(x)}^{\varphi_2(x)} f(x,y)\mathrm{d}y$，然后将此函数对变量 x 由 a 到 b 第二次求定积分，即 $\int_a^b A(x)\mathrm{d}x = \int_a^b \left[\int_{\varphi_1(x)}^{\varphi_2(x)} f(x,y)\mathrm{d}y\right]\mathrm{d}x$，此时 x 是积分变量，积分结果是一个数值，即为二重积分 $\iint_D f(x,y)\mathrm{d}x\mathrm{d}y$ 的值.

类型 B. 积分区域 D 可以用不等式组表示为

$$D:\begin{cases} \psi_1(y) \leqslant x \leqslant \psi_2(y), \\ c \leqslant y \leqslant d, \end{cases}$$

称此区域为 Y 型区域. 此时，穿过 D 内部且平行于 x 轴的任一直线与 D 的边界的交点不多于两点，如图 4-23 所示，此时

$$\iint_D f(x,y)\mathrm{d}\sigma = \int_c^d \left[\int_{\psi_1(y)}^{\psi_2(y)} f(x,y)\mathrm{d}x\right]\mathrm{d}y,$$

也可表示为

$$\iint_D f(x,y)\mathrm{d}\sigma = \int_c^d \mathrm{d}y \int_{\psi_1(y)}^{\psi_2(y)} f(x,y)\mathrm{d}x.$$

上述积分称为"先对 x，后对 y"的二次积分（或称为累次积分）.

另外还有一些积分区域，它们既不是 X 型区域又不是 Y 型区域，但是可以考虑将它们分割成几个 X 型区域和 Y 型区域，如图 4-24 所示. 此时再利用二重积分关于积分区域的可加性，把在每个区域上的二重积分相加就可得到整个区域上的二重积分.

$$\iint_D f(x,y)\mathrm{d}\sigma = \iint_{D_1} f(x,y)\mathrm{d}\sigma + \iint_{D_2} f(x,y)\mathrm{d}\sigma.$$

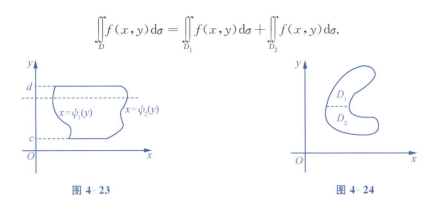

图 4-23　　　　　　　　　　　图 4-24

【拓展知识】*

有些二重积分,积分区域的边界曲线用极坐标方程表示比较简单,而且被积函数用极坐标变量 r,θ 表示也比较简单,这时在极坐标系下计算二重积分往往较之在直角坐标系下计算更加简便.下面我们就来介绍二重积分在极坐标系下的累次积分法.

要将二重积分 $\iint_D f(x,y)\mathrm{d}\sigma$ 化为极坐标形式,主要要解决如下问题:

首先,如何将函数 $f(x,y)$ 用极坐标变量 r,θ 表示?根据直角坐标与极坐标之间的关系
$$\begin{cases} x = r\cos\theta, \\ y = r\sin\theta, \end{cases}$$
显然有
$$f(x,y) = f(r\cos\theta, r\sin\theta).$$

其次,面积元素 $\mathrm{d}\sigma$ 如何用 r,θ 表示?根据极坐标系的特点,我们可以选取一族以极点为圆心的同心圆,$r =$ 常数(同心圆族),以及另一族由极点发出的射线,$\theta =$ 常数(射线族),分割区域 D,将 D 分成 n 个小区域,这些小区域除了靠近边界的一些小区域外,绝大多数都是扇形域,如图 4-25 所示.当 D 被分割得很细密时,小扇形区域的面积近似地等于以 $r\Delta\theta$ 为长,Δr 为宽的矩形面积,因此,在极坐标系中的面积元素为 $\mathrm{d}\sigma = r\mathrm{d}r\mathrm{d}\theta$.

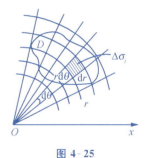

图 4-25

这样,在极坐标系中的二重积分可以表示为
$$\iint_D f(x,y)\mathrm{d}\sigma = \iint_D f(r\cos\theta, r\sin\theta) r\mathrm{d}r\mathrm{d}\theta.$$

为了将二重积分化为累次积分,先确定积分次序和积分限.由于区域 D 的边界曲线一般用方程 $r = r(\theta)$ 表示,所以计算中一般采用"先对 r,后对 θ"的积分次序.为了确定积分限,可分以下两种情况考虑:

情形 A. 极点 O 在区域 D 外部,如图 4-26 所示.设区域 D 上点的极角的最小值和最大值分别为 α 和 β,在 α,β 之间任作一条极角为 θ 的射线和 D 的边界线先后交于两点,它们的极径分别为 $r_1(\theta), r_2(\theta)(r_1(\theta) \leqslant r_2(\theta))$,那么区域 D 可用不等式组表示为

$$D:\begin{cases}\alpha \leqslant \theta \leqslant \beta,\\ r_1(\theta)\leqslant r\leqslant r_2(\theta).\end{cases}$$

这样 α,β 分别是对变量 θ 积分时的下限、上限,而 $r_1(\theta),r_2(\theta)$ 则分别是对变量 r 积分时的积分下限和上限,二重积分可化为如下的累次积分

$$\iint\limits_D f(x,y)\mathrm{d}\sigma = \int_\alpha^\beta \mathrm{d}\theta \int_{r_1(\theta)}^{r_2(\theta)} f(r\cos\theta,r\sin\theta)r\mathrm{d}r.$$

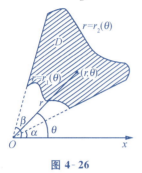

图 4-26

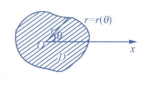

图 4-27

情形 B. 极点 O 在区域 D 内部,如图 4-27 所示. 区域 D 上点的极角 $\theta \in [0,2\pi]$,任作一条极角为 θ 的射线和 D 的边界线只有一个交点,在极点和交点之间的线段上的点的极径 $r \in [0,r(\theta)]$,那么 D 可以用不等式组表示为

$$D:\begin{cases}0\leqslant\theta\leqslant 2\pi,\\ 0\leqslant r\leqslant r(\theta).\end{cases}$$

于是二重积分可化为如下的二次积分

$$\iint\limits_D f(x,y)\mathrm{d}\sigma = \int_0^{2\pi}\mathrm{d}\theta\int_0^{r(\theta)} f(r\cos\theta,r\sin\theta)r\mathrm{d}r.$$

【例题精选】

例 45 试将二重积分 $\iint\limits_D f(x,y)\mathrm{d}x\mathrm{d}y$ 化为两种不同次序的二次积分,其中

(1) D 是由 $y=x^2, y=x$ 所围成的平面区域;

(2) D 是由 $x+y=2, x-y=0, y=0$ 围成的平面区域;

(3) D 是由 $x^2+y^2=2y, y=x$ 及 y 轴所围成的在第一象限的区域.

解 (1) 作出积分区域 D 的图形,如图 4-28 所示.

方法一 把积分区域 D 看作 X 型区域,则对应的积分区域可表示为

$$D:\begin{cases}0\leqslant x\leqslant 1,\\ x^2\leqslant y\leqslant x,\end{cases}$$

所以 $\iint\limits_D f(x,y)\mathrm{d}x\mathrm{d}y = \int_0^1 \mathrm{d}x \int_{x^2}^x f(x,y)\mathrm{d}y.$

方法二 把积分区域 D 看作 Y 型区域,则对应的积分区域

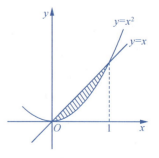

图 4-28

可表示为
$$D:\begin{cases} y \leqslant x \leqslant \sqrt{y}, \\ 0 \leqslant y \leqslant 1, \end{cases}$$

所以
$$\iint_D f(x,y)\mathrm{d}x\mathrm{d}y = \int_0^1 \mathrm{d}y \int_y^{\sqrt{y}} f(x,y)\mathrm{d}x.$$

(2) 作出积分区域 D 的图形,如图 4-29 所示.

方法一 把积分区域 D 看作 X 型区域,利用直线 $x=1$ 将 D 分成两个不相交的小区域 D_1, D_2,则积分区域 D 可看作两个 X 型区域 D_1, D_2 的并,其中

$$D_1:\begin{cases} 0 \leqslant x \leqslant 1, \\ 0 \leqslant y \leqslant x, \end{cases} \qquad D_2:\begin{cases} 1 \leqslant x \leqslant 2, \\ 0 \leqslant y \leqslant 2-x, \end{cases}$$

图 4-29

所以
$$\iint_D f(x,y)\mathrm{d}x\mathrm{d}y = \int_0^1 \mathrm{d}x \int_0^x f(x,y)\mathrm{d}y + \int_1^2 \mathrm{d}x \int_0^{2-x} f(x,y)\mathrm{d}y.$$

方法二 把积分区域 D 看作 Y 型区域,则对应的积分区域可表示为
$$D:\begin{cases} y \leqslant x \leqslant 2-y, \\ 0 \leqslant y \leqslant 1, \end{cases}$$

所以
$$\iint_D f(x,y)\mathrm{d}x\mathrm{d}y = \int_0^1 \mathrm{d}y \int_y^{2-y} f(x,y)\mathrm{d}x.$$

(3) 作出积分区域 D 的图形,如图 4-30(a) 所示.

方法一 把积分区域 D 看作 X 型区域,则对应的积分区域可表示为
$$D:\begin{cases} 0 \leqslant x \leqslant 1, \\ x \leqslant y \leqslant 1+\sqrt{1-x^2}, \end{cases}$$

所以
$$\iint_D f(x,y)\mathrm{d}x\mathrm{d}y = \int_0^1 \mathrm{d}x \int_x^{1+\sqrt{1-x^2}} f(x,y)\mathrm{d}y.$$

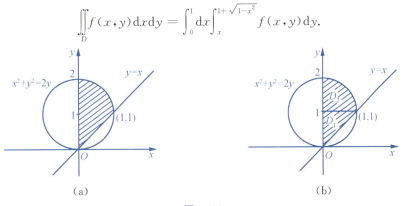

图 4-30

方法二 把积分区域 D 看作 Y 型区域,利用直线 $y=1$ 将 D 分成两个不相交的小区域 D_1, D_2,如图 4-30(b) 所示,则积分区域 D 可看作两个 Y 型区域 D_1, D_2 的并,其中

$$D_1:\begin{cases} 0 \leqslant x \leqslant y, \\ 0 \leqslant y \leqslant 1, \end{cases} \qquad D_2:\begin{cases} 0 \leqslant x \leqslant \sqrt{2y-y^2}, \\ 1 \leqslant y \leqslant 2, \end{cases}$$

所以 $\iint\limits_D f(x,y)\mathrm{d}x\mathrm{d}y = \int_0^1 \mathrm{d}y \int_0^y f(x,y)\mathrm{d}x + \int_1^2 \mathrm{d}y \int_0^{\sqrt{2y-y^2}} f(x,y)\mathrm{d}x.$

特殊地，① 当 D 的边界是与坐标轴平行的矩形：$a \leqslant x \leqslant b, c \leqslant y \leqslant d$ 时，
$$\iint\limits_D f(x,y)\mathrm{d}x\mathrm{d}y = \int_a^b \mathrm{d}x \int_c^d f(x,y)\mathrm{d}y = \int_c^d \mathrm{d}y \int_a^b f(x,y)\mathrm{d}x.$$

② 如果积分区域是上述矩形而被积函数可以分离成两个一元函数的乘积：
$$f(x,y) = \varphi(x) \cdot \psi(y),$$

则 $\iint\limits_D f(x,y)\mathrm{d}x\mathrm{d}y = \left[\int_a^b \varphi(x)\mathrm{d}x\right] \cdot \left[\int_c^d \psi(y)\mathrm{d}y\right].$

例 46 计算 $\iint\limits_D \mathrm{e}^{-(x+y)}\mathrm{d}x\mathrm{d}y$，其中积分区域为 $D:\{(x,y) \mid 0 \leqslant x \leqslant 1, 0 \leqslant y \leqslant 1\}$。

解 $\iint\limits_D \mathrm{e}^{-(x+y)}\mathrm{d}x\mathrm{d}y = \left[\int_0^1 \mathrm{e}^{-x}\mathrm{d}x\right] \cdot \left[\int_0^1 \mathrm{e}^{-y}\mathrm{d}y\right] = (1-\mathrm{e}^{-1})^2.$

例 47 计算 $\iint\limits_D xy^2 \mathrm{d}x\mathrm{d}y$，其中 D 是由 $y=x, y=0, x=1$ 围成的闭区域。

解 作出积分区域 D 的图形，如图 4-31 所示。

方法一 把积分区域 D 看作 X 型区域，则积分区域可表示为
$$D:\begin{cases} 0 \leqslant x \leqslant 1, \\ 0 \leqslant y \leqslant x. \end{cases}$$

$\iint\limits_D xy^2 \mathrm{d}x\mathrm{d}y = \int_0^1 \mathrm{d}x \int_0^x xy^2 \mathrm{d}y = \int_0^1 \frac{x^4}{3}\mathrm{d}x = \frac{1}{15}.$

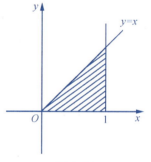

图 4-31

方法二 把积分区域 D 看作 Y 型区域，则积分区域可表示为
$$D:\begin{cases} y \leqslant x \leqslant 1, \\ 0 \leqslant y \leqslant 1. \end{cases}$$

$\iint\limits_D xy^2 \mathrm{d}x\mathrm{d}y = \int_0^1 \mathrm{d}y \int_y^1 xy^2 \mathrm{d}x = \int_0^1 \frac{y^2}{2}(1-y^2)\mathrm{d}y = \frac{1}{15}.$

例 48 计算二重积分 $\iint\limits_D x^2 \mathrm{d}x\mathrm{d}y$，其中

(1) D 是由曲线 $y = \dfrac{1}{x}$，直线 $y=x, x=2$ 所围成的平面区域；

(2) D 是由曲线 $y = \dfrac{1}{x}$，直线 $y=x, x=2$ 及 $y=0$ 所围成的平面区域。

解 (1) 作出积分区域 D 的图形，如图 4-32(a) 所示。

积分区域可表示为 $D:\begin{cases} 1 \leqslant x \leqslant 2, \\ \dfrac{1}{x} \leqslant y \leqslant x. \end{cases}$

$$\iint\limits_{D} x^2 \mathrm{d}x\mathrm{d}y = \int_1^2 \mathrm{d}x \int_{\frac{1}{x}}^{x} x^2 \mathrm{d}y = \int_1^2 x^2 \left(x - \frac{1}{x}\right) \mathrm{d}x = \int_1^2 (x^3 - x)\mathrm{d}x = \frac{9}{4}.$$

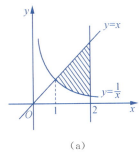
(a)

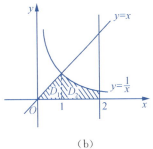
(b)

图 4-32

（2）作出积分区域 D 的图形，如图 4-32(b) 所示.

积分区域可表示为 D_1, D_2 的并，其中 $D_1: \begin{cases} 0 \leqslant x \leqslant 1, \\ 0 \leqslant y \leqslant x, \end{cases}$ $D_2: \begin{cases} 1 \leqslant x \leqslant 2, \\ 0 \leqslant y \leqslant \frac{1}{x}, \end{cases}$

$$\iint\limits_{D} x^2 \mathrm{d}x\mathrm{d}y = \int_0^1 \mathrm{d}x \int_0^x x^2 \mathrm{d}y + \int_1^2 \mathrm{d}x \int_0^{\frac{1}{x}} x^2 \mathrm{d}y = \int_0^1 x^3 \mathrm{d}x + \int_1^2 x \mathrm{d}x$$
$$= \frac{x^4}{4}\bigg|_0^1 + \frac{x^2}{2}\bigg|_1^2 = \frac{1}{4} + \frac{3}{2} = \frac{7}{4}.$$

例 49 计算 $\iint\limits_{D} x \mathrm{d}x\mathrm{d}y$，其中 D 为由 $y^2 = 2x, y = x - 4$ 所围成的区域.

解 作出积分区域 D 的图形，如图 4-33 所示.

把积分区域 D 看作 Y 型区域，则积分区域 D 可表示为 $\begin{cases} \dfrac{y^2}{2} \leqslant x \leqslant 4 + y, \\ -2 \leqslant y \leqslant 4, \end{cases}$ 所以

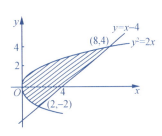

图 4-33

$$\iint\limits_{D} x \mathrm{d}x\mathrm{d}y = \int_{-2}^{4} \mathrm{d}y \left[\int_{\frac{y^2}{2}}^{y+4} x \mathrm{d}x\right] = \frac{1}{2}\int_{-2}^{4}\left[(4+y)^2 - \frac{y^4}{4}\right]\mathrm{d}y = = \frac{288}{5}.$$

注意 本例若把积分区域 D 看作 X 型区域，则较之看作 Y 型区域要复杂一些.

例 50 计算 $\iint\limits_{D} \mathrm{e}^{-y^2} \mathrm{d}x\mathrm{d}y$，其中 D 由直线 $y = x, y = 1$ 及 y 轴围成.

解 作出积分区域 D 的图形，如图 4-34 所示.

积分区域 D 可表示为 $\begin{cases} 0 \leqslant x \leqslant y, \\ 0 \leqslant y \leqslant 1, \end{cases}$ 则

$$\iint\limits_{D} \mathrm{e}^{-y^2} \mathrm{d}x\mathrm{d}y = \int_0^1 \mathrm{d}y \int_0^y \mathrm{e}^{-y^2} \mathrm{d}x = \int_0^1 y \mathrm{e}^{-y^2} \mathrm{d}y = -\frac{1}{2}\mathrm{e}^{-y^2}\bigg|_0^1$$
$$= \frac{1}{2}(1 - \mathrm{e}^{-1}).$$

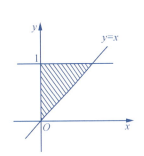

图 4-34

本例若先积 y 再积 x，则有 $\iint\limits_{D} e^{-y^2} dx dy = \int_0^1 dx \int_x^1 e^{-y^2} dy$. 由于函数 e^{-y^2} 不存在有限形式的原函数，则该积分无法再计算下去了. 积分次序的选择应以"分块少、积分易"为原则.

例 51 计算二次积分 $I = \int_0^1 dx \int_x^{\sqrt{x}} \dfrac{2\sin y}{y} dy$.

解 因为 $\dfrac{2\sin y}{y}$ 的原函数不能用初等函数表示，所以应考虑交换积分次序. 由于对应的二重积分区域 D 可表示为 $\begin{cases} 0 \leqslant x \leqslant 1, \\ x \leqslant y \leqslant \sqrt{x}. \end{cases}$ 画出 D 的图形，如图 4-35 所示.

于是 D 又可表示为 $\begin{cases} y^2 \leqslant x \leqslant y, \\ 0 \leqslant y \leqslant 1. \end{cases}$ 所以

$$I = \int_0^1 dy \int_{y^2}^y \dfrac{2\sin y}{y} dx = 2\int_0^1 \left(\dfrac{\sin y}{y} \cdot [x]_{y^2}^y \right) dy = 2\int_0^1 \dfrac{\sin y}{y} \cdot (y - y^2) dy = 2 - 2\sin 1.$$

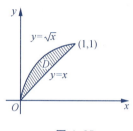

图 4-35

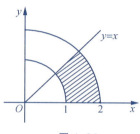

图 4-36

例 52* 计算 $\iint\limits_{D} \sin\sqrt{x^2+y^2} dx dy$，其中 $D: 1 \leqslant x^2+y^2 \leqslant 4, 0 \leqslant y \leqslant x$.

解 可采用极坐标系. 令

$$x = r\cos\theta, y = r\sin\theta,$$

画出 D 的图形，如图 4-36 所示. 本例属于情形 A，积分区域 D 可表示为

$$D: \begin{cases} 0 \leqslant \theta \leqslant \dfrac{\pi}{4}, \\ 1 \leqslant r \leqslant 2, \end{cases}$$

所以

$$\iint\limits_{D} \sin\sqrt{x^2+y^2} dx dy = \int_0^{\frac{\pi}{4}} d\theta \int_1^2 \sin r \cdot r dr = \int_0^{\frac{\pi}{4}} (-r\cos r + \sin r)\big|_1^2 d\theta$$

$$= \dfrac{\pi}{4}(-2\cos 2 + \sin 2 + \cos 1 - \sin 1).$$

例 53* 计算 $\iint\limits_{D} \sqrt{a^2-x^2-y^2} dx dy$，其中 D 为圆心在原点，半径为 a 的圆域.

解 可采用极坐标系. 令 $x = r\cos\theta, y = r\sin\theta$，画出 D 的图形，如图 4-37 所示. 本例属于情形 B，积分区域 D 可表示为

$$D: \begin{cases} 0 \leqslant \theta \leqslant 2\pi, \\ 0 \leqslant r \leqslant a, \end{cases}$$

所以 $\iint\limits_{D}\sqrt{a^2-x^2-y^2}\mathrm{d}x\mathrm{d}y=\iint\limits_{D}\sqrt{a^2-r^2}r\mathrm{d}r\mathrm{d}\theta$

$$=-\frac{1}{2}\int_0^{2\pi}\mathrm{d}\theta\int_0^a\sqrt{a^2-r^2}\mathrm{d}(a^2-r^2)$$

$$=-\frac{1}{2}\cdot 2\pi\cdot\frac{2}{3}(a^2-r^2)^{\frac{3}{2}}\Big|_0^a=\frac{2\pi a^3}{3}.$$

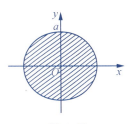

图 4-37

本例的几何意义是半径为 a 的上半球体的体积,从而立即得到球体体积是 $\frac{4\pi a^3}{3}$.

例 54* 计算 $\iint\limits_{D}y\mathrm{d}x\mathrm{d}y$,其中 D 为由 $y=\sqrt{2x-x^2}$,$y=\sqrt{4-x^2}$,$x=0$ 所围成的区域.

解 可采用极坐标系. 令 $y=r\sin\theta$,画出 D 的图形,如图 4-38 所示.

本例属于情形 A,积分区域 D 可表示为

$$D:\begin{cases}0\leqslant\theta\leqslant\dfrac{\pi}{2},\\ 2\cos\theta\leqslant r\leqslant 2,\end{cases}$$

所以 $\iint\limits_{D}y\mathrm{d}x\mathrm{d}y=\int_0^{\frac{\pi}{2}}\mathrm{d}\theta\int_{2\cos\theta}^{2}r\sin\theta\cdot r\mathrm{d}r$

$$=\frac{8}{3}\int_0^{\frac{\pi}{2}}\sin\theta(1-\cos^3\theta)\mathrm{d}\theta=2.$$

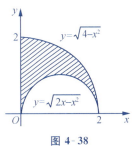

图 4-38

【知识应用】

例 55 某城市的地理布局呈直角三角形分布,如图 4-39 所示,斜边临近一条河. 由于交通关系,城市发展不太均衡,这一点可从税收状况反映出来. 若以两条直角边为坐标轴建立直角坐标系,则位于 x 轴和 y 轴上的城区长度各为 16 km 和 12 km,且税收情况与地理位置的关系大体可表示为 $R(x,y)=20x+10y$(万元/km²),求该城市的税收总值.

解 积分区域如图所示.

$$I=\iint\limits_{D}R(x,y)\mathrm{d}x\mathrm{d}y=\int_0^{16}\mathrm{d}x\int_0^{12-\frac{3}{4}x}(20x+10y)\mathrm{d}y$$

$$=\int_0^{16}\left(720+150x-\frac{195}{16}x^2\right)\mathrm{d}x=14080(万元).$$

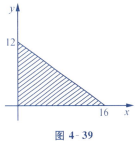

图 4-39

【知识演练】

37. 化二重积分 $I=\iint\limits_{D}f(x,y)\mathrm{d}\sigma$ 为二次积分(两种积分次序都要),其中积分区域 D 分别由下列曲线所围成:

(1) $x=2,y=0,x=y$;   (2) $x=0,y=0,5x+y=5$;

(3) $y=x,y^2=4x$;   (4) $x+y=2,x-y=1,y=0$;

(5) $y=x^2, y=16-x^2$; (6) $x^2+y^2=R^2(y\geqslant 0), y=0$.

38. 改变下列累次积分的积分次序：

(1) $\int_0^1 dy \int_y^{\sqrt{y}} f(x,y) dx$; (2) $\int_1^e dx \int_0^{\ln x} f(x,y) dy$;

(3) $\int_0^1 dy \int_0^y f(x,y) dx$; (4) $\int_0^2 dx \int_x^{2x} f(x,y) dy$;

(5) $\int_1^3 dx \int_x^{x^2} f(x,y) dx + \int_8^9 dx \int_x^9 f(x,y) dy$;

(6) $\int_0^1 dy \int_0^{2y} f(x,y) dx + \int_1^3 dy \int_0^{3-y} f(x,y) dy$.

39. 计算下列二重积分：

(1) $\iint\limits_D (x^2+y^2) dx dy$, 其中 D 是矩形闭区域 $|x|\leqslant 2, |y|\leqslant 2$;

(2) $\iint\limits_D (3x+4y) dx dy$, 其中 D 是两条坐标轴及直线 $x+y=4$ 所围成的闭区域;

(3) $\iint\limits_D \sin y^2 dx dy$, 其中 D 是由 $x=1, y=2, y=x-1$ 围成的区域;

(4) $\iint\limits_D y^2 dx dy$, 其中 D 是由曲线 $x=y^2+1$ 和直线 $x=0, y=0, y=1$ 所围成的闭区域;

(5) $\iint\limits_D (x+y) dx dy$, 其中 D 是由两条抛物线 $y^2=x, y=x^2$ 所围成的闭区域;

(6) $\iint\limits_D \dfrac{x^2}{y^2} dx dy$, 其中 D 是由直线 $y=2, y=x$ 及双曲线 $xy=1$ 所围成的闭区域;

(7) $\iint\limits_D xy dx dy$, 其中 D 是圆周 $x^2+y^2=2ax$ 与 x 轴在第一象限所围成的闭区域;

(8)* $\iint\limits_D \dfrac{1-x^2-y^2}{1+x^2+y^2} dx dy$, 其中 D 是 $x^2+y^2=1, x=0, y=0$ 所围区域在第一象限的部分;

(9) $\iint\limits_D y dx dy$, 其中 D 是由曲线 $y=\sqrt{2x-x^2}$ 与直线 $y=1$ 及 $x=0$ 所围成的平面区域;

(10)* $\iint\limits_D \sqrt{x^2+y^2} dx dy$, 其中平面区域 $D=\{(x,y) \mid x^2+y^2\leqslant 2y, 且 x\geqslant 0\}$.

数学实验四

用 Mathematica 计算偏导数和二重积分

【案例提出】

[案例1] 某工厂生产 A,B 两种产品,设产品数量分别为 x,y(件)时,生产成本为 $C(x,y)=x(x-4)+4y(y+2)+100000$. 已知 A,B 两种产品的售价分别为每件 1000 元和每件 2000 元,在销售保证的前提下,问怎样生产能使工厂获利最多?

工厂的收入函数为 $R(x,y)=1000x+2000y$,利润为 $L=R-C$,即求一个二元函数极值的问题.

[案例2] 某炼油厂的储油罐是两个底面半径为 20 m,高为 80 m 的圆柱形的容器垂直相交而得,如图所示,问这个十字形储油罐的容积有多少?

所求十字形储油罐的容积就等于两个圆柱体积之和减去两个圆柱体的公共部分的体积,所以问题转化为求两个圆柱体的公共部分的体积的问题. 建立空间直角坐标系后,可以设垂直的圆柱面方程为 $x^2+y^2=400$,水平的圆柱面方程为 $y^2+z^2=400$. 由于图形的对称性,所以只要求出 $\iint_D \sqrt{400-x^2}\,\mathrm{d}x\mathrm{d}y$,然后乘 8,就是所求公共部分的体积,其中 D 为 $0\leqslant x\leqslant 20, 0\leqslant y\leqslant \sqrt{400-x^2}$,即第一象限内的 $\frac{1}{4}$ 圆.

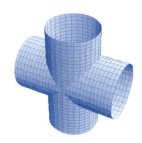

实例 2

【相关知识】

数学软件 Mathematica 求偏导数、全微分、二重积分计算等内容的相关函数与命令为:
1. 偏导数 D.
2. 全微分 Dt.
3. 二重积分 Integrate.

【例题精选】

例 1 求 $z=x^2y^3-5x$ 的偏导数 $\dfrac{\partial z}{\partial x}, \dfrac{\partial z}{\partial y}$.

解 In[1]:=D[x^2*y^3-5x,x]
Out[1]=-5+2xy³

In[2]:=D[x^2*y^3-5x,y]

Out[2]=3x²y²

例 2 求 $u=e^{x-y}\ln(y-2z)$ 的全微分.

解 In[1]:=Dt[E^(x-y)*Log[y-2z]]

Out[1]=$\dfrac{e^{x-y}(Dt[y]-2Dt[z])}{y-2z}$+e^{x-y}(Dt[x]-Dt[y])Log[y-2z]

例 3 求二重积分 $\iint\limits_{D}(xy^2+x^3y)d\sigma$,其中 D 由 $y=x^2$ 和 $x=y^2$ 所围成.

解 先化为二次积分 $\int_0^1 dx\int_{x^2}^{\sqrt{x}}(xy^2+x^3y)dy$.

In[1]:=Integrate[x*y^2+x^3*y,{x,0,1},{y,x^2,x^(1/2)}]

Out[1]=$\dfrac{51}{560}$

例 4 (完成案例 1)

解 定义成本、收入、利润函数.

In[1]:=c[x_,y_]:=x(x-4)+4y(y+2)+100000

In[2]:=r[x_,y_]:=1000x+2000y

In[3]:=L[x_,y_]:=r[x,y]-c[x,y]

求出使得 $L'_x=L'_y=0$ 的点,

In[4]:=Solve[{D[L[x,y],x]==0,D[L[x,y],y]==0},{x,y}]

Out[4]={{x→502,y→249}}

得到唯一的驻点,可以通过二阶导数验证是否为极大值点.

In[5]:=D[L[x,y],x,xy]^2-D[L[x,y],{x,2}]*D[L[x,y],{y,2}]/.{x->502,y->249}

Out[5]=-16

In[6]:=D[L[x,y],{x,2}]/.{x->502,y->249}

Out[6]=-2

说明求得的是极大值点,代入利润函数.

In[6]:=L[502,249]

Out[6]=400008

所以当生产 A 产品 502 件,B 产品 249 件时,工厂可得最大利润 400008 元.

例 5 (完成案例 2)

解 先化为二次积分 $\int_0^{20}dx\int_0^{\sqrt{400-x^2}}\sqrt{400-x^2}dy$.

In[1]:=Integrate[(400-x^2)^(1/2),{x,0,20},{y,0,(400-x^2)^(1/2)}]

Out[1]=$\dfrac{16000}{3}$

所以两个圆柱的公共部分体积为 $\dfrac{16000}{3} \times 8 = \dfrac{128000}{3}$.

In[2]:= 2Pi*400*80-16000/3*8

Out[2]= $-\dfrac{128000}{3}+64000\pi$

In[3]:= N[%]

Out[3]= 158395.

所求十字形储油罐的容积约为 158396 m³.

【知识演练】

1. 设 $z = x\arctan y$，求 $\dfrac{\partial z}{\partial x}, \dfrac{\partial z}{\partial y}, \dfrac{\partial^2 z}{\partial x \partial y}$.

2. 设 $z = (x^2+y^2)\mathrm{e}^{x/y}$，求 $\dfrac{\partial z}{\partial x}, \dfrac{\partial z}{\partial y}, \dfrac{\partial^2 z}{\partial x \partial y}$.

3. 已知 $z = \ln(x+\sqrt{1+x^2+y^2})$，求 $\mathrm{d}z$.

4. 求 $\iint\limits_{D} x\sin y \,\mathrm{d}x\mathrm{d}y$，$D: 1 \leqslant x \leqslant 2, 0 \leqslant y \leqslant \dfrac{\pi}{2}$.

5. 求 $\iint\limits_{D} xy\cos(xy)\,\mathrm{d}x\mathrm{d}y$，$D: |x|+|y| \leqslant 2$.

6. 求 $\iint\limits_{D} xy\,\mathrm{d}x\mathrm{d}y$，$D$ 为由 $y^2=2x, y=x-4$ 所围成的区域.

> 阅读材料四

萨缪尔森与肯尼迪减税方案

保罗·萨缪尔森(Paul A. Samuelson),1915年出生在美国中部的印第安纳州的加里小镇,是世界经济学界的巨匠之一.

1931年,萨缪尔森考入芝加哥大学主修经济学.富有探究精神和批判性思维的萨缪尔森在校就读时,就对当时著名教授、经济学家瓦伊纳的课堂内容大胆地提出质疑.萨缪尔森从芝加哥大学毕业后在哈佛大学继续深造,在26岁时取得博士学位.其博士学位论文《经济理论操作的重要性》获哈佛大学威尔斯奖.随后萨缪尔森一直在麻省理工学院任经济学教授,是麻省理工学院研究生部的创始人.

萨缪尔森最重要的成果是他30到33岁时编著的一部被数百万大学生奉为经典的教科书——《经济学》.这本全世界最畅销的经济学教科书60多年来一直长盛不衰,现在已经出到第19版,被翻译成中、日、德、意、匈、葡、俄等40多种文字,在全世界累计销售了1000多万册,影响了几代人.

萨缪尔森博采众长,通过这本书,建立了经济学的基本学科体系.他把经济学分为七个单元,分别是经济学的基本概念,微观经济学,要素市场,经济学原理的应用,宏观经济学,经济增长、经济发展与全球经济,失业、通货膨胀与经济政策.他把点状的经济学理论用一个可教授的框架从零开始一个一个进行定义和解释,完成了整个经济学的体系.其中宏观经济学一词在萨缪尔森的教科书问世之前不曾出现在西方经济学的词典中.这本书中,萨缪尔森把函数、矩阵等数学模型大规模地引入经济学体系,把数学变成了经济学的一个基本的工具.他画出了全世界第一条供给曲线、需求曲线及成本曲线,到今天仍是经济学界的共识和典范.人们翻开经济学方面的论著,会看到各种复杂的数学公式和模型.数学家成为诺贝尔经济学奖的得主也已司空见惯.可以说,今天的经济学早已和数学密不可分,而萨缪尔森正是把数学引入经济学的第一人.

《经济学》在内容、形式的安排上可谓独具匠心.教材的每一章的开头都加上历代名人的警句,言简意赅地概括全章的主题,使读者不像是在啃枯燥的理论书,而是在读一部有文学色彩的史书.这本书成为许多国家和地区制定经济政策的理论根据.也正是这本书,将西方经济学理论第一次系统地带进中国,并使这种理论体系和思考方式在中国落地生根.

萨缪尔森以其博士论文为基础编著的《经济分析基础》为他赢得了诺贝尔经济学奖.当时评奖委员会说:"萨缪尔森依靠数学方法的帮助提高了经济理论分析技巧的正规化程度,在对提升经济理论科学分析水平的贡献上,他超过了当代任何一位经济学家."

萨缪尔森不但在经济学理论上建树巨大,还身体力行,把理论应用于实践.他是约翰·

肯尼迪总统读大学时的老师,并担任他的政府经济顾问,对美国20世纪60年代的经济繁荣做出了实际的贡献.

1961年,美国经济正陷入1929年经济大萧条之后的另一个经济萧条时期.美国当时新当选的总统约翰·肯尼迪在第一篇国情咨文中说:"目前的经济状况是令人不安的.我是在经历7个月的衰退、3年半的萧条、7年的经济增长速度降低、9年的农业收入下降之后就任的."当时美国经济的另一大麻烦是,发生了战后第一次美元贬值危机.萨缪尔森给肯尼迪的建议是减税.原因是,税收和国民经济的增长有一种对应关系,国家不一定是税率越高,税收收入就越多.因为你定的税率高,会打击企业家的热情,企业家不愿意投入,政府的税收反而会下降.但如果降低税率,企业家每年交的税下降了,老百姓每年交的税下降了,那么企业家会愿意投入,老百姓会愿意消费,当税率减少到一定程度的时候,会出现一个反向效应,会激活民间的投资和消费的热情,税收反而会增加.

于是,肯尼迪在1962年推动了美国经济史上非常著名的肯尼迪减税运动.在货币政策方面,提高短期贷款利率以阻止美元外流,降低长期贷款利率以刺激国内投资.在财政政策方面,主要通过降低税收,增加企业、居民收入以促进更多消费、投资和拉动内需.这些做法使美国经济重新复苏,并进入高速增长时期.1964—1966年,美国实际GDP以令人瞩目的5.5%的平均速度增长,失业率在1965年下降到4.4%,通货膨胀率每年低于3%.这项运动也让肯尼迪成了美国历史上最伟大的总统之一.

萨缪尔森晚年除了主持修订他三年一版的教科书,还一直坚持为报刊媒体写专栏评论.萨缪尔森曾论及国际金融危机的影响,认为中国将是扭转世界经济失衡的一大关键,发展中国家有可能取代美国的消费地位成为世界经济发展的新引擎.

2009年12月13日,这位经济学界泰斗级的人物在其位于美国马萨诸塞州的家中逝世,享年94岁.

第 5 章　经济数学模型

当今社会,数学在科学技术的发展过程中发挥了不可替代的作用,数学向经济社会和自然科学各个领域的渗透,扩展了数学与生产实践的接触面,也使得数学学科应用于经济建设、社会发展和日常生活的范围和方式发生了深刻的变化.从科学技术的角度来看,不少新的学科分支出现了,特别是与数学相结合而产生的新学科,如数学生物学、数学地质学、数学心理学和数学语言学等.由于计算机技术的迅速发展和普及,大大增强了用数学解决现实问题的能力,形成了一种普遍的、可以实现的关键技术——数学技术,它已成为当代高等技术的一个重要组成部分.然而,一个实际问题往往不是自然地以现成的数学形式出现的,要用数学方法解决它,关键的一步是要用数学的语言和符号将研究的对象描述出来,并借助一些数学手段来研究它,这个过程简称为数学建模,它在解决许多实际问题中发挥了非常重要的作用.本章包含下列主题:

- 经济数学模型概论
- 六类常见问题的经济数学模型:

最值问题、抵押贷款买房问题、实物交换模型、不允许缺货的存储模型、允许缺货的存储模型、消费者选择问题.

5.1　经济数学模型概论

5.1.1　数学模型

数学是由于人类的实际需要而产生并发展起来的.从广义上讲,所有的数学理论都是某种特定的数学模型.例如,斐波那契数列和黄金分割是一个兔子繁殖的模型,中国古代的数学著作《张邱建算经》里著名的"百鸡问题"实际上是求解一个不定方程问题,而《孙子算经》中的"物不知数"就是一个同余组的问题.一般来说,数学模型可以描述为:对于现实世界的一个特定对象,为了一个特定目的,根据特有的内在规律,做出一些必要的简化假设,运用适当的数学工具,得到一个数学结构.它是由数字、字母或其他数学符号组成的,描述现实对象数量规律的数学公式、图形或算法.

怎样建立数学模型?建模的英文为"Modelling",该词有"塑造艺术"的意思,因而同一问题从不同的侧面、角度去考察就会建造出不尽相同的数学模型.实践经验表明,每个问题在数学建模的处理方式上有一个非常相似的流程图(图 5-1).

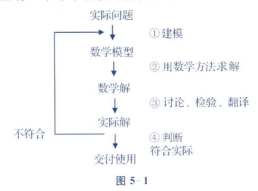

图 5-1

建立模型需要哪些步骤并没有固定的模式,下面是按照一般的情况,提出的一个建立模型的大体过程:

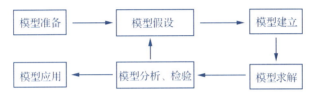

(1) 模型准备:了解背景、明确目的、收集数据、细致调查、虚心请教.

(2) 模型假设:必要简化、抓住主要因素、摒弃次要因素、均匀化、线性化.

(3) 模型建立:刻画变量间的关系、建立相应的数学结构(公式、表格、图形).

(4) 模型求解:运用数学知识、计算机技术、计算技巧(算法)(如解方程、图解、逻辑推理、证明)求解.

(5) 模型分析、检验:进行数学上的分析(或稳定状态、灵敏度、依赖关系、预测、决策、控制等).翻译回实际,用实际现象、数据等检验合理性、适用性(误差分析).若不符合实际,则转至步骤(2)重新修补假设,再循环;若符合,则转至步骤(6).

(6) 模型应用.

数学模型的分类——按功能:定量的、定性的;按目的:理论研究的、预期结果的和优化的;按变量之间的关系:代数的、几何的和积分的(分析的);按结构:分析的、非分析的和图论的;按研究对象的特性:确定的、随机的、模糊的、突变的或静态的、动态的或连续的、离散的或线性的、非线性的;按数学方法:初等模型、微分方程模型、优化、控制论、逻辑、扩散模型等;按对象的实际领域:人口、交通、生态、生理、经济、社会、工程系统等;按对象的了解程度:白箱、灰箱、黑箱.

5.1.2 经济数学模型

经济数学模型,有时简称为经济模型或模型,它作为一种工具,同其他各种数学模型一样,也是为了集中地再现复杂的经济对象,以利于更好地探求经济对象内部的规律性.简单地说,经济数学模型是对客观经济数量关系的简化反映,这是经济分析中科学抽象和高度综合的一种重要形式,是经济理论和经济现实的中间环节.经济数学模型是以经济理论假设为前提,用数学形式描述经济现象和经济过程中,变量依从关系的简化函数式或方程系统.经济数学模型有三个特点,即以经济理论假设为基础,以数学语言为表现形式,以简化来确保其实用性.

经济数学模型在经济理论研究、经济系统分析和经济决策过程中都具有重要的作用.在西方经济学中,应用数学模型来研究经济理论可以追溯到300多年前英国资产阶级古典政治经济学创始人、统计学家威廉·配第的《政治算术》的问世(1676年).1758年,法国经济学家、重农主义学派的奠基者弗朗斯瓦·魁奈发表了《经济表》,其研究思想被誉为经济数学模型的萌芽.1838年,法国的庸俗经济学家、数理经济学派的先驱安多万·奥古斯丹·古诺发表了《财富理论的数学原理量研究》,使数学成为西方经济理论研究中不可缺少的工具.一般说来,经济数学模型着重于整个经济系统中各种经济量之间的相互关系,它最能体现系统论的思想,具有整体性、目的性、动态性和自我调节能力,能够从总体上把握经济量之间的本质联系,从而展现经济过程的全貌,避免"只缘身在此山中"而"不识庐山真面目"的情况出现.经济理论研究、经济系统分析和经济决策过程,发生在经济生活的不同层次上,它们既有联系,又有区别.就像经济理论研究和经济系统分析需要经济数学模型那样,经济决策过程也需要经济数学模型.一般来说,在经济决策过程中,需要进行经济预测和经济政策分析,并制订经济发展计划,这几个方面的工作都需要借助于经济数学模型.

建立经济数学模型,就是在对客观经济过程进行定性分析的基础上,把人们观察经济现象所得到的实践经验、客观经济现象内部各种因素之间以及诸因素同各种外部条件之间的关系,归结成一套能够反映客观经济过程运转机制的数学公式.建立一个经济数学模型,一般要经过明确目标、定性分析、资料准备、模型设计、模型求解、模型检验和模型评价多个阶段:

(1) 明确目标:明确所要建立的经济数学模型的目标,确定模型所涉及的范围和主要的经济变量.

(2) 定性分析:根据所要研究的经济问题,把各个因素之间的内在联系或因果关系弄清楚,确定问题的基本要素,找出影响它们的主要原因,选择能说明问题的变量,加以科学的分类,分析它们之间的关系,必要时画出要素之间的关系图,等等.

(3) 资料准备:经济资料种类很多,有统计资料、会计资料、业务资料、计划资料以及各种其他资料,模型中的各个基本要素或变量,通常都要有相应的数据资料作为它们在经济活动过程中的具体体现.

(4) 模型设计:根据定性分析和所收集的数据资料,在一定理论的指导下,形成假设,描述结构,确定所期望的或可能的数学模型.

(5) 模型求解:建立模型,对模型进行求解,对所求解模型的结果进行分析.

(6) 模型检验:检验模型本身是否科学合理,模型是否能解释和描述经济现象.若不符合实际,则转至步骤(2)重新修补假设,再循环;若符合,则转至步骤(7).

(7) 模型评价:评价一个经济模型的标准应该是吻合度与实用度的统一.

经济数量关系是复杂的,反映这些关系变化的经济数学模型也是多种多样的. 针对我们所要研究的各种经济问题,可以建立各种特定的繁简程度不同的经济数学模型:根据所涉及的经济范围,可以分为企业的、部门的(或行业的)、地区的、国家的和世界的五种;按经济数量关系,可以分为经济计量模型、投入产出模型、最优化模型、经济控制论模型和系统动力学模型等;按时间过程分类,可以分为静态模型和动态模型两种;根据代数方程的表现形式,可分为线性的和非线性的两种;按应用目的分类,可分为理论模型和应用模型;按所反映的经济过程的性质,可以分为随机模型和确定性模型.

5.2 经济数学模型

5.2.1 最值问题

1. 最小成本问题

实际问题中成本一般是产量 q 的函数:$C=C(q)$,求最小成本问题即是求 $C(q)$ 的最小值问题,但在实用中,经常是用平均成本 $\dfrac{C(q)}{q}$ 达到最小来控制产量,所以常常是求平均成本的最小值.

例1 设某企业每季度生产某种产品 q 个单位时,总成本函数为
$$C(q)=aq^3-bq^2+cq\,(a>0,b>0,c>0).$$
(1) 求使平均成本最小的产量;
(2) 求最小平均成本及相应的边际成本.

解 (1) 平均成本函数为
$$\overline{C}(q)=\dfrac{C(q)}{q}=aq^2-bq+c\,(q>0).$$

令 $\overline{C}'(q)=2aq-b=0$,得唯一驻点 $q=\dfrac{b}{2a}$.

又 $\overline{C}''(q)=2a>0$,故 $q=\dfrac{b}{2a}$ 就是 $\overline{C}(x)$ 的极小值,因而是最小值.

所以,每季度产量为 $\dfrac{b}{2a}$ 个单位时,平均成本最小.

(2) 当 $q=\dfrac{b}{2a}$ 时,最小平均成本为
$$\overline{C}\left(\dfrac{b}{2a}\right)=a\left(\dfrac{b}{2a}\right)^2-b\left(\dfrac{b}{2a}\right)+c=\dfrac{4ac-b^2}{4a},$$
而边际成本函数为 $C'(q)=3aq^2-2bq+c,$
所以当 $q=\dfrac{b}{2a}$ 时,相应的边际成本为

$$C'\left(\frac{b}{2a}\right) = 3a\left(\frac{b}{2a}\right)^2 - 2b\left(\frac{b}{2a}\right) + c = \frac{4ac - b^2}{4a}.$$

由此可见,最小平均成本等于其相应的边际成本.

一般而言,如果平均成本 $\overline{C}(q) = \frac{C(q)}{q}$ 可导,则令

$$\overline{C}'(q) = \frac{qC'(x) - C(q)}{q^2} = \frac{1}{q}[(C'(q) - \overline{C}(q)] = 0.$$

当 $\overline{C}(q)$ 在 q_0 处取得极小值时,有 $C'(q_0) = \overline{C}(q_0)$,即对于成本函数,最小平均成本等于相应的边际成本,这也证实了我们在第二章研究边际成本时所得的结论.

例 2 铁路线上 AB 段的距离为 100 km,工厂 C 距 A 处为 20 km,AC 垂直于 AB(图 5-2).为了运输需要,在铁路线 AB 上选定一点 D 向工厂修筑一条公路.已知铁路上每千米货物的运费与公路上每千米货物的运费之比为 $3:5$,为了使货物从供应站 B 运到工厂 C 的运费最省,问 D 点应选在何处?

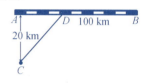

图 5-2

解 设 $AD = x$,则 $DB = 100 - x$,$CD = \sqrt{20^2 + x^2} = \sqrt{400 + x^2}$.

由于铁路上每千米货物的运费与公路上每千米货物的运费之比为 $3:5$,因此不妨设铁路上每千米的运费为 $3k$,公路上每千米的运费为 $5k$(k 为某个常数).设从 B 点到 C 点需要的总运费为 y,那么 $y = 5k \cdot CD + 3k \cdot DB$,即

$$y = 5k\sqrt{400 + x^2} + 3k(100 - x) \quad (0 \leqslant x \leqslant 100).$$

现在问题就归结为 x 在 $[0, 100]$ 内取何值时 y 的值最小.

$$y' = k\left(\frac{5x}{\sqrt{400 + x^2}} - 3\right),$$

令 $y' = 0$,得唯一驻点 $x = 15$. 由于 $y|_{x=0} = 400k$,$y|_{x=15} = 380k$,$y|_{x=100} = 500k\sqrt{1 + \frac{1}{25}}$,其中 $x = 15$ 时,y 最小,因此,当 $AD = 15 \text{ km}$ 时,总运费最省.

2. 最大利润问题

在产量等于销量的情况下,利润等于总收入与总成本之差,即

$$L(x) = R(x) - C(x).$$

若企业以最大利润为目标而控制产量,问题就转化为选择怎样的产量,使利润最大.

根据极值存在的必要条件可知

$$L'(x) = R'(x) - C'(x) = 0,$$

即当边际收入 $R'(x)$ 等于边际成本 $C'(x)$ 时,企业可获最大利润.

例 3 某厂生产服装,每天固定开支为 500 元,每件服装还要花销 9 元.已知价格函数 $p = 30 - 0.2\sqrt{q}$,其中 p 为衣服的单价,q 为每天卖出衣服的件数.假设产量等于销量,问每件衣服以多少价格出售才能获利最大?并求最大利润.

解 由题意可知,需求函数为 $q = 25(30 - p)^2$,可得

成本函数为 $C = 500 + 9q = 500 + 9 \cdot 25(30 - p)^2 \quad (0 < p < 30)$,

收入函数为 $R = p \cdot q = p \cdot 25(30-p)^2$,

利润函数为 $L = R - C = 25p(30-p)^2 - [500 + 9 \cdot 25(30-p)^2]$
$= 25(p-9)(30-p)^2 - 500.$

对 $L(p)$ 求导,得 $L'(p) = 25(30-p)(48-3p).$

令 $L'(p) = 0$,得 $p = 16$(元), $L(16) = 33800$(元).

根据实际问题,最大利润点一定存在,由于 $p = 16$ 是 $(0,30)$ 内唯一的驻点,所以当衣服的单价为 16 元时获利最大,最大利润为 33800 元.

例 4 一家工厂生产一种成套的电器维修工具,厂家规定:若订购套数不超过 300 套,每套售价 400 元;若订购套数超过 300 套,每超过一套可以少付 1 元.问订购数量为多少时,才能使工厂销售收入最大?

解 设订购套数为 q,销售收入为 $R(q)$.那么,当订购套数不超过 300 套时,每套售价为 $p = 400$;当订购套数超过 300 套时,每套售价为 $p = 400 - 1 \times (q - 300) = 700 - q$.所以,每套工具的售价为

$$p = \begin{cases} 400, & 0 \leqslant q \leqslant 300, \\ 700 - q, & q > 300. \end{cases}$$

由此可得总收入函数为

$$R(q) = pq = \begin{cases} 400, & 0 \leqslant q \leqslant 300, \\ 700q - q^2, & q > 300. \end{cases}$$

令 $R'(q) = 0$,得驻点 $q_1 = 350$,且 $q_2 = 300$ 是不可导点.

又当 $q > 300$ 时,$R''(q) = -2 < 0$,故 $q_1 = 350$ 是极大值点.对 $q_2 = 300$,当 q 经过 q_2 的两侧时,$R'(q)$ 不变号,故 $q_2 = 300$ 不是极值点,故 $q = 350$ 是最大值点.即工厂若想获得最大销售收入,应将定购套数控制在 350 套.

3. 最优价格问题

在生产和销售商品过程中,商品销售量、生产成本与销售价格是互相影响的,厂家如何确定合理的销售价格,才能获得最大利润,这个问题称为最优价格问题.

例 5 某工厂生产两种产品,当产量分别为 x_1, x_2 时,其总成本函数为
$$C(x_1, x_2) = x_1^2 + x_1 x_2 + x_2^2,$$
而市场对这两种产品的需求函数分别为
$$x_1 = 40 - 2p_1 + p_2, x_2 = 15 + p_1 - p_2,$$
其中,p_1, p_2 分别是这两种产品的价格.试问:工厂应怎样确定两种产品的价格,才能使所获利润最大?

解 先求总收入函数
$$R(x_1, x_2) = p_1 x_1 + p_2 x_2,$$
由需求函数方程组
$$\begin{cases} x_1 = 40 - 2p_1 + p_2, \\ x_2 = 15 + p_1 - p_2, \end{cases}$$

解得
$$\begin{cases} p_1 = 55 - x_1 - x_2, \\ p_2 = 70 - x_1 - 2x_2, \end{cases}$$

于是
$$R(x_1, x_2) = (55 - x_1 - x_2)x_1 + (70 - x_1 - 2x_2)x_2$$
$$= 55x_1 + 70x_2 - 2x_1 x_2 - x_1^2 - x_2^2,$$

总利润函数为
$$L = R - C = (55x_1 + 70x_2 - 2x_1 x_2 - x_1^2 - x_2^2) - (x_1^2 + x_1 x_2 + x_2^2)$$
$$= 55x_1 + 70x_2 - 3x_1 x_2 - 2x_1^2 - 3x_2^2.$$

令
$$\begin{cases} \dfrac{\partial L}{\partial x_1} = 55 - 3x_2 - 4x_1 = 0, \\ \dfrac{\partial L}{\partial x_2} = 70 - 3x_1 - 6x_2 = 0, \end{cases}$$
解得 $x_1 = 8, x_2 = \dfrac{23}{3}$.

又 $A = \dfrac{\partial^2 L}{\partial x_1^2} = -4, B = \dfrac{\partial^2 L}{\partial x_1 \partial x_2} = -2, C = \dfrac{\partial^2 L}{\partial x_2^2} = -6$, 于是 $B^2 - AC = -15 < 0$, 且 $A = 4 < 0$, 所以 $x_1 = 8, x_2 = \dfrac{23}{3}$ 是极大值点.

当 $x_1 > 0, x_2 > 0$ 时, 这是唯一的极值点, 也是最大值点, 此时相应的产品价格为
$$p_1 = 55 - 8 - \dfrac{23}{3} = \dfrac{118}{3},$$
$$p_2 = 70 - 8 - 2 \times \dfrac{23}{3} = \dfrac{140}{3},$$

即当两种产品的价格分别为 $p_1 = \dfrac{118}{3}, p_2 = \dfrac{140}{3}$ 时, 可获利最大.

例 6 某企业在两个相互分离的市场上出售同一种产品,两个市场的价格函数分别是
$$p_1 = 18 - 2Q_1, p_2 = 12 - Q_2,$$
其中 p_1 和 p_2 分别表示该产品在两个市场上的价格(单位:万元/t), Q_1 和 Q_2 分别表示该产品在两个市场上的销售量(即需求量,单位/t),并且该企业生产这种产品的总成本函数是 $C = 2Q + 5$,其中 Q 表示该产品在两个市场的销售总量,即 $Q = Q_1 + Q_2$.

(1) 如果该企业实行价格差别策略,试确定两个市场上该产品的销售量和价格,使该企业获得最大利润;

(2) 如果该企业实行价格无差别策略,试确定两个市场上该产品的销售量及统一价格,使该企业的总利润最大化,并比较两种价格策略下的总利润大小.

分析 企业实行价格差别策略,即两个市场上的价格 p_1 和 p_2 可独立变动,从而问题 (1) 是求总利润函数的无条件最大值问题. 企业实行价格无差别策略,即两个市场上的价格 p_1 和 p_2 满足 $p_1 = p_2$,从而问题 (2) 是求总利润函数在约束条件 $p_1 = p_2$ (即 $2Q_1 - Q_2 = 6$) 之下的条件最大值问题,因此可用拉格朗日乘数法解决.

解 (1) 根据题意,总利润函数为
$$L = R - C = p_1 Q_1 + p_2 Q_2 - (2Q + 5)$$
$$= -2Q_1^2 - Q_2^2 + 16Q_1 + 10Q_2 - 5.$$

令 $\begin{cases} \dfrac{\partial L}{\partial Q_1} = -4Q_1 + 16 = 0, \\ \dfrac{\partial L}{\partial Q_2} = -2Q_2 + 10 = 0, \end{cases}$ 解得唯一驻点为 $Q_1 = 4, Q_2 = 5$,则 $p_1 = 10$(万元/吨),$p_2 = 7$(万元/吨).

因驻点 $(4,5)$ 唯一,且实际经济问题一定存在最大值,故最大值必在驻点达到,所以最大利润为

$$L = -2 \times 4^2 - 5^2 + 16 \times 4 + 10 \times 5 - 5 = 52 (万元).$$

(2) 若企业实行价格无差别策略,则 $p_1 = p_2$,从而有约束条件 $2Q_1 - Q_2 = 6$,构造拉格朗日函数,得

$$F(Q_1, Q_2, \lambda) = -2Q_1^2 - Q_2^2 + 16Q_1 + 10Q_2 - 5 + \lambda(2Q_1 - Q_2 - 6).$$

令 $\begin{cases} \dfrac{\partial F}{\partial Q_1} = -4Q_1 + 16 + 2\lambda = 0, \\ \dfrac{\partial F}{\partial Q_2} = -2Q_2 + 10 - \lambda = 0, \\ \dfrac{\partial F}{\partial \lambda} = 2Q_1 - Q_2 - 6 = 0, \end{cases}$ 解得 $Q_1 = 5, Q_2 = 4$,则 $p_1 = p_2 = 8$.

因驻点 $(5,4)$ 唯一,且实际问题一定存在最大值,故最大值必在驻点达到,所以最大利润为

$$L = -2 \times 5^2 - 4^2 + 16 \times 5 + 10 \times 4 - 5 = 49 (万元).$$

由上述结果可知,企业实行差别定价所得总利润要大于统一定价的总利润.

4. 产量固定时的最低成本问题

例 7 设生产某种产品需要投入两种生产要素,其投入量分别为 x_1 和 x_2,价格分别为 p_1 和 p_2,生产函数为 $Q = f(x_1, x_2)$,成本函数为 $C = p_1 x_1 + p_2 x_2$. 当生产固定数量的产品(设为 a)时,问应怎样分配两种要素的投入量,才能使成本最低?

解 根据题意,这是求成本函数 $C = p_1 x_1 + p_2 x_2$ 在附加条件

$$a - f(x_1, x_2) = 0$$

下的最小值问题.

构造拉格朗日函数

$$L(x_1, x_2) = p_1 x_1 + p_2 x_2 + \lambda [a - f(x_1, x_2)].$$

令 $\begin{cases} \dfrac{\partial L}{\partial x_1} = p_1 - \lambda f_{x_1} = 0, \\ \dfrac{\partial L}{\partial x_2} = p_2 - \lambda f_{x_2} = 0, \\ f(x_1, x_2) - a = 0. \end{cases}$

由前两个方程,解得

$$\lambda = \frac{p_1}{f_{x_1}} = \frac{p_2}{f_{x_2}},$$

即
$$\frac{p_1}{p_2} = \frac{f_{x_1}}{f_{x_2}}.$$

由此可见,如果产量固定,只有当两种投入量使两个边际产量与相应价格成比例时,才可能使生产成本最低.

5. 成本固定时的最高产量问题

例 8 设某产品的生产函数为
$$y = 2\ln x_1 + 4\ln x_2,$$
其中 x_1, x_2 分别是两种原料的投入量,设两种原料的单价 p_1, p_2 分别为 4 元和 3 元,现在用 10000 元购买两种原料,问怎样分配两种原料的投入量,才能获得最大的产量?

解 成本函数为
$$C = 4x_1 + 3x_2,$$
根据题意,这就是在条件 $10000 - 4x_1 - 3x_2 = 0$ 的约束下,求函数
$$y = 2\ln x_1 + 4\ln x_2$$
的最大值问题.

构造拉格朗日函数
$$L(x_1, x_2) = 2\ln x_1 + 4\ln x_2 + \lambda(10000 - 4x_1 - 3x_2),$$
解方程组
$$\begin{cases} \dfrac{\partial L}{\partial x_1} = \dfrac{2}{x_1} - 4\lambda = 0, \\ \dfrac{\partial L}{\partial x_2} = \dfrac{4}{x_2} - 3\lambda = 0, \\ 4x_1 + 3x_2 - 10000 = 0. \end{cases}$$

由前两个方程得 $x_2 = \dfrac{8}{3} x_1$,代入第三个方程,得
$$\begin{cases} x_1 = \dfrac{2500}{3}, \\ x_2 = \dfrac{20000}{9}, \end{cases} \text{可得 } \lambda = \dfrac{3}{5000}.$$

因为当 $x_1 > 0, x_2 > 0$ 时只有一个驻点,且问题本身具有最大值,故当 $x_1 = \dfrac{2500}{3}, x_2 = \dfrac{20000}{9}$ 时,可获得最大产量,此时
$$\frac{y_{x_1}}{y_{x_2}} = \frac{4}{3} = \frac{p_1}{p_2},$$
即两个边际产量与相应的价格成正比,这与例 6 的结论是一致的.

下面以二元函数为例说明拉格朗日乘数 λ 的经济意义.

从例 7 和例 8 看到,不管是产量固定时的最低成本问题,还是成本固定时的最高产量问题,最后都归结为在约束条件 $\varphi(x,y) = C$ 下,求生产函数 $z = f(x,y)$ 的极值问题,利用拉格朗日乘数法完成.拉格朗日函数为

$$L(x,y,\lambda)=f(x,y)+\lambda[C-\varphi(x,y)],$$

其中 λ 是拉格朗日乘数,由前面的分析,函数 $f(x,y)$ 取极值的必要条件是

$$\begin{cases}\dfrac{\partial L}{\partial x}=0,\\ \dfrac{\partial L}{\partial y}=0,\\ \dfrac{\partial L}{\partial \lambda}=0,\end{cases}\text{即}\begin{cases}\dfrac{\partial f}{\partial x}=\lambda\dfrac{\partial \varphi}{\partial x},\\ \dfrac{\partial f}{\partial y}=\lambda\dfrac{\partial \varphi}{\partial y},\\ \varphi(x,y)-C=0.\end{cases} \tag{5-1}$$

在方程组(5-1)中, λ,x,y 是未知数, C 为已知,但若将 C 看作变量,则 λ 和 x,y 都可表示为 C 的函数. 假设由方程组(5-1)解出最优解 λ^*, x^* 和 y^*,则

$$\lambda^*=\lambda(C), x^*=x(C), y^*=y(C),$$

从而极值 z^* 也可视为 C 的函数,

$$z^*=f(x^*,y^*).$$

将 $z^*=f(x^*,y^*)$ 对 C 求导,形式上有

$$\frac{\mathrm{d}z^*}{\mathrm{d}C}=\frac{\partial f}{\partial x^*}\frac{\mathrm{d}x^*}{\mathrm{d}C}+\frac{\partial f}{\partial y^*}\frac{\mathrm{d}y^*}{\mathrm{d}C}, \tag{5-2}$$

再将方程组(5-1)中前两式代入(5-2)式中,得

$$\frac{\mathrm{d}z^*}{\mathrm{d}C}=\lambda^*\left(\frac{\partial \varphi}{\partial x^*}\frac{\mathrm{d}x^*}{\mathrm{d}C}+\frac{\partial \varphi}{\partial y^*}\frac{\mathrm{d}y^*}{\mathrm{d}C}\right). \tag{5-3}$$

若将 $\varphi(x,y)=C$ 两边对 C 求导,有

$$\frac{\partial \varphi}{\partial x}\frac{\mathrm{d}x}{\mathrm{d}C}+\frac{\partial \varphi}{\partial y}\frac{\mathrm{d}y}{\mathrm{d}C}=1,$$

于是(5-3)式为 $\dfrac{\mathrm{d}z^*}{\mathrm{d}C^*}=\lambda^*$.

这说明,拉格朗日乘数 λ^* 是目标函数极值 z^* 对约束条件之常数 C 的变化率或边际值. 在经济学中,也将 λ^* 称为影子指标, λ^* 随目标函数、约束条件的经济意义和度量单位不同而有不同的经济解释.

若给定产出水平为 a,约束为 $\varphi(x,y)=a$,目标是使成本 $C=f(x,y)$ 最小,需决策的是两种投入 x,y 的水平,则 λ^* 是在最优投入水平时产品的边际成本,如例 6 中的 λ^*.

若成本是固定的, $\varphi(x,y)=C$,目标是使产量 $z=f(x,y)$ 最大,而要决策投入 x,y 的水平,则 λ^* 是支出的边际产量,如例 7 中 $\lambda^*=\dfrac{3}{5000}$ 单位.

5.2.2 抵押贷款买房问题

每家人都希望有一套(甚至一栋)属于自己的住房,但如果没有足够的资金一次性买下,这就产生了贷款买房的问题. 先看下面的一则广告:

现有这样一栋房子,自备款只需七万元,其余由银行贷款,分五年还清,相当于每月只需付 1200 元人民币,那么,这对于您还有什么问题呢? 任何人看了这则广告都会产生疑问,且

不谈广告中没有谈住房面积、设施等,人们关心的是:如果一次性付款买这栋房子要多少钱呢?银行贷款的利息是多少呢?为什么每个月要付 1200 元呢?是怎样算出来的?因为人们都知道,若知道了房价(一次付款买房的价格),如果自己只能支付一部分款,那就要把其余款项通过借贷方式来解决,只要知道利息,就应该可以算出每月要付多少钱才能五年还清贷款,从而也就可以对是否要去买该广告中所说的房子做出决策了.现在我们来进行建模,由于本问题比较简单,无须太多的抽象和简化.

(1) 明确变量、参数. 显然下面的量是要考虑的:

需要多少钱用 A_0 记;

月利率(贷款通常按复利计)用 R 记;

每月还多少钱用 x 记;

借期记为 N 个月.

(2) 建立变量之间的明确的数学关系. 若用 A_k 记第 k 个月尚欠的款数,则一个月后(加上利息后)欠款 $A_{k+1}=(1+R)A_k$,不过我们又还了 x 元,所以总的欠款为

$$A_{k+1}=(1+R)A_k-x, k=0,1,2,\cdots.$$

因为一开始的借款为 A_0,所以我们的数学模型可表述如下:

$$\begin{cases} A_{k+1}=(1+R)A_k-x, k=0,1,2,\cdots, \\ A_0 \text{ 为已知.} \end{cases} \tag{5-4}$$

(3) (5-4)式的求解. 利用数学归纳法,由

$$A_1=(1+R)A_0-x,$$

$$A_2=(1+R)A_1-x=(1+R)[(1+R)A_0-x]-x=(1+R)^2 A_0-x[(1+R)+1],$$

易知

$$A_k=(1+R)^k A_0-x[(1+R)^{k-1}+(1+R)^{k-2}+\cdots+(1+R)+1]$$

$$=(1+R)^k A_0-\frac{x}{R}[(1+R)^k-1](\text{利用等比级数求和公式}),$$

故

$$A_k=\left(A_0-\frac{x}{R}\right)(1+R)^k+\frac{x}{R}, \tag{5-5}$$

这就是 A_k, A_0, x, R 之间的显式关系.

(4) 针对广告中的情形. $N=5$ 年 $=60$ 个月,每月还款 $x=1200$ 元,$A_0=70000$,即一次性付款购买价减去 70000 元后剩下的是要另外去借的款,广告中并没有告诉你,此外银行贷款利率 R 也没告诉你,这就造成了我们决策的困难. 然而,由已知 60 个月后还清,即 $A_{60}=0$,从而可得

$$0=A_0(1+R)^{60}-\frac{1200}{R}[(1+R)^{60}-1],$$

$$A_0=\frac{1200[(1+R)^{60}-1]}{R(1+R)^{60}}. \tag{5-6}$$

(5-6)式表示 $N=60, x=1200$ 给定时 A_0 和 R 之间的关系式,如果我们已经知道银行的

贷款利率 R，就可以算出 A_0．例如，若 $R=0.01$，则由(5-6)式可算得 $A_0\approx 53946$ 元．如果该房地产公司说一次性付款的房价大于 $70000+53946=123946$ 元的话，你就应该自己去银行借款．事实上，利用图形计算器或 Mathematic 这样的数学软件可把(5-6)式的图形画出来，从而可以进行估算决策．以下我们进一步考虑两个具体问题．

例 9 一对夫妇为买房要向银行贷款 60000 元，月利率为 0.01，贷款期为 25 年（＝300月），这对夫妇希望知道每月要还多少钱，25 年就可还清．假设这对夫妇每月可有节余 900元，是否可以去买房呢？

解 现在的问题就是要求使 $A_{300}=0$ 的 x，由(5-5)式可知
$$x=\frac{A_0 R(1+R)^k}{(1+R)^k-1},$$
现 $A_0=60000, R=0.01, k=300$，算得 $x\approx 632$ 元，这说明这对夫妇有能力买房．

例 10 恰在此时这对夫妇看到某借贷公司的一则广告：若借款 60000 元，22 年还清，只要(1) 每半个月还 316 元；(2) 先预付三个月的款，即 1896 元．这对夫妇想：提前三年还清当然是好事，每半个月还 316 元，那一个月不正好是还 632 元，只不过是多交一次款罢了；要预付 1896 元，当然使人不高兴，但提前三年还清省下来的钱是 22752 元，是 1896 元的十几倍．那这家公司是慈善机构呢还是仍然要赚我们的钱呢？

解 我们来分析看看能否缩短归还期．

(1) 这时 $A_0=60000$ 不变，$x=316$，月利率变为半月利率，可粗略地认为正好是原 R 的一半，即 $R=\frac{0.01}{2}=0.005$，于是由(5-5)式可求出使 $A_N=0$ 的归还期，即由

$$0=(1+R)^N A_0 - \frac{x}{R}[(1+R)^N-1]$$

求 N，得

$$N=\frac{\ln\left(\frac{x}{x-A_0 R}\right)}{\ln(1+R)}.$$

即 $N\approx 598$（半个月）≈ 24.92 年，即只能提前大约 1 个月还清，由此可见，该借贷公司如果只有第 1 个条件的话，那只能是个慈善机构了．

(2) 这时 $A_0=60000-1896=58104$ 元，你只借了 58104 元而不是 60000 元，可以按问题(1)中银行贷款的条件算一下，$N\approx 253.05$（月）≈ 21.09 年，即实际上提前将近 4 年就可还清．该借款公司只要去同样的银行借款，即使半个月收来的 316 元不动再过半个月合在一起去交给银行，它还可坐收第 22 年的款近 7000 元，更何况它可以利用收到的贷款去做短期的投资赚取额外的钱．

从问题(1)的讨论中我们知道，这实际上是个复利问题．但例 10 中是半月利息，这时虽不能提前三年还清，但还是提前了一点．这启发我们换一个角度来考虑问题，即把问题连续化：设单位时间（可以是年、月、日、分、秒等）的（瞬时）利率为 R，一开始借款为 A_0，每单位时间还款为 x，记 t 时刻欠款为 $A(t)$，问多长时间后（即是否存在 $\bar{t}$）不再欠银行钱了？（即 $A(\bar{t})=0$）或者问要求在给定时间内还清（即要求 $A(\bar{t})=0, \bar{t}>0$ 已知），每个单位时间内的还款 x

应是多少?

假设任何时间来还款(按比例还)都可以,计息也一样,那么我们可以用如下方式来建模:考察时间区间$[t,t+\Delta t]$内"增加"(或"减少")的欠款$A(t+\Delta t)-A(t)$应等于这段时间内应付给银行的利息$\int_t^{t+\Delta t}A(t)R\mathrm{d}t$减去还给银行的钱$x\Delta t$,即

$$A(t+\Delta t)-A(t)=\int_t^{t+\Delta t}A(t)R\mathrm{d}t-x\Delta t.$$

由积分中值定理得

$$A(t+\Delta t)-A(t)=RA(t+\theta\Delta t)\Delta t-x\Delta t,$$

于是

$$\frac{A(t+\Delta t)-A(t)}{\Delta t}=RA(t+\theta\Delta t)-x,0<\theta<1 \tag{5-7}$$

(5-7)式对任何$\Delta t>0$都是对的,只要设$A(t)$连续可微就可以.

令$\Delta t\to 0$,得

$$\begin{cases}\dfrac{\mathrm{d}A}{\mathrm{d}t}=RA-x,& t>0,\\ A(0)=A_0,& \text{已知}.\end{cases} \tag{5-8}$$

(5-8)式可以用如下积分因子法求解,即两边同乘e^{-Rt},得

$$\mathrm{e}^{-Rt}\frac{\mathrm{d}A}{\mathrm{d}t}-RA\mathrm{e}^{-Rt}=-x\mathrm{e}^{-Rt},$$

于是得

$$\frac{\mathrm{d}}{\mathrm{d}t}(\mathrm{e}^{-Rt}A(t))=-x\mathrm{e}^{-Rt},$$

从 0 到 t 积分并利用初值$A(0)=A_0$,得

$$\mathrm{e}^{-Rt}A(t)=A_0+\frac{R}{x}(\mathrm{e}^{-Rt}-1),$$

从而

$$A(t)=A_0\mathrm{e}^{Rt}+\frac{x}{R}(1-\mathrm{e}^{Rt})$$

或

$$A(t)=\left(A_0-\frac{x}{R}\right)\mathrm{e}^{Rt}+\frac{x}{R}. \tag{5-9}$$

取$\bar{t}=N\Delta t$,则

$$A(\bar{t})=\left(A_0-\frac{x}{R}\right)\mathrm{e}^{RN\Delta t}+\frac{x}{R}.$$

由$\mathrm{e}^x=\sum\limits_{n=0}^{\infty}\dfrac{x^n}{n!}$,知$\mathrm{e}^x\approx 1+x$,于是$\mathrm{e}^{RN\Delta t}=(\mathrm{e}^{R\Delta t})^N\approx(1+R\Delta t)^N$,即

$$A(\bar{t})\approx\left(A_0-\frac{x}{R}\right)(1+R\Delta t)^N+\frac{x}{R}. \tag{5-10}$$

若取$\Delta t=1,\bar{t}=K=N$,并记$A(k)=A_k$,即得(5-5)式.由此可见,差分模型是该模型的

一种"近似". 而例 10 分析(2)中，$\Delta t = \frac{1}{2} \Delta t, \Delta t = 1, x \to \frac{x}{2}, R \to \frac{R}{2}$，从而可设想把 Δt 细分为 m 个小单位，即

$$\Delta t = \frac{1}{m}, x \to \frac{x}{m}, R \to \frac{R}{m}, \bar{t} = K\Delta t \to Km \cdot \frac{\Delta t}{m},$$

仍取 $\Delta t = 1$，则有

$$A(K) = A(\bar{t}) = \left(A_0 - \frac{x}{R}\right)\left(1 + \frac{R}{m}\right)^{Km} + \frac{x}{R}.$$

若要求使 $A(K) = 0$ 的 K，即从

$$\left(A_0 - \frac{x}{R}\right)\left(1 + \frac{R}{m}\right)^{Km} + \frac{x}{R} = 0$$

中求解 K，即

$$K(m) = \frac{\ln\left(\frac{x}{x - A_0 R}\right)}{m \ln\left(1 + \frac{R}{m}\right)}.$$

由此即可回答，把 $\Delta t = 1$ 无限细分，令 $m \to \infty$，有

$$\lim_{m \to \infty} K(m) = \frac{\ln\left(\frac{x}{x - A_0 R}\right)}{R}.$$

用例 10 中的数据，仅靠细分还款区间最多只能提前 1.7 个月还清. 再看模型(5-8)的解(5-9)，使 $A(\bar{t}) = 0$ 的 $\bar{t}$ 正好是

$$\bar{t} = \frac{\ln\left(\frac{x}{x - A_0 R}\right)}{R}.$$

5.2.3 实物交换模型

设有甲、乙两人，甲有物品 A，乙有物品 B. 出于某种需要，甲、乙两人希望交换部分物品，以达到双方都满意的结果. 显然，交换的结果取决于双方对两种物品的偏爱程度，而偏爱程度很难给出确切的定量关系，我们用作图的方法将如何交换实物建立一个模型.

设交换前甲占有物品 A 的数量为 x_0，乙占有物品 B 的数量为 y_0. 交换后甲占有物品 A 和 B 的数量分别为 x 和 y，于是乙占有 A 和 B 的数量为 $x_0 - x$ 和 $y_0 - y$. 这样在 xOy 平面直角坐标系上，长方形 $0 \leqslant x \leqslant x_0, 0 \leqslant y \leqslant y_0$ 内任一点的坐标 (x, y) 都代表了一种交换方法. 用无差别曲线描述甲对物品 A 和 B 的偏爱程度. 如果占有 x_1 数量的 A 和 y_1 数量的 B（图 5-3 中的 p_1 点）与占有 x_2 的 A 和 y_2 的 B（p_2 点），对甲来说是同样满意的话，称 p_1 和 p_2 对甲是无差别的. 或者说 p_2 与 p_1 相比，甲愿意以 B 的减少 $(y_2 - y_1)$ 换取 A 的增加 $(x_2 - x_1)$. 所有与 p_1, p_2 具有同样满意程度的点组成一条甲的无差别曲线 MN，而比这些点的满意程度更高的点，如 $p_3(x_3, y_3)$，则位于另一条无差别曲线 $M_1 N_1$ 上. 这样，甲有无数条无差别曲线，不妨将这族曲线记作

c_1 称为满意度,随着 c_1 的增加,曲线向右上方移动. 按照常识,无差别曲线应该是单调减的、下凸的和互不相交的,如图 5-3 所示.

$$f(x,y)=c_1$$

同样,乙对物品 A 和 B 也有一族无差别曲线,

$$g(x,y)=c_2.$$

不管无差别曲线 f,g 是否有解析表达式,每个人都可根据对两种物品的偏爱程度用曲线表示它们,为用图解法确定交换方案提供了依据.

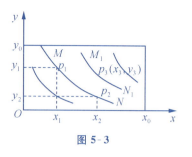

图 5-3

为得到双方满意的交换方案,将双方的无差别曲线族画在一起(图 5-4). 甲的无差别曲线族 $f(x,y)=c_1$ 如图 5-3,而乙的无差别曲线族 $g(x,y)=c_2$ 的原点在 O',x,y 轴均反向,于是当乙的满意度 c_2 增加时,无差别曲线向左下移动. 这两族曲线的切点连成一条曲线 AB. 可以断言:双方满意的交换方案应在曲线 AB 上,AB 称为交换路径. 这是因为,假设交换在 AB 以外的某一点 p' 进行,若通过 p' 的无差别曲线与 AB 的交点为 p. 甲对 p 和 p' 的满意度相同,而乙对 p 的满意度高于 p',所以双方满意的交换不可能在 p' 进行.

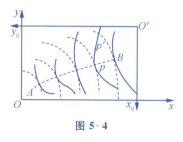

图 5-4

有了双方的无差别曲线,交换方案的范围可以从整个长方形缩小为一条曲线 AB,但仍不能确定交换究竟应在曲线 AB 上的哪一点进行. 显然,越靠近 B 端甲的满意度越高,而乙的满意度越低,越靠近 A 端则反之.

要想把交换方案确定下来,需要双方协商或者依据双方同意的某种原则,如等价交换准则. 等价交换准则是指,两种物品用同一种货币衡量其价值,进行等价交换. 不妨设交换前甲占有的 x_0(物品 A)与乙占有的 y_0(物品 B)具有相同的价值,x_0,y_0 分别对应于图 5-5 中 x 轴、y 轴上的 C,D 两点,那么在直线 CD 上的点进行交换,都符合等价交换准则.

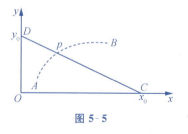

图 5-5

最后,在等价交换准则下,双方满意的交换方案必是 CD 和 AB 的交点 p.

5.2.4 不允许缺货的存储模型

工厂要定期地订购各种原料,存在仓库里供生产之用;商店要成批地购进各种商品,放在货柜中以备零售;水库在雨季蓄水,用于旱季的灌溉与航运. 不论是原料、商品还是蓄水,都有一个贮存多少的问题. 原料、商品存得太多,贮存费用高;存得太少,则无法满足需求. 水库雨季蓄水过量可能危及安全. 当影响贮存量的因素具有随机性时,需要建立随机性贮存模型.

本节假定需求量是恒定的,并且不允许缺货现象出现,如钢厂订购废钢供炼钢用就是这种情况,因为炼钢生产对原料的需求是一定的,而一旦缺少了原料将造成巨大损失.

在不允许缺货的情况下我们将只考虑两种费用:订货时需付的一次性订货费;货物的贮存费.至于货物本身的价格,它与要讨论的优化问题无关.建立模型的目的是在单位时间的需求量为常数的情况下,制定最优贮存策略,即多长时间订一次货,每次订多少货可使总费用最小.

为了叙述方便,设时间以"天"为单位,货物以"吨"为单位,每隔 T 天订一次货(T 称订货周期),订货量为 Q 吨.订货费、贮存费及单位时间需求量均为已知常数.模型要以总费用为目标函数确定订货周期 T 和订货量 Q 的最优值.为此我们做出如下假设:

(1) 每次订货费为 c_1,每天每吨货物贮存费为 c_2;
(2) 每天货物的需求量为 r 吨;
(3) 每隔 T 天订货 Q 吨,当贮存量降到零时,订货立即到达.

当然,贮存量降到零不符合实际生产的需要,应该有一个最低库存量,可以认为模型中的贮存量是在最低存量之上计算的.

订货周期 T、订货量 Q 与每天需求量 r 之间满足关系式

$$Q = rT.$$

订货后贮存量由 Q 均匀下降,记任意时刻 t 的贮存量为 q,则 $q(t)$ 的变化规律可以用图 5-6 表示.

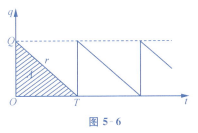

图 5-6

考察一个订货周期的总费用:订货费为 c_1;贮存费是 $c_2 \int_0^T q(t)dt$,其中积分恰等于图中三角形的面积 A,$A = \dfrac{1}{2}QT$.可知一个订货周期 T 内的总费用为

$$\overline{C} = c_1 + \dfrac{1}{2} c_2 rT^2.$$

这个贮存模型的目标函数不能是一个周期的总费用 $\overline{C}$,而应取作每天的平均费用,记作 $C(T)$,显然

$$C(T) = \dfrac{\overline{C}}{T} = \dfrac{c_1}{T} + \dfrac{1}{2} c_2 rT.$$

制定最优贮存策略归结为求订货周期 T,使 $C(T)$ 最小.利用一元函数微分法,令 $\dfrac{dC}{dT} = 0$,不难求得

$$T = \sqrt{\dfrac{2c_1}{rc_2}},$$

再根据 $Q = rT$,有

$$Q=\sqrt{\frac{2c_1 r}{c_2}}.$$

上式是经济理论中著名的经济订货批量公式(EOQ 公式). 从中我们可以看出, 订货费 c_1 越高, 需求量 r 越大, 订货批量 Q 越大; 贮存费 c_2 越高, 订货批量 Q 应越小. 这些关系当然是符合常识的. 不过公式在定量上表明的平方根关系却是凭常识无法得到的.

5.2.5 允许缺货的存储模型

考察一个商店经理制定最优订货周期和最优订货批量时碰到的问题. 设市场对某种商品的需求是确定的和已知的, 但是允许缺货. 缺货时因失去销售机会而使利润减少, 减少的利润可以视为因缺货而付出的费用, 称缺货费. 于是这个模型的第 1、2 条假设条件与不允许缺货的存储模型相同, 而第 3 条改为: 每隔 T 天订货 Q 吨, 允许缺货, 每天每吨货物缺货费为 c_3. 缺货是贮存量 q 视作负值, $q(t)$ 的图形如图 5-7 所示. 货物在 $t=T_1$ 时售完, 有一段时间缺货 (这时需求量仍为 r), 在 $t=T$ 时, 下一次订货量 Q 到达. 于是

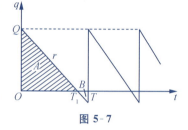

图 5-7

$$Q=rT_1.$$

一个订货周期 T 内的总费用: 订货费 c_1; 贮存费 $c_2\int_0^{T_1} q(t)\mathrm{d}t$, 其中积分等于图中三角形面积 A, $A=\dfrac{1}{2}QT_1$; 缺货费 $c_3\int_{T_1}^{T} |q(t)|\mathrm{d}t$, 其中积分等于图中三角形面积 B, 易知 $B=\dfrac{1}{2}r(T-T_1)^2$. 于是总费用为

$$\overline{C}=c_1+\frac{1}{2}c_2 QT_1+\frac{1}{2}c_3 r(T-T_1)^2.$$

模型的目标函数仍为每天的平均费用. 上式 T_1 用 $Q=rT_1$ 代入, 可知平均费用是 T 和 Q 的二元函数, 记作 $C(T,Q)$, 且

$$C(T,Q)=\frac{\overline{C}}{T}=\frac{c_1}{T}+\frac{c_2 Q^2}{2rT}+\frac{c_3(rT-Q)^2}{2rT}.$$

利用微分法, 令 $\dfrac{\partial C}{\partial T}=0, \dfrac{\partial C}{\partial Q}=0$, 可以求出 T, Q 的最优值, 有

$$T=\sqrt{\frac{2c_1}{rc_2}\frac{c_2+c_3}{c_3}}, \quad Q=\sqrt{\frac{2c_1 r}{c_2}\frac{c_3}{c_2+c_3}}.$$

5.2.6 消费者的选择

实物交换模型中曾用无差别曲线族来描述人们对两种物品的满意和偏爱程度, 用图形的方法确定两个人进行实物交换时应遵循的途径. 本节要利用无差别曲线族的概念讨论, 当一个消费者用一定数额的钱去购买两种商品时应做怎样的选择, 即他应该分别用多少钱去买这两种商品.

记消费者占有甲、乙两种商品的数量分别是 q_1 和 q_2,消费者的满意程度(商品给消费者带来的效用)是 q_1, q_2 的函数,记作 $U(q_1, q_2)$,经济学中称为效用函数. $U(q_1, q_2)=c$(常数)的图形就是无差别曲线族.如图 5-8 所示,是一族单调降、下凸、互不相交的曲线.在每一条曲线上,对于不同的点,效用函数值 $U(q_1, q_2)$ 不变.而随着曲线向右上方移动,效用函数值 $U(q_1, q_2)$ 增加.曲线下凸的具体形状则反映了消费者对甲、乙两种商品的偏爱情况.这里假定消费者的效用函数 $U(q_1, q_2)$,即无差别曲线族已经完全确定.

设甲、乙两种商品的价格分别是 p_1 元和 p_2 元,消费者有资金 s 元.当消费者用这些钱买这两种商品时,所做的选择(即 s 中购买甲、乙的比例)应该使效用函数 $U(q_1, q_2)$ 达到最大,即得到最大的满意度.经济学上称这种最优状态为消费者均衡.

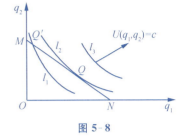

图 5-8

因为当消费者对两种商品的购买量分别为 q_1 和 q_2 时,费用分别为 $p_1 q_1$ 和 $p_2 q_2$,于是问题归结为在条件

$$p_1 q_1 + p_2 q_2 = s$$

下求比例 $\dfrac{p_1 q_1}{p_2 q_2}$,使效用函数 $U(q_1, q_2)$ 达到最大.

这是二元函数的条件极值问题,用拉格朗日乘数法不难得到,最优解应满足

$$\frac{\dfrac{\partial U}{\partial q_1}}{\dfrac{\partial U}{\partial q_2}} = \frac{p_1}{p_2}. \tag{5-11}$$

当效用函数 $U(q_1, q_2)$ 给定后,由上式即可确定最优比例 $\dfrac{p_1 q_1}{p_2 q_2}$.

上述问题也可用图形法求解,约束条件在图上是一条直线 MN,此 MN 必与无差别曲线族 $U(q_1, q_2)=c$ 中的某一条曲线相切,则 q_1, q_2 的最优值必在切点 Q 处取得.因为在切点 Q 处直线与曲线的斜率相同,而直线的斜率是 $-\dfrac{p_1}{p_2}$,曲线的斜率为 $-\dfrac{\dfrac{\partial U}{\partial q_1}}{\dfrac{\partial U}{\partial q_2}}$,从而给出(5-11)式.

经济学中,$\dfrac{\partial U}{\partial q_1}, \dfrac{\partial U}{\partial q_2}$ 称为边际效用,即商品购买量增加一个单位时效用函数的增量.(5-11)式表明,消费者均衡状态在两种商品的边际效用之比恰等于它们的价格之比时达到.

从以上讨论可以看出,建立消费者均衡模型的关键是确定效用函数 $U(q_1, q_2)$.构造效用函数时应注意到它必须满足如下的条件:

条件 A $U(q_1, q_2)=c$ 所确定的一元函数 $q_2=q(q_1)$ 是单调递减的,且曲线呈下凸状.

条件 A 是无差别曲线族 $U(q_1, q_2)=c$ 的一般特性.这个条件可以用下面更一般的条件代替.

条件 B $\dfrac{\partial U}{\partial q_1} > 0, \dfrac{\partial U}{\partial q_2} > 0, \dfrac{\partial^2 U}{\partial q_1^2} < 0, \dfrac{\partial^2 U}{\partial q_2^2} < 0, \dfrac{\partial^2 U}{\partial q_1 \partial q_2} > 0.$

在条件 B 中,第一、第二两个式子表示固定某一个商品购买量,效用函数值随着另一个商品购买量的增加而增加. $\frac{\partial^2 U}{\partial q_i^2}<0 (i=1,2)$ 表示当 q_i 占有量较小时,增加 q_i 引起的效用函数值的增加应大于 q_i 占有量较大时增加 q_i 引起的效用函数值的增加. 最后一个不等式含义是:当 q_1 占有量较大时增加 q_2 引起的效用函数值的增加应大于 q_1 占有量较小时增加 q_2 引起的效用函数值的增加. 仔细分析可以知道,这些条件与实际都是相符的. 也可以验证条件 B 成立时,条件 A 一定成立.

下面列举几个常用的效用函数,得到消费者均衡状态,并分析这种状态的特性.

(1) 效用函数为

$$U(q_1,q_2)=\frac{q_1 q_2}{aq_1+bq_2}, a,b>0$$

根据(5-11)式可以求得最优比例

$$\frac{s_1}{s_2}=\sqrt{\frac{bp_1}{ap_2}}, s_i=p_i q_i, i=1,2$$

结果表明,均衡状态下购买两种商品所用资金的比例,与商品价格比的平方根成正比;同时与效用函数 $U(q_1,q_2)$ 中的参数 a,b 有关,参数 a,b 分别表示消费者对商品甲和乙的偏爱程度. 于是可以通过调整参数 a,b 来改变消费者对两种商品的爱好倾向,或者说可以改变无差别曲线族的具体形状.

(2) 效用函数为

$$U(q_1,q_2)=q_1^\lambda q_2^\mu, 0<\lambda,\mu<1.$$

根据(5-11)式可以求得最优比例

$$\frac{s_1}{s_2}=\frac{\lambda}{\mu}, s_i=p_i q_i, i=1,2.$$

结果表明,均衡状态下购买两种商品所用钱的比例与价格无关,只与消费者对商品甲和乙的偏爱程度有关.

(3) 效用函数为

$$U(q_1,q_2)=(a\sqrt{q_1}+b\sqrt{q_2})^2, a,b>0.$$

根据(5-11)式可以求得最优比例

$$\frac{s_1}{s_2}=\frac{a^2 p_2}{b^2 p_1}, s_i=p_i q_i, i=1,2.$$

结果表明,均衡状态下购买两种商品所用资金的比例,与商品价格比成反比,与费者对商品甲和乙的偏爱程度之比的平方成正比.

在这个模型的基础上,可以讨论当某种商品的价格改变,或者消费者购买商品的总金额改变时均衡状态的改变情况.

知识演练参考答案

第 1 章

1. (1) $(-\infty,-1]\cup[2,+\infty)$；(2) $[-1,3)$；(3) $\{x|x>-1$ 且 $x\neq 0\}$；(4) $\{x|x\geqslant 1$ 且 $x\neq 2\}$.

2. $f(x+1)$ 的定义域为 $[-1,3]$，$f(x^2)$ 的定义域为 $[-2,2]$.

3. $f(0)=1,f(-1)=2,f(x+3)=x^2+6x+10$.

4. $f(x)$ 的定义域为 $(-2,+\infty)$，$f(-1)=1,f(1)=3,f\left(\dfrac{3}{2}\right)=\dfrac{9}{4}$.

5. 相同. **6.** (1) 奇函数；(2) 偶函数；(3) 奇函数；(4) 非奇非偶函数.

7. $y=\lg(x-5)$. **8.** $f(x^2)=e^{x^2},f(\sin x)=e^{\sin x}$. **9.** $f(x)=\dfrac{x+1}{x+3}$.

10. (1) $y=u^2,u=\cos x$；(2) $y=\sqrt{u},u=x^2-1$；(3) $y=\ln u,u=v^2,v=\sin x$；(4) $y=e^u,u=\sin v,v=2x$.

11. $1000(1+5\%)^4$. **12.** $s=\begin{cases}0.3,&0<t\leqslant 3,\\0.3+0.1(t-3),&t>3.\end{cases}$

13. (1) $C=400+Q$；(2) 当 $Q=200$ 时，$C=600$ 元，$\overline{C}=3$ 元. **14.** $R=1000P-4P^2$.

15. (1) $L=-q^2+21q-80$；(2) 当 $q=10,L=30>0$，表示盈利. **16.** $P=5,Q=15$.

17. 略. **18.** (1) 收敛，1；(2) 收敛，0；(3) 收敛，0；(4) 不收敛. **19.** (1) 1；(2) 0；(3) 1；(4) -2；(5) 0.

20. 图略，极限不存在. **21.** 极限不存在. **22.** 1.

23. (1) 无穷小；(2) 无穷大；(3) 无穷小；(4) 无穷大；(5) 无穷小.

24. (1) 0；(2) 0. **25.** 当 $x\to -1$ 时为无穷小，当 $x\to 1$ 时为无穷大.

26. (1) 3；(2) $\dfrac{5}{3}$；(3) 1；(4) -1；(5) $\dfrac{1}{6}$；(6) 0；(7) 2；(8) $\dfrac{1}{4}$；(9) 2；(10) 4.

27. 4. **28.** $\dfrac{1}{2}$. **29.** $2x$. **30.** $\dfrac{1}{2\sqrt{x}}$. **31.** $a=1,b=-2$.

32. (1) $\dfrac{3}{2}$；(2) $\dfrac{2}{5}$；(3) 2；(4) 1；(5) 2；(6) π. **33.** (1) e^2；(2) e^{-6}；(3) e^2；(4) e^2.

34. (1) 3；(2) $\dfrac{1}{3}$；(3) -1；(4) 1；(5) 3；(6) 2. **35.** 连续. **36.** $x=\pm 1$. **37.** $x=0$.

38. (1) $a=1$；(2) $a=3$. **39.** $\sqrt{2}$. **40.** $\ln 2$. **41.** 略.

第 2 章

1. $y'=-\dfrac{1}{x^2}(x\neq 0)$. **2.** 切线：$x+y-2=0$；法线：$x-y=0$. **3.** (1) $(0,0)$；(2) $\left(\dfrac{\sqrt{3}}{6},\dfrac{1}{12}\right)$.

4. 不可导. **5.** (1) 6；(2) $\dfrac{3}{25}$；(3) 8；(4) 1.

6. (1) $y'=12x^2-4x$；(2) $y'=2^x\ln 2\ln x+\dfrac{2^x}{x}$；(3) $y'=6x^2\sin x+2x^3\cos x$；(4) $y'=3x^2+\dfrac{10}{\cos^2 2x}$；

(5) $y'=5\mathrm{e}^{5x}+\dfrac{2\ln x}{x}$; (6) $y'=\dfrac{x^2\mathrm{e}^x-2x\mathrm{e}^x-2x^2}{x^4}$; (7) $y'=\dfrac{\cos t+\sin t+1}{(1+\cos t)^2}$; (8) $y'=\dfrac{3^x\ln 3}{2\sqrt{1+3^x}}$;

(9) $y'=2x-3\sqrt{x}+1$; (10) $y'=\dfrac{3}{x}\sin^2(\ln x)\cos(\ln x)$.

7. (1) $y''=48(2x+7)^2$, $y''|_{x=-3}=48$; (2) $f''(0)=0$; (3) $f^{(6)}(0)=\dfrac{4}{3}$.

8. (1) $y'=\dfrac{\cos y-2\cos(2x+y)}{\cos(2x+y)+x\sin y}$; (2) $y'=\dfrac{2\cos^2(xy)-y}{x-3\cos^2(xy)}$; (3) $y'=\dfrac{2x+y\mathrm{e}^x-\mathrm{e}^y}{x\mathrm{e}^y-\mathrm{e}^x}$; (4) $y'=\dfrac{y(x-y)}{x(x+y)}$.

9. (1) $y'=2t$; (2) $y'=\dfrac{\cos t}{\cos t-t\sin t}$. **10.** $\sqrt{2}x+2y-4=0$.

11. 切线方程：$x+3y-6=0$；法线方程：$3x-y-8=0$.

12. (1) $x^{\sqrt{x}-\frac{1}{2}}\left(1+\dfrac{\ln x}{2}\right)$; (2) $\dfrac{(3-x)^4\sqrt{x+2}}{(x+1)^5}\left[\dfrac{-4}{3-x}+\dfrac{1}{2(x+2)}-\dfrac{5}{x+1}\right]$.

13. (1) $\left(-\dfrac{1}{x^2}+\dfrac{1}{\sqrt{x}}\right)\mathrm{d}x$; (2) $(3x^2\cos x-x^3\sin x)\mathrm{d}x$; (3) $-\dfrac{1}{2}(x+1)^{-\frac{3}{2}}\mathrm{d}x$;

(4) $\left(\ln\dfrac{x}{2}+2x\mathrm{e}^{x^2}+1\right)\mathrm{d}x$. **14.** (1) $\dfrac{1}{2}x^2+C$; (2) $\sin x+C$; (3) $-\dfrac{1}{x}+C$; (4) $2\sqrt{x}+C$.

15. 8. **16.** 约减少 66 件. **17.** 约增加 11～12 辆. **18.** (1) 不满足；(2) 满足，$\xi=2$.

19. (1) 满足，$\xi=\sqrt{3}$; (2) 满足，$\xi=\mathrm{e}-1$.

20. (1) 2; (2) $\dfrac{1}{2}$; (3) $\dfrac{4}{9}$; (4) $-\dfrac{3}{5}$; (5) 0; (6) $\dfrac{1}{6}$; (7) $+\infty$; (8) 0.

21. (1) 函数在$(-\infty,-2)$和$(2,+\infty)$上是增函数；函数在$(-2,2)$上是减函数.当$x=-2$时，函数有极大值 $f(-2)=16$；当 $x=2$ 时，函数有极小值 $f(2)=-16$.

(2) 函数在$(-1,0)$上单调递减，在$(0,+\infty)$上单调递增，$x=0$ 是极小值点，极小值为 $f(0)=0$.

(3) 函数在区间$(-\infty,-1)$和$(1,+\infty)$上单调递减，在区间$(-1,1)$上单调递增，$x=1$ 时函数取得极大值 $f(1)=-1$，$x=-1$ 时函数取得极小值 $f(-1)=-3$.

22. $a=2$，极大值 $f\left(\dfrac{\pi}{3}\right)=\sqrt{3}$. **23.** 证明略.

24. (1) 曲线在$(-\infty,2)$上是凸的，在$(2,+\infty)$上是凹的，拐点为$(2,-1)$；

(2) 曲线在$\left(1-\dfrac{\sqrt{2}}{2},1+\dfrac{\sqrt{2}}{2}\right)$上是凸的，在$\left(-\infty,1-\dfrac{\sqrt{2}}{2}\right)$和$\left(1+\dfrac{\sqrt{2}}{2},+\infty\right)$上是凹的，拐点为$\left(1\pm\dfrac{\sqrt{2}}{2},\mathrm{e}^{-\frac{1}{2}}\right)$；

(3) 曲线在$(-1,0)$上是凸的，在$(-\infty,-1)$和$(0,+\infty)$上是凹的，拐点为$(-1,0)$.

25. 略. **26.** $y=1$ 是水平渐近线，$x=0$ 为垂直渐近线，作图略.

27. (1) 最大值 $f(-1)=10$，最小值 $f(3)=-22$；(2) 最大值 $f(2)=\ln 5$，最小值 $f(0)=0$.

28. 最小平均成本为 40.

29. 当销售灯具价格为 50 元时，每个月销售量达到 5000(台)，此时公司收益最大.

30. 每周卖掉约 33 个泵时，可获最大利润约 662 元.

31. 总成本 $C(Q)=1000+\dfrac{Q^2}{4}$，平均成本 $\overline{C}(Q)=\dfrac{1000}{Q}+\dfrac{Q}{4}$，边际成本 $C'(Q)=\dfrac{Q}{2}$.

32. 总收入为 160 元，边际收入为 6 元.

33. (1) $L(x)=-0.1x^2+60x-5000$，$L'(x)=-0.2x+60$. (2) $L'(150)=30$，其经济意义为当销量为 150 时，每多销售一件，利润会增加 30 元；$L'(400)=-20$，其经济意义为当销量为 400 时，每多销售一件，利润会减少 20 元. (3) $x=300$ 时，利润最大.

34. $\dfrac{Ef(x)}{Ex}=\alpha$. **35.** (1) $\eta(P)=-P\ln 4$. (2) $\eta(0.5)=-\dfrac{\ln 4}{2}\approx -0.69$, 其经济意义为 $P=0.5$ 时, 价格提高 1%, 需求量会减少 0.69%, 低弹性; $\eta(5)=-5\ln 4\approx 6.93$, 其经济意义为 $P=5$ 时, 价格提高 1%, 需求量会减少 6.93%, 高弹性.

36. (1) $\eta(P)=\dfrac{1}{\ln P-6}$; (2) $\eta(6)=\dfrac{1}{\ln 6-6}\approx -0.2376$, 说明当 $P=6$ 时, 若价格上涨 1%, 需求量会减少 0.2376%; (3) 收入弹性 $\left.\dfrac{ER}{EP}\right|_{P=6}=1-|\eta(6)|\approx 0.7624$, 说明 $P=6$ 时, 价格上涨 1%, 总收入将增加 0.7624%.

37. (1) $Q'|_{P=4}=-8$, 说明价格为 4 元时, 价格提高 1 元, 需求量减少 8 件; (2) $\eta(4)\approx -0.54$, 说明当价格 $P=4$ 时, 若价格上涨 1%, 需求量会减少 0.54%; (3) 当 $P=4$ 时, 若价格上涨 1%, 总收入将增加 0.46%.

第 3 章

1. (1) $2\cos(2x-6)$; (2) $e^{3x+1}+C$; (3) $\sin x, \sin x+C$; (4) $\dfrac{1}{3}x^3, \dfrac{1}{3}x^3+C$.

2. (1) $x^2-\dfrac{1}{x}+C$; (2) $\dfrac{2^x}{\ln 2}+3\ln|x|+C$; (3) $\dfrac{2}{5}x^{\frac{5}{2}}-\dfrac{8}{3}x^{\frac{3}{2}}+C$; (4) $2x+\dfrac{5}{\ln 2-\ln 7}\left(\dfrac{2}{7}\right)^x+C$;

(5) $\dfrac{3^x}{\ln 3}-\dfrac{5}{4}x^4+C$; (6) $x-6\cos x-\sin x+C$; (7) $3\arctan x+C$; (8) $4\arcsin x+C$.

3. $y=2\sqrt{x}-x^2+4$.

4. (1) $C(Q)=6Q+\dfrac{Q^2}{2}+5, R(Q)=-\dfrac{Q^2}{2}+18Q$; (2) 当 $Q=6$ 时, 最大利润 $L(6)=31$.

5. $Q(P)=1000\left(\dfrac{1}{3}\right)^P$.

6. (1) $\dfrac{1}{5}e^{5t+2}+C$; (2) $-\dfrac{1}{9}(5-3x)^3+C$; (3) $-\dfrac{1}{2}\ln|1-2x|+C$; (4) $-\sqrt{1-2x}+C$;

(5) $-\dfrac{1}{4}\cos 4x-2e^{\frac{x}{2}}+C$; (6) $-\dfrac{1}{3}\cos(3x+1)+C$; (7) $\dfrac{1}{3}(x^2+5)^{\frac{3}{2}}+C$; (8) $\ln|\ln x|+C$;

(9) $x-\ln(1+e^x)+C$; (10) $-\dfrac{1}{4}e^{-2x^2}+C$; (11) $\dfrac{3}{4}\ln(1+x^4)+C$; (12) $\arctan e^x+C$;

(13) $\dfrac{1}{2\cos^2 x}+C$; (14) $\dfrac{3}{2}(\sin x-\cos x)^{\frac{2}{3}}+C$; (15) $\sin x-\dfrac{1}{3}\sin^3 x+C$; (16) $\sin(\ln x)+C$;

(17) $e^{x-\frac{1}{x}}+C$; (18) $\ln\left|\dfrac{x+2}{x+3}\right|+C$; (19) $-x+\dfrac{1}{2}\ln\left|\dfrac{1+x}{1-x}\right|+C$; (20) $-\dfrac{1}{x\ln x}+C$;

(21) e^x+x+C; (22) $\dfrac{1}{2}x^2-\dfrac{1}{2}\ln|1+x^2|+C$; (23) $\dfrac{1}{3}(x+1)^{\frac{3}{2}}-\dfrac{1}{3}(x-1)^{\frac{3}{2}}+C$;

(24) $\dfrac{1}{2}\arctan\dfrac{x}{2}+C$; (25) $\dfrac{1}{\sqrt{3}}\arctan\dfrac{x+1}{\sqrt{3}}+C$; (26) $\arcsin\dfrac{x}{2}+C$.

7. (1) $\dfrac{2}{5}(1+x)^{\frac{5}{2}}-\dfrac{2}{3}(1+x)^{\frac{3}{2}}+C$; (2) $2\ln\left|\dfrac{\sqrt{x}}{1+\sqrt{x}}\right|+C$;

(3) $\dfrac{3}{2}(x+2)^{\frac{2}{3}}-3\sqrt[3]{x+2}+3\ln|1+\sqrt[3]{x+2}|+C$; (4) $2\sqrt{x}-3\sqrt[3]{x}+6\sqrt[6]{x}-6\ln|1+\sqrt[6]{x}|+C$;

(5) $\sqrt{1+e^{2x}}-\ln|1+\sqrt{1+e^{2x}}|+C$; (6) $-\dfrac{6}{5}(1-x)^{\frac{5}{6}}-2(1-x)^{\frac{1}{2}}+C$;

(7) $\dfrac{1}{2}x\sqrt{9+x^2}+\dfrac{9}{2}\ln|x+\sqrt{9+x^2}|+C$; (8) $\dfrac{9}{2}\arcsin\dfrac{x}{3}-\dfrac{x\sqrt{9-x^2}}{2}+C$.

8. (1) $-xe^{-x}-e^{-x}+C$; (2) $x\ln(3x-1)-x-\frac{1}{3}\ln|3x-1|+C$; (3) $x\sin x+\cos x+C$;

(4) $-\frac{1}{2}x^2\cos 2x+\frac{1}{2}x\sin 2x+\frac{1}{4}\cos 2x+C$; (5) $3x\sin\frac{x}{3}+9\cos\frac{x}{3}+C$;

(6) $\frac{x^2}{2}\ln(x+1)-\frac{x^2}{4}+\frac{x}{2}-\frac{1}{2}\ln(x+1)+C$; (7) $-\frac{\ln x}{x}-\frac{1}{x}+C$; (8) $\frac{1}{5}e^x\cos 2x+\frac{2}{5}e^x\sin 2x+C$.

9. 证略. **10.** $\int_1^2 e^x dx$. **11.** $\int_{-\frac{\pi}{2}}^{\frac{\pi}{2}}\cos x dx=2\int_0^{\frac{\pi}{2}}\cos x dx, \int_0^{\frac{\pi}{2}}\cos x dx=1$.

12. (1) $\frac{5}{2}$; (2) $\frac{1}{2}\pi a^2$; (3) 0.

13. (1) $\cos(3x^2+1)$; (2) $-2xe^{3-2x^2}$; (3) $2\ln(2x+2)-\cos x\cdot\ln(\sin x+1)$; (4) $\frac{1}{x\sqrt{1+\ln x}}-\frac{2x}{\sqrt{1+x^2}}$.

14. (1) $\frac{1}{3}$; (2) 2. **15.** (1) $\frac{68}{3}$; (2) 12; (3) $\frac{13}{2}$; (4) $\frac{144}{5}$; (5) $\frac{2}{\ln 2}$; (6) $2\ln 2-\frac{3}{2}$.

16. $e^2-\frac{16}{\ln 3}+9$. **17.** -1.

18. (1) $-\frac{625}{4}$; (2) $\frac{5}{2}$; (3) $e^{-\frac{1}{2}}-e^{-1}$; (4) $-\frac{1}{2}\cos 3+\frac{1}{2}\cos 1$; (5) π; (6) $2+\frac{12}{\ln 3}$; (7) $\frac{1}{4}$;

(8) $\frac{9}{2}-\frac{\ln 10}{2}$; (9) 1; (10) $\frac{1}{3}$; (11) $3\ln 3$; (12) $3+\frac{3}{2}\ln 2$; (13) $\frac{16}{3}-2\ln 3$; (14) $\frac{\pi}{16}$;

(15) $\frac{\sqrt{2}}{2}+\frac{\ln(1+\sqrt{2})}{2}$; (16) $\frac{\pi}{2}$.

19. (1) 0; (2) $1+\frac{1}{2}\sin 2$; (3) $2-2\ln 3$; (4) 0. **20.** 证略.

21. (1) $\frac{1}{9}-\frac{4}{9}e^{-3}$; (2) $6\ln 2-2$; (3) 0; (4) $\frac{3}{2}\ln 3-1$; (5) $2-\frac{2}{e}$; (6) $\frac{1}{2}(1+e^{\frac{\pi}{2}})$.

22. (1) 收敛, $\frac{e}{2}$; (2) 发散; (3) 收敛, 1; (4) 发散. **23.** (1) 发散; (2) 发散; (3) 收敛, 0; (4) 发散.

24. (1) $\frac{32}{3}$; (2) $2\ln 2-1$; (3) $\frac{9}{2}$; (4) $\frac{8}{3}$; (5) $\frac{14}{3}-2\ln 2$. **25.** 1020. **26.** (1) 1500; (2) 100.

27. (1) $C(Q)=4Q+\frac{1}{6}Q^2+1, R(Q)=16Q-\frac{Q^2}{2}, L(Q)=12Q-\frac{2}{3}Q^2-1$; (2) 产量为 9 时,最大利润为 53.

28. 1200 元. **29.** 大约 21428 元.

第 4 章

1. $(x,-y,-z),(-x,y,-z),(-x,-y,z),(x,y,-z),(-x,y,z),(x,-y,z),(-x,-y,-z)$.

2. (1) $\begin{cases}-1\leqslant x\leqslant 3,\\ x^2\leqslant y\leqslant 2x+3;\end{cases}$ (2) $\begin{cases}0\leqslant x\leqslant 1,\\ e^2\leqslant y\leqslant e\end{cases}$ 或 $\begin{cases}0\leqslant x\leqslant \ln y,\\ 1\leqslant y\leqslant e;\end{cases}$ (3) $\begin{cases}\frac{y}{2}\leqslant x\leqslant y,\\ 0\leqslant y\leqslant 2;\end{cases}$ (4) $\begin{cases}\sqrt{y}\leqslant x\leqslant 2-\sqrt{y},\\ 0\leqslant y\leqslant 1.\end{cases}$

3. (1) $\{(x,y)|4x^2\geqslant y\geqslant 0\}$; (2) $\{(x,y)|x^2+y^2\neq 0\}$; (3) $\{(x,y)|y^2-x>-2, y^2-x\neq -1\}$;

(4) $\{(x,y)|r^2<x^2+y^2\leqslant R^2\}$.

4. (1) $-\frac{5}{12}, \frac{2}{5}$; (2) $\frac{\Delta x}{5(1+\Delta x)}$; (3) $\frac{x^2+y^2}{5xy}, \frac{x^2+y^2}{5xy}$. **5.** $10000e$.

6. $L(x,y)=R(x,y)-C(x,y)=Pf(x,y)-P_1x=P_2y$. **7.** $\ln 2$.

8. (1) $\frac{\partial z}{\partial x}=3x^2y, \frac{\partial z}{\partial y}=x^3+3y^2$; (2) $\frac{\partial z}{\partial x}=\cos x\cos(x^2-y)-2x\sin x\sin(x^2-y), \frac{\partial z}{\partial y}=\sin x\sin(x^2-y)$;

(3) $\frac{\partial s}{\partial u}=-\frac{1}{u^2},\frac{\partial s}{\partial v}=-\frac{1}{v^2}$;(4) $\frac{\partial z}{\partial x}=\sqrt{y}x^{\sqrt{y}-1},\frac{\partial z}{\partial y}=\frac{x^{\sqrt{y}}\ln x}{2\sqrt{y}}$;(5) $\frac{\partial z}{\partial x}=\mathrm{e}^x\cos(\mathrm{e}^x+y),\frac{\partial z}{\partial x}=\cos(\mathrm{e}^x+y)$;

(6) $\frac{\partial z}{\partial x}=-2y\mathrm{e}^{xy}\sin(2\mathrm{e}^{xy}),\frac{\partial z}{\partial y}=-2x\mathrm{e}^{xy}\sin(2\mathrm{e}^{xy})$;(7) $\frac{\partial z}{\partial x}=\frac{1}{\sqrt{x^2+y^2}},\frac{\partial z}{\partial y}=\frac{y}{\sqrt{x^2+y^2}(x+\sqrt{x^2+y^2})}$;

(8) $\frac{\partial z}{\partial x}=\frac{3x^2y^2}{x^3+2y^2},\frac{\partial z}{\partial y}=2y\ln(x^3+2y^2)+\frac{4y^3}{x^3+2y^2}$.

9. 略. **10.** $f'_x(0,1)=2,f'_y(0,1)=0$. **11.** $L'_x(x,y)=10+3y-2x,L'_y(x,y)=6+3x$.

12. (1) $\frac{\partial^2 z}{\partial x^2}=6x-2y,\frac{\partial^2 z}{\partial x\partial y}=-2x=\frac{\partial^2 z}{\partial y\partial x},\frac{\partial^2 z}{\partial y^2}=6y$;

(2) $\frac{\partial^2 z}{\partial x^2}=4\mathrm{e}^{2x-3y},\frac{\partial^2 z}{\partial x\partial y}=-6\mathrm{e}^{2x-3y}=\frac{\partial^2 z}{\partial y\partial x},\frac{\partial^2 z}{\partial y^2}=9\mathrm{e}^{2x-3y}$;

(3) $\frac{\partial^2 z}{\partial x^2}=0,\frac{\partial^2 z}{\partial x\partial y}=4y+\cos y=\frac{\partial^2 z}{\partial y\partial x},\frac{\partial^2 z}{\partial y^2}=4x-x\sin y$;

(4) $\frac{\partial^2 z}{\partial x^2}=\frac{2\cos y^2}{x^3},\frac{\partial^2 z}{\partial x\partial y}=\frac{2y\sin y^2}{x^2},\frac{\partial^2 z}{\partial y^2}=\frac{-2\sin y^2-4y^2\cos y^2}{x}$;

(5) $\frac{\partial^2 z}{\partial x^2}=\frac{\ln y}{x^2}(\ln y-1)y^{\ln x},\frac{\partial^2 z}{\partial x\partial y}=\frac{1}{xy}(1+\ln x\ln y)y^{\ln x},\frac{\partial^2 z}{\partial y^2}=\frac{\ln x(\ln x-1)}{y^2}y^{\ln x}$;

(6) $\frac{\partial^2 z}{\partial x^2}=-2\mathrm{e}^x\sin(x+y)-y^2\mathrm{e}^y\sin(xy),\frac{\partial^2 z}{\partial x\partial y}=-\mathrm{e}^x\sin(x+y)-\mathrm{e}^x\cos(x+y)+(1+y)\mathrm{e}^y\cos(xy)-$

$xy\mathrm{e}^y\sin(xy)=\frac{\partial^2 z}{\partial y\partial x},\frac{\partial^2 z}{\partial y^2}=-\mathrm{e}^x\cos(x+y)+(1-x^2)\mathrm{e}^y\sin(xy)+2x\mathrm{e}^y\cos(xy)$.

13. $\frac{\partial z}{\partial x}=3(x+2y)(3x+y)^{(x+2y-1)}+(3x+y)^{x+2y}\ln(3x+y),\frac{\partial z}{\partial y}=(x+2y)(3x+y)^{x+2y-1}+2(3x+y)^{(x+2y)}\ln(3x+y)$.

14. $\frac{\partial z}{\partial x}=\frac{2(x-2y)}{5xy}-\frac{(x-2y)^2}{5x^2y},\frac{\partial z}{\partial y}=-\frac{4(x-2y)}{5xy}-\frac{(x-2y)^2}{5xy^2}$.

15. $\frac{\partial z}{\partial x}=y\cos(x+y)\mathrm{e}^{\sin(x+y)},\frac{\partial z}{\partial y}=[y\cos(x+y)+1]\mathrm{e}^{\sin(x+y)}$.

16. $\frac{\partial z}{\partial x}=y^2\cos(xy^2)f'_1+5\mathrm{e}^{5x-y}f'_2,\frac{\partial z}{\partial y}=2xy\cos(xy^2)f'_1-\mathrm{e}^{5x-y}f'_2$.

17. $\frac{\partial^2 z}{\partial x^2}=-\frac{1}{x^2}f'_2+9f''_{11}+\frac{6}{x}f''_{12}+\frac{1}{x^2}f''_{22},\frac{\partial^2 z}{\partial x\partial y}=6f''_{11}+\left(\frac{3}{y}+\frac{2}{x}\right)f''_{12}+\frac{1}{xy}f''_{22}$.

18. $\frac{\partial z}{\partial x}=f'_1\cdot 2x+f'_2\cdot\frac{1}{y},\frac{\partial^2 z}{\partial x\partial y}=-\frac{2x^2}{y^2}f''_{12}-\frac{x}{y^3}f''_{22}-\frac{1}{y^2}f'_2$.

19. $\frac{\partial z}{\partial y}=2yf'_2,\frac{\partial^2 z}{\partial y^2}=2f'_2+4y^2f''_{22}$.

20. $\frac{\partial^2 z}{\partial x\partial y}=2xf'_1+2yf'_2+4xyf''_{11}+(2x^2y+2y^3)f''_{21}+xy^2f''_{22}$.

21. $\frac{\mathrm{d}y}{\mathrm{d}x}=\frac{\sin x+y}{\mathrm{e}^y-x}$.

22. $\frac{\partial z}{\partial x}=-\frac{F'_x}{F'_z}=\frac{-\sin(2x+y^2+yz)-2x\cos(2x+y^3+yz)}{xy\cos(2x+y^2+yz)-2z}$,

$\frac{\partial z}{\partial y}=-\frac{F'_y}{F'_z}=\frac{-x(2y+z)\cos(2x+y^2+yz)}{xy\cos(2x+y^2+yz)-2z}$.

23. $\frac{\partial z}{\partial x}=\frac{1}{(1+z)\mathrm{e}^{y+z}},\frac{\partial z}{\partial y}=-\frac{z}{z+1}$.

24. (1) $dz = \left(y - \dfrac{y}{x^2}\right)dx + \left(x + \dfrac{1}{x}\right)dy$; (2) $dz = \dfrac{3}{3x-2y}dx - \dfrac{2}{3x-2y}dy$; (3) $dz = -\dfrac{2xy}{(1+x^2)^2}dx + \dfrac{1}{1+x^2}dy$; (4) $dz = -e^{\cos x}\sin x\tan y\,dx + e^{\cos x}\sec^2 y\,dy$; (5) $dz = yx^{y-1}dx + x^y\ln x\,dy$;

(6) $dz = ye^{\sin(xy)}\cos(xy)dx + xe^{\sin(xy)}\cos(xy)dy$.

25. $dz\Big|_{\substack{x=2\\y=1}} = 4e\,dx + 8e\,dy$.   **26.** $dz = \dfrac{3x^2 - yz^2}{2xyz+1}dx - \dfrac{2y+xz^2}{2xyz+1}dy$.

27. 极小值 $f(-1,1)=2$.   **28.** 极大值 $f(1,-1)=2$.   **29.** 极大值 $f(1,4)=16$.

30. 极小值 $f(\sqrt[3]{2},\sqrt[3]{4}) = -4$.

31. 两个市场的售价分别为 80 元和 120 元时,可获最大利润;最大利润 $L(80,120)=605$ 元.

32. (1) 电台广告费为 $\dfrac{3}{4}$ 万元,报刊广告费为 $\dfrac{5}{4}$ 万元时,其最大利润为 $L\left(\dfrac{3}{4},\dfrac{5}{4}\right) = \dfrac{157}{4}$(万元);(2) 电台广告费为零,报刊广告费为 1.5 万元时,其最大利润为 $L(0,1.5)=39$(万元).

33. $x=16, y=8$.

34. (1) $MU_1 = 2(x_1+5)(x_2+2)^3$, $MU_2 = 3(x_1+5)^2(x_2+2)^2$; (2) 3888.

35. $MQ_L = 25L^{-\frac{3}{4}}K^{\frac{2}{3}}$, $MQ_K = \dfrac{200}{3}L^{\frac{1}{4}}K^{-\frac{1}{3}}$, $E_L = \dfrac{1}{4}$.

36. $\dfrac{EQ_1}{EP_1} = -\dfrac{1}{2}$, $\dfrac{EQ_2}{EP_2} = -\dfrac{3}{5}$, $\dfrac{EQ_1}{EP_2} = -1$, $\dfrac{EQ_2}{EP_1} = -\dfrac{2}{5}$;甲、乙两种商品为互补品.

37. (1) $I = \int_0^2 dx\int_0^x f(x,y)dy = \int_0^2 dy\int_y^2 f(x,y)dx$;

(2) $I = \int_0^1 dx\int_0^{5-5x} f(x,y)dy = \int_0^5 dy\int_0^{\frac{1}{5}(5-y)} f(x,y)dx$;

(3) $I = \int_0^4 dx\int_0^{2\sqrt{x}} f(x,y)dy = \int_0^4 dy\int_{\frac{y^2}{4}}^y f(x,y)dx$;

(4) $I = \int_0^{\frac{1}{2}} dy\int_{y+1}^{2-y} f(x,y)dx = \int_1^{\frac{3}{2}} dx\int_0^{x-1} f(x,y)dy + \int_{\frac{3}{2}}^2 dx\int_0^{2-x} f(x,y)dy$;

(5) $I = \int_{-\sqrt{2}}^{2\sqrt{2}} dx\int_{x^2}^{16-x^2} f(x,y)dy = \int_0^8 dy\int_{-\sqrt{y}}^{\sqrt{y}} f(x,y)dx + \int_8^{16} dy\int_{-\sqrt{16-y}}^{\sqrt{16-y}} f(x,y)dx$;

(6) $I = \int_{-R}^R dx\int_0^{\sqrt{R^2-x^2}} f(x,y)dy = \int_0^R dy\int_{-\sqrt{R^2-y^2}}^{\sqrt{R^2-y^2}} f(x,y)dx$.

38. (1) $\int_0^1 dx\int_{x^2}^x f(x,y)dy$; (2) $\int_0^1 dx\int_{e^y}^e f(x,y)dx$; (3) $\int_0^1 dy\int_x^1 f(x,y)dy$;

(4) $\int_0^2 dy\int_{\frac{y}{2}}^y f(x,y)dx + \int_2^4 dy\int_{\frac{y}{2}}^2 f(x,y)dx$; (5) $\int_1^9 dy\int_{\sqrt{y}}^y f(x,y)dx$; (6) $\int_0^2 dx\int_{\frac{x}{2}}^{3-x} f(x,y)dy$.

39. (1) $\dfrac{128}{3}$; (2) $\dfrac{224}{3}$; (3) $\dfrac{1-\cos 4}{2}$; (4) $\dfrac{8}{15}$; (5) $\dfrac{3}{10}$; (6) $\dfrac{27}{64}$; (7) $\dfrac{2a^4}{3}$; (8) $\dfrac{\pi}{2}\left(\ln 2 - \dfrac{1}{2}\right)$; (9) $\dfrac{1}{6}$;

(10) $\dfrac{16}{9}$.

参考书目

1. 杨慧卿.经济数学:微积分[M].北京:人民邮电出版社,2014.
2. 赵利彬.经济数学基础:微积分[M].上海:同济大学出版社,2013.
3. 李允,凌春英.经济应用数学基础(一):微积分[M].哈尔滨:哈尔滨工业大学出版社,2011.
4. 吴肇基.应用微积分[M].南京:东南大学出版社,2001年.
5. 西蒙,布鲁姆.经济学中的数学[M].杨介棒,何辉,译.北京:中国人民大学出版社,2018年.
6. 伊夫斯.数学史概论[M].欧阳绛,译.哈尔滨:哈尔滨工业大学出版社,2009.
7. 姜启源.数学模型[M].5版.北京:高等教育出版社,2018.
8. 姜启源.数学模型习题参考解答[M].5版.北京:高等教育出版社,2018.
9. 汪晓银,陈颖,陈汝栋,等.数学建模方法入门及其应用[M].北京:科学出版社,2018.
10. 曹建莉,肖留超,程涛.数学建模与数学实验[M].2版.西安:西安电子科技大学出版社,2018.

《经济数学》练习册

专业 _____

班级 _____

姓名 _____

目 录

第1章　函数极限与连续
　　第1章练习题(一) ·· (1)
　　第1章练习题(二) ·· (5)

第2章　一元函数微分学
　　第2章练习题(一) ·· (9)
　　第2章练习题(二) ··· (13)
　　第2章练习题(三) ··· (17)

第3章　一元函数积分学
　　第3章练习题(一) ··· (21)
　　第3章练习题(二) ··· (25)
　　第3章练习题(三) ··· (29)

第4章　多元函数微积分学
　　第4章练习题(一) ··· (33)
　　第4章练习题(二) ··· (38)

参考答案 ·· (43)

第1章 函数的极限与连续性

第1章练习题(一)

一、选择题

1. 函数 $f(x)=\ln(1-x^2)$ 的定义域是( ).
   (A) $(-\infty,1)$　　(B) $(0,1)$　　(C) $(-1,1)$　　(D) $[-1,1]$

2. 当 $x\to 0$ 时，$x-\sin x$ 是 x 的( )无穷小.
   (A) 高阶　　(B) 低阶　　(C) 同阶　　(D) 等价

3. $\lim\limits_{x\to 1}\dfrac{\sin(x^2-1)}{x-1}=$( ).
   (A) 0　　(B) 1　　(C) 2　　(D) -2

4. $\lim\limits_{x\to\infty}\left(\dfrac{x-2}{x}\right)^x=$( ).
   (A) e　　(B) 1　　(C) e^2　　(D) e^{-2}

5. $x=0$ 是函数 $f(x)=x\sin\dfrac{1}{x}$ 的( )间断点.
   (A) 可去　　(B) 跳跃　　(C) 无穷　　(D) 振荡

二、填空题

6. 设函数 $f(x+1)=x^2-x$，则 $f(x)=$ _____.

7. $\lim\limits_{n\to\infty}\dfrac{3n+1}{n+10}=$ _____.

8. 设 $\lim\limits_{x\to 0}\dfrac{\sin(ax+x^2)}{x}=2$，则常数 $a=$ _____.

9. 当 $a=$ _____ 时，函数 $f(x)=\begin{cases}x^2+1, & x\leqslant 1\\ 2x+a, & x>1\end{cases}$ 在 $x=1$ 处连续.

10. 函数 $f(x)=\dfrac{x+1}{x^2-1}$ 的第一类间断点是 _____.

三、计算题

11. $\lim\limits_{x\to 1}(\ln x+\sqrt{x+1})$.

12. $\lim\limits_{x\to 0}\dfrac{x^2+3x}{x^2+x}$.

13. $\lim\limits_{x\to 0}x^2\sin\dfrac{1}{x}$.

14. $\lim\limits_{x\to\infty}\dfrac{2x+1}{x^2-2x+3}$.

15. $\lim\limits_{x\to\infty}\dfrac{4x^2}{x^2+3x+1}$.

16. $\lim\limits_{x\to 0}\left(1+\dfrac{\sin 2x}{\sin 3x}\right)$.

17. $\lim\limits_{x\to\infty}x\sin\dfrac{2}{x}$.

18. $\lim\limits_{x\to 0}(1+3x)^{\frac{1}{x}}$.

19. $\lim\limits_{x\to\infty}\left(1+\dfrac{1}{x+1}\right)^{2x}$.

20. $\lim\limits_{n\to+\infty}(\sqrt{n^2+n+3}-n)$.

四、综合题

21. 设 $\lim\limits_{x\to 1}\dfrac{x^2+ax+2}{x-1}=b$，求常数 a,b.

22. 设 $f(x)=\begin{cases} x+1, & x\leqslant 0, \\ \dfrac{\sin x}{x+x^2}, & x>0, \end{cases}$ 求 $\lim\limits_{x\to 0}f(x)$，$\lim\limits_{x\to -1}f(x)$.

23. 求函数 $f(x)=\dfrac{\sin x}{x(x+1)}$ 的间断点并判断其类型.

24. 当 a 为何值，$x=1$ 是函数 $f(x)=\dfrac{x^2+ax-2}{x-1}$ 的可去间断点？

25. 设生产某产品的总成本是产量 x 的函数 $C=20+4x+x^2$，总收入是 $R=10x$.
（1）求生产该产品的总利润函数；
（2）当产量 x 为 10 件时，总利润是多少，是赢利还是亏本？

第1章练习题(二)

一、选择题

1. 函数 $f(x)=\dfrac{1}{\ln(x-1)}$ 的定义域是( ).

   (A) $(1,+\infty)$ (B) $(1,2)$

   (C) $(2,+\infty)$ (D) $(1,2)\cup(2,+\infty)$

2. 下列极限正确的是( ).

   (A) $\lim\limits_{x\to\infty}\dfrac{\sin x}{x}=1$ (B) $\lim\limits_{x\to\infty}x\sin\dfrac{1}{x}=1$

   (C) $\lim\limits_{x\to 0}e^{\frac{1}{x}}=0$ (D) $\lim\limits_{x\to 0}x\sin\dfrac{1}{x}=1$

3. 当 $x\to 0$ 时,$x^2-\sin x$ 为 x 的( )无穷小.

   (A) 高阶   (B) 低阶   (C) 同阶   (D) 等价

4. $\lim\limits_{x\to 0}\dfrac{\sin x}{|x|}=($).

   (A) 0   (B) 1   (C) -1 (D) 不存在

5. $x=1$ 是函数 $f(x)=\dfrac{x}{\sin\pi x}$ 的( )间断点.

   (A) 可去   (B) 跳跃   (C) 无穷   (D) 振荡

二、填空题

6. 设函数 $f\left(\dfrac{1}{x}\right)=\dfrac{x}{x-1}$,则 $f(x)=$ _____.

7. $\lim\limits_{n\to\infty}\dfrac{n+1}{3n+2}=$ _____.

8. 当 $x\to 0$,$1-\cos x$ 与 ax^2 是等价无穷小,则常数 $a=$ _____.

9. 设函数 $f(x)$ 在 $x=2$ 处连续且 $f(2)=4$,则 $\lim\limits_{x\to 2}\dfrac{f(x)}{x-1}=$ _____.

10. 函数 $f(x)=\dfrac{x-1}{x^2-1}$ 的第一类间断点是 _____.

三、计算题

11. $\lim\limits_{x\to 1}\left(\dfrac{x-1}{x^2-x}\right)$.   12. $\lim\limits_{x\to\infty}\dfrac{3x-1}{x+1}$.

13. $\lim\limits_{x\to\infty}\dfrac{3x+10}{x^2+2x+5}.$

14. $\lim\limits_{x\to+\infty}\dfrac{\sin x}{x+1}.$

15. $\lim\limits_{x\to 0}\dfrac{\sin 3x}{x}.$

16. $\lim\limits_{x\to 0}(1-2x)^{\frac{1}{x}}.$

17. $\lim\limits_{x\to+\infty}\left(\dfrac{x+1}{x-1}\right)^x.$

18. $\lim\limits_{x\to 0}\dfrac{\ln(1+2x)}{x}.$

19. $\lim\limits_{x\to 0}\dfrac{e^{x^2}-1}{3x^2}.$

20. $\lim\limits_{x\to 2}\left(\dfrac{1}{x-2}-\dfrac{4}{x^2-4}\right).$

四、综合题

21. 设 $\lim\limits_{x\to 1}\dfrac{x^2+ax+b}{x-1}=3$,求常数 a,b.

22. 设函数 $f(x)=\begin{cases}\dfrac{\sin 2x}{x}, & x<0,\\ x+2, & x\geqslant 0,\end{cases}$ 求 $\lim\limits_{x\to 0}f(x),\lim\limits_{x\to 1}f(x)$.

23. 求函数 $f(x)=\dfrac{x+1}{x(x-1)}$ 的间断点并判断其类型.

24. 设函数 $f(x)=\begin{cases}\dfrac{\ln(1+3x)}{x}, & x<0,\\ x+a, & x\geqslant 0\end{cases}$ 在 $x=0$ 处连续,求常数 a 的值.

25. 设生产某产品的固定成本是 200 元,可变成本是产量 x 的线性函数.已知产量 x 为 10 件时,可变成本为 60 元,求:

(1) 生产该产品的总成本函数;

(2) 当产量 x 为 50 件时,总成本和平均成本是多少.

第 2 章 一元函数微分学

第 2 章练习题(一)

一、选择题

1. $f(x)$ 在 x_0 处连续是 $f(x)$ 在 x_0 处可导的( )条件.
   (A) 必要非充分　　(B) 充分非必要　　(C) 充要　　(D) 无关

2. 下列函数在 $x=1$ 处不可导的是( ).
   (A) $(x-1)^{\frac{5}{3}}$　　(B) $\dfrac{x-1}{x+1}$　　(C) $|x-1|$　　(D) $\tan(x-1)$

3. 下列等式正确的是( ).
   (A) $\sin x \mathrm{d}x = \mathrm{d}\cos x$　　　　　　(B) $\ln x \mathrm{d}x = \mathrm{d}\dfrac{1}{x}$
   (C) $a^x \mathrm{d}x = \dfrac{1}{\ln a}\mathrm{d}a^x$　　　　　(D) $\dfrac{1}{\sqrt{x}}\mathrm{d}x = \mathrm{d}\sqrt{x}$

4. 对函数 $y=x^3$ 及其图形,下面描述不正确的是( ).
   (A) $x=0$ 是函数的可导点　　(B) $x=0$ 是函数的驻点
   (C) $x=0$ 是函数的极值点　　(D) $(0,0)$ 是曲线的拐点

5. 若点 $(1,3)$ 是曲线 $y=ax^3+bx^2$ 的拐点,则 a,b 的值分别为( ).
   (A) $-\dfrac{3}{2},-\dfrac{9}{2}$　　(B) $-\dfrac{3}{2},\dfrac{9}{2}$　　(C) $\dfrac{3}{2},-\dfrac{9}{2}$　　(D) $\dfrac{3}{2},\dfrac{9}{2}$

二、填空题

6. 已知 $f(x)$ 可导且 $f'(x_0)=a$,则 $\lim\limits_{\Delta x \to 0}\dfrac{f(x_0+2\Delta x)-f(x_0)}{\Delta x}=$ _____.

7. 曲线 $y=x^{\frac{3}{2}}$ 上点 _____ 处的切线与直线 $y=3x-1$ 平行.

8. 设 $f(x)=(x+10)^6$,则 $f''(x)=$ _____.

9. $\mathrm{d}(\text{_____}) = \sec^2 3x \mathrm{d}x$.

10. 函数 $y=x+2\sqrt{x}$ 在区间 $[0,4]$ 上的最大值为 _____,最小值为 _____.

三、计算题

11. $y=\sqrt{x}(\sqrt[3]{x}+\sqrt[4]{x}+\sqrt[6]{x})$,求 y'.

12. $y=\ln(x^3+\sin x)$,求 y'.

13. 求由方程 $x^2+2xy-y^2=2x$ 确定的隐函数的导数.

14. 设 $\begin{cases} x=3e^{-t}, \\ y=2e^t, \end{cases}$ 求 $\dfrac{dy}{dx}$.

15.* 设 $y=x^{\sin 2x}$,求 dy.

16. 已知 $y=f(\sin 2x)$,其中 f 二阶可导,求 y''.

17. 求极限 $\lim\limits_{x\to 0}\dfrac{e^x+\sin x-1}{\ln(1+x)}$.

18. 求极限 $\lim\limits_{x\to +\infty}\dfrac{\ln(1+e^x)}{x^2}$.

19. 求极限 $\lim\limits_{x\to 0}\left(\dfrac{2e^x}{\sin 2x}-\dfrac{1}{\sin x}\right)$.

20. 设函数 $f(x)=\begin{cases}x^2\sin\dfrac{1}{x}, & x\neq 0,\\ 0, & x=0,\end{cases}$ 判断 $f(x)$ 在点 $x=0$ 处是否可导. 如果可导,求 $f'(0)$.

四、综合题

21. 求函数 $y=x^2 e^{-x}$ 的单调区间和极值.

22. 判别曲线 $y=xe^{2x}+1$ 的凹凸区间和拐点.

23. 某企业生产一种商品,固定成本为30000元,每生产一个单位产品,成本增加200元,收入函数为 $R=300Q-\dfrac{1}{4}Q^2$. 若产销平衡,求边际成本、边际收入及边际利润.

24. 某企业的生产成本函数是 $C(x)=9000+40x+0.001x^2$(单位:元),其中 x 为产量(单位:件).

(1) 当产量为1500件时的边际成本,并说明其经济意义;

(2) 当产量为多少时,平均成本最小?

25. 设一条船的燃料费用与船速的立方成正比,当船速为 6 km/h 时,燃料费用为 27 元/h,其他各项费用为 250 元/h. 现该船计划从 A 地航行至 B 地,两地相距 25 km,问船速为多少时总费用最少?最小总费用是多少?

第 2 章练习题(二)

一、选择题

1. 若函数 $f(x)$ 在 $x=x_0$ 处连续,则下列结论中,(　　)是正确的.
   (A) $f(x)$ 在 $x=x_0$ 处有极限
   (B) $f(x)$ 在 $x=x_0$ 处可能没有定义
   (C) $f(x)$ 在 $x=x_0$ 处可导
   (D) $f(x)$ 在 $x=x_0$ 处不可导

2. 函数 $y=x^{\frac{2}{3}}$ 在 $x=0$ 处(　　).
   (A) 不连续
   (B) 连续但不可导
   (C) 可导
   (D) 没有极限

3. 设函数 $f\left(\dfrac{1}{x}\right)=x$,则 $f'(x)=($　　$)$.
   (A) $\dfrac{1}{x}$
   (B) $-\dfrac{1}{x}$
   (C) $\dfrac{1}{x^2}$
   (D) $-\dfrac{1}{x^2}$

4. 如果 $y=x^3+ax^2+bx+c$,点 $(1,-1)$ 为拐点,且 $x=0$ 为极大值点,则 a,b,c 的值为(　　).
   (A) $a=-1, b=0, c=0$
   (B) $a=-3, b=0, c=1$
   (C) $a=1, b=-2, c=0$
   (D) $a=-1, b=-1, c=1$

5. 若函数 $y=f(\sin x)$,则 $\mathrm{d}y=($　　$)$.
   (A) $f'(\sin x)\sin x\mathrm{d}x$
   (B) $f'(\sin x)\cos x\mathrm{d}x$
   (C) $f'(\sin x)\mathrm{d}x$
   (D) $f'(\sin x)\mathrm{d}\cos x$

二、填空题

6. 已知 $f(x)$ 可导且 $f'(x_0)=a$,则 $\lim\limits_{h\to 0}\dfrac{f(x_0-h)-f(x_0)}{h}=$ ＿＿＿＿＿＿.

7. 曲线 $y=x^3-4x+1$ 在点 $(2,1)$ 处的切线方程为 ＿＿＿＿＿＿.

8. $\mathrm{d}($ ＿＿＿＿＿＿ $)=x\mathrm{e}^{x^2}\mathrm{d}x$.

9. 函数 $f(x)=\dfrac{x-1}{x+1}$ 在区间 $[0,4]$ 上的最大值为 ＿＿＿＿＿＿,最小值为 ＿＿＿＿＿＿.

10*. 曲线 $y=\dfrac{1+x}{1-x}$ 的水平渐近线为 ＿＿＿＿＿＿,垂直渐近线为 ＿＿＿＿＿＿.

三、计算题

11. $y = e^x \cos(3x+1)$,求 y'.

12. $y = \dfrac{e^{2x}}{x^2} + \ln(3x^2+1)$,求 y'.

13. 求由方程 $\sin(x+y) = xy$ 确定的隐函数的导数.

14. 设 $\begin{cases} x = \sqrt{1-t}, \\ y = \sqrt{1+t}, \end{cases}$ 求 $t=0$ 对应点处的切线和法线方程.

15. 求函数 $y = 2xe^{x^2}$ 的二阶导数 y'' 及 $y''\big|_{x=1}$.

16. 已知函数 $f(x)$ 可导，$y = \dfrac{1}{\sin[f(x)]}$，求 $\mathrm{d}y$.

17*. 已知 $y = \sqrt[3]{\dfrac{(1-x)(1-2x)}{(1+x)(5+x^2)}}$，求 y'.

18. 求极限 $\lim\limits_{x \to 0} \dfrac{\ln\cos x}{x^2}$.

19. 求极限 $\lim\limits_{x \to +\infty} \dfrac{x^2 + \ln x}{x^2 \ln x}$.

20. 求极限 $\lim\limits_{x \to 0^+} \ln x \ln(1+x)$.

四、综合题

21. 求函数 $y = \dfrac{2x}{\ln x}$ 的单调区间和极值.

22. 判别曲线 $y=\ln(1+x^2)$ 的凹凸区间和拐点.

23. 银行的存款总量与其付给存款人的利率的平方成正比,现假设银行每年将总存款的 90% 以 20% 的利率贷款给客户. 为使得银行获利最大,应如何确定银行付给存款人的利率?

24. 设生产某产品的固定成本为 60000 元,变动成本每件为 20 元,价格 $P=60-\dfrac{Q}{1000}$,其中 Q 为销量,试求

（1）成本函数与边际成本函数；
（2）收入函数与边际收入函数；
（3）利润函数与边际利润函数.

25. 某商品的需求函数为 $Q=300-\dfrac{P}{2}$.

（1）求需求弹性以及当需求弹性为单位弹性时的价格；
（2）价格为多少时,有最大收入？
（3）讨论价格的变化对总收入的影响.

第 2 章练习题(三)

一、选择题

1. 设 $f(x)$ 在 x_0 处不连续,则( ).
   (A) $f'(x_0)$ 必存在　　　　　　　(B) $f'(x_0)$ 不存在
   (C) $\lim\limits_{x \to x_0} f(x)$ 必存在　　　　　(D) $\lim\limits_{x \to x_0} f(x)$ 必不存在

2. 以下各等式正确的是( ).
   (A) $(\sin 2)' = \cos 2$　　　　　(B) $(\sin x)' = -\cos x$
   (C) $d\sin x = \cos x dx$　　　　(D) $d\cos x = \sin x dx$

3. 设 $y = 3^x + e^2$,则 $dy = ($).
   (A) $3^x dx$　　　　　　　　　　(B) $(3^x \ln 3 + e^2) dx$
   (C) $(3^x + e^2) dx$　　　　　　(D) $3^x \ln 3 dx$

4. 下列结论正确的有( ).
   (A) 若 x_0 是 $f(x)$ 的极值点,且 $f'(x_0)$ 存在,则必有 $f'(x_0) = 0$
   (B) 若 x_0 是 $f(x)$ 的极值点,则 x_0 必是 $f(x)$ 的驻点
   (C) 若 $f'(x_0) = 0$,则 x_0 必是 $f(x)$ 的极值点
   (D) 若 x_0 是 $f(x)$ 的不可导点,则 x_0 一定不是 $f(x)$ 的极值点

5. 当 $a < x < b$ 时,$f'(x) < 0$,$f''(x) > 0$,则在区间 (a,b) 内曲线 $y = f(x)$ 的图形( ).
   (A) 沿 x 轴正向下降且是凹弧　　(B) 沿 x 轴正向下降且是凸弧
   (C) 沿 x 轴正向上升且是凹弧　　(D) 沿 x 轴正向上升且是凸弧

二、填空题

6. 曲线 $y = \cos x$ 在点 $\left(\dfrac{\pi}{4}, \dfrac{\sqrt{2}}{2}\right)$ 处的切线方程为_____.

7. 已知 $y^{(4)} = x \ln x$,则 $y^{(6)} = $_____.

8. $d(\underline{\quad\quad}) = \dfrac{3}{3x+1} dx$.

9. 当 $a = $_____,$b = $_____时,曲线 $y = ax^3 + bx^2$ 有拐点 $(1, -2)$.

10. 函数 $f(x) = x + \sqrt{1-x}$ 在区间 $[-5, 1]$ 上的最大值为_____,最小值为_____.

三、计算题

11. $y = \dfrac{\sin x}{x - \cos x}$,求 y'.

12. $y = \ln\sin\left(x - \dfrac{1}{x}\right)$,求 y' 及 $y'|_{x=2}$.

13. 已知 $f'(0) = 3$,$f(0) = 0$,求 $\lim\limits_{x \to 0} \dfrac{f(x)}{x}$.

14. 求由方程 $y = xe^y + 1$ 确定的隐函数的导数.

15. 设 $\begin{cases} x = \dfrac{3at}{1+t^2}, \\ y = \dfrac{3at^2}{1+t^2}, \end{cases}$ 求 $\dfrac{dy}{dx}\bigg|_{t=2}$.

16. 设函数 $f(x)$ 可导，$y=f(\sin^2 x)+f(\cos^2 x)$，求 dy.

17. 求极限 $\lim\limits_{x\to+\infty}\dfrac{3\ln x}{\sqrt{x+3}+\sqrt{x}}$.

18. 求极限 $\lim\limits_{x\to 0}\dfrac{x-\sin x}{x(\sin^2 x+5)}$.

19. 求极限 $\lim\limits_{x\to 0}\left[\dfrac{1}{\ln(1+x)}-\dfrac{1}{x}\right]$.

20. 求极限 $\lim\limits_{x\to 0}(2\sin x+\cos x)^{\frac{1}{x}}$.

四、综合题

21. 求函数 $y=\dfrac{x}{1+x^2}$ 的单调区间及极值.

22. 证明：当 $x>0$ 时，$\ln(1+x)>\dfrac{x}{1+x}$.

23. 判别曲线 $y=x^4-6x^2+8x+7$ 的凹凸区间和拐点.

24. 设某工厂生产某产品的固定成本为 2000 万元,每生产一吨产品,成本增加 60 万元. 又已知需求函数 $Q=1000-10P$,其中 P 为价格(单位:万元),Q 为产量(单位:吨),这种产品在市场上是畅销的. 试求:

(1) 边际利润函数;

(2) 最大利润以及取得最大利润时的产量和价格.

25. 某家电商店销售某型号电器,其价格 P(元)与销量 x(台)的关系式如下:$P=1000e^{-0.02x}$. 试求:

(1) 当销量 $x=10$ 时,再多销售一台此型号电器时,该商店收入约增加多少?

(2) 最大收入是多少? 当获得最大收入时,价格和销量分别是多少?

(3) 当价格 $P=300$ 时,若价格提高 1%,收入将变化多少百分比? 增加还是减少?

第3章 一元函数积分学

第3章练习题(一)

一、选择题

1. 已知函数 $(x-1)^2$ 为 $f(x)$ 的一个原函数,则下列函数中,(　　)为 $f(x)$ 的一个原函数.

   (A) x^2-1　　　(B) x^2+1　　　(C) x^2-2x　　　(D) x^2+2x

2. 下列等式不正确的是(　　).

   (A) $\int f'(x)\mathrm{d}x = f(x)$　　　(B) $\dfrac{\mathrm{d}}{\mathrm{d}x}\int f(x)\mathrm{d}x = f(x)$

   (C) $\dfrac{\mathrm{d}}{\mathrm{d}x}\int_a^x f(t)\mathrm{d}t = f(x)$　　　(D) $\dfrac{\mathrm{d}}{\mathrm{d}x}\int_a^b f(x)\mathrm{d}x = 0$

3. 下列积分属于广义积分的是(　　).

   (A) $\int_{-2}^{-1} \dfrac{1}{x^2}\mathrm{d}x$　　　(B) $\int_{-2}^{2} \dfrac{1}{x^2}\mathrm{d}x$

   (C) $\int_{1}^{2} \dfrac{1}{x^2}\mathrm{d}x$　　　(D) $\int_{0}^{1} \dfrac{1}{\cos x}\mathrm{d}x$

4. $\int x\mathrm{d}\ln x = ($　　$)$.

   (A) x　　　(B) $x+C$　　　(C) $x\ln x$　　　(D) $x\ln x + C$

5. $\left(\int_{-1}^{-x} t\mathrm{d}t\right)' = ($　　$)$.

   (A) $-x-1$　　　(B) $x-1$　　　(C) $-x$　　　(D) x

二、填空题

6. 计算 $\int_{-1}^{1} x^2\sin x\mathrm{d}x = $ ＿＿＿＿＿＿.

7. 设 $F'(x) = f(x)$,则 $\int f(ax+b)\mathrm{d}x\,(a \neq 0) = $ ＿＿＿＿＿＿.

8. 求 $\dfrac{\mathrm{d}}{\mathrm{d}x}\int_a^b t^3\ln(t+1)\mathrm{d}t = $ ＿＿＿＿＿＿.

9. 设 $I = \int_0^\pi \sqrt{\cos^2 x}\, dx$,则 $I =$ _____.

10. 已知 $f(x)$ 的一个原函数为 $\ln x$,则 $f'(x) =$ _____.

三、求下列积分

11. $\int (\sin x + e^{2x} + \pi)\, dx$.

12. $\int_1^4 (3x - 2)^2\, dx$.

13. $\int \dfrac{1}{x+4}\, dx$.

14.* $\int \dfrac{1}{x^2 + 4}\, dx$.

15. $\int_0^1 \dfrac{1}{x^2 - 4}\, dx$.

16. $\int \dfrac{1}{\sqrt{x} + 4}\, dx$.

17. $\int_4^9 \dfrac{\sqrt{x}}{\sqrt{x} - 1}\, dx$.

18. $\int x e^{2x}\, dx$.

19. $\int_0^2 x|2x-1|\,dx$.

20. $\int_3^{+\infty} \frac{1}{x(x+2)}\,dx$.

四、综合题

21. 求由曲线 $y=x^2$ 与直线 $y=2x$ 所围成的平面图形的面积.

22. 求由曲线 $y=x^3$ 与 $x=-1$、x 轴所围成的平面图形的面积.

23. 若曲线 $y=f(x)$ 上点 (x,y) 的切线斜率与 x^3 成正比,并且曲线通过点 $A(1,4)$ 与 $B(2,1)$,求该曲线方程.

24. 若某产品的边际收益 $MR(Q)=130-8Q$(万元/万台),边际成本 $MC(Q)=0.6Q^2-2Q+10$(万元/万台),固定成本为 8 万元,产量为 Q(单位:万台). 求:

(1) 总成本函数和总利润函数;

(2) 产量由 3 万台增加到 5 万台时的成本增加量和收益变化量;

(3) 利润最大时的产量,以及最大利润.

25. 某商品一年的销售速度为 $v(t)=50+500\sin\left(2\pi t-\dfrac{\pi}{2}\right)$(单位:件/月),时间 $t\in[0,12]$(单位:月),求此产品前 5 个月的销售总额.

第3章练习题(二)

一、选择题

1. 若 $\int f(x)dx = x^2\ln(x+1) + C$，则 $f(x) = ($ $)$.

   (A) $2x\ln(x+1)$ (B) $\dfrac{2x^2}{x+1}$

   (C) $\dfrac{2x}{x+1}$ (D) $2x\ln(x+1) + \dfrac{x^2}{x+1}$

2. 设 $f'(x) = 2$ 且 $f(0) = 1$，则 $\int f(x)f'(x)dx = ($ $)$.

   (A) $2(2x+1) + C$ (B) $\dfrac{1}{2}(2x+1)^2 + C$

   (C) $2(2x+1)^2 + C$ (D) $\dfrac{1}{2}(2x+1) + C$

3. 计算 $\int_{-\frac{\pi}{2}}^{\frac{\pi}{2}} \sqrt{1-\cos^2 x}\, dx$ 的值是(   ).

   (A) 0   (B) 1   (C) 2   (D) 4

4. 若 $\int f'(x)dx = \int g'(x)dx$，则必有(   ).

   (A) $f(x) = g(x)$ (B) $\int f(x)dx = \int g(x)dx$

   (C) $f(x) = g(x) + C$ (D) $f(x) - g(x) = 0$

5*. 求 $\int_{-1}^{1} \dfrac{\arctan x}{1+x^2}dx$ 的值(   ).

   (A) 0   (B) $\dfrac{\pi}{4}$ (C) $\dfrac{\pi}{2}$ (D) π

二、填空题

6. 计算 $\int_{-2}^{2} |1-x|\, dx = $ _____ .

7. 若 $\int f(x)dx = F(x) + C$，则 $\int e^{-x} f(e^{-x})dx = $ _____ .

8. 设 $f(x) = \int_x^2 \sqrt{2+t^2}\, dt$，则 $f'(1) = $ _____ .

9. 求 $\lim\limits_{x \to 0} \dfrac{\int_0^x \sin t\, dt}{x^2} = $ _____ .

10. 设 $F'(x) = f(x)$，则 $\int f\left(\dfrac{2}{\pi}x + \dfrac{\pi}{2}\right) dx =$ _____.

三、求下列积分

11. $\int \dfrac{1-x+2x^2}{x\sqrt{x}} dx$.

12. $\int_0^1 (3e^x - x^3 + 2 \cdot 3^x) dx$.

13. $\int \cos x \sqrt{\sin x} dx$.

14. $\int \dfrac{\cos(\sqrt{x}+1)}{\sqrt{x}} dx$.

15*. $\int_1^5 \dfrac{\sqrt{x-1}}{x} dx$.

16. $\int_{-2}^2 x^3 \cos 2x dx$.

17. $\int x \cos(2x^2 - 1) dx$.

18. $\int_0^\pi \sqrt{\sin x - \sin^3 x} dx$.

19. $\int_0^{+\infty} e^{1-x} dx$.

20. $\int \dfrac{1}{x^2 - 2x - 3} dx$.

四、综合题

21. 求由曲线 $y = x^2 - 4, y = 2x - 1$ 所围成的平面图形的面积.

22. 求由曲线 $y^2 = x$ 与 $y = -x + 2$ 所围成的平面图形的面积.

23. 设某产品产量的变化率 $MQ(t) = 3t + 4 \geqslant 0$ (t 为年),求第一个五年和第二个五年的总产量分别为多少.

24. 已知生产某产品的边际成本和边际收入分别为
$$C'(x)=3+\frac{1}{3}x(单位:万元/百台),R'(x)=7-x(单位:万元/百台),$$
其中 $C(x)$ 和 $R(x)$ 分别是总成本函数和总收入函数.

(1) 若固定成本 $C(0)=1$ 万元,求总成本函数、总收入函数和总利润函数;

(2) 产量为多少时,总利润最大? 最大总利润是多少?

25. 设某产品的边际成本及边际收入都是产量 x 的函数,即
$$C'(x)=4+0.25x(单位:万元/t),R'(x)=70-x(单位:万元/t).$$
求产量由 10 吨增加到 50 吨时,总成本与总收入各增加多少.

第3章练习题(三)

一、选择题

1. 设 $f(x)$ 在 $[a,b]$ 上可积,下列各式错误的是(   ).

   (A) $\int_a^b f(x)dx = \int_a^b f(u)du$ (B) $\int_a^b f(x)dx = \int_a^a f(x)dx$

   (C) $\int_a^a f(x)dx = \int_b^b f(x)dx$ (D) $\int_a^b f(x)dx = -\int_b^a f(u)du$

2. 设 $f(x)$ 为连续函数,则下列运算(   )成立.

   (A) $\dfrac{d}{dx}\int_a^t f(x)dx = f(x)$ (B) $\dfrac{d}{da}\int_a^x f(t)dt = f(a)$

   (C) $\dfrac{d}{dx}\int_a^x f(t)dt = f(x)$ (D) $\dfrac{d}{dx}\int_a^x f(t^2)dt^2 = f(x^2)$

3. 若广义积分 $\int_{-\infty}^0 e^{kx}dx$ 收敛,则(   ).

   (A) $k > 0$ (B) $k \geqslant 0$ (C) $k < 0$ (D) $k \leqslant 0$

4. 设 e^{-x} 是 $f(x)$ 的一个原函数,则 $\int xf(x)dx = ($ $)$.

   (A) $e^{-x}(x-1) + C$ (B) $e^{-x}(x+1) + C$

   (C) $e^{-x}(1-x) + C$ (D) $-e^{-x}(x+1) + C$

5. 设 $e^x = u$,则 $\int_0^1 \dfrac{\sqrt{e^x}}{e^x + e^{-x}}dx = ($ $)$.

   (A) $\int \dfrac{1}{\sqrt{u+1}}du$ (B) $\int_1^e \dfrac{1}{\sqrt{u^2+1}}du$

   (C) $\int_0^e \dfrac{\sqrt{u}}{\sqrt{u - u^{-1}}}du$ (D) 以上都不对

二、填空题

6. 已知 $f(x)$ 在 $(-\infty, +\infty)$ 上连续,且 $f(1) = 1$,设 $F(x) = \int_{\cos x - x}^{x+1} f(t)dt$,则 $F'(0) = $ _____.

7. 计算 $\int_{-1}^1 \left(\dfrac{x^6 \sin^7 x}{\sqrt{1+x^2}} + x^2\right)dx = $ _____.

8. 已知参数方程 $\begin{cases} x = \int_0^t \sin u^2 du, \\ y = \int_0^t (1-\cos u)du, \end{cases}$ 则 $\dfrac{dy}{dx} = $ _____.

9. $\lim\limits_{x\to 0}\dfrac{\int_0^{x^2}\sin t\,dt}{\int_{\sin x}^0 t\,dt}=$ _____.

10. 已知 $\dfrac{d}{dx}\int_a^{e^{-x}}f(t)\,dt=e^x$,则 $f(x)=$ _____.

三、求下列积分

11. $\int\sin(2x-5)\,dx$.

12. $\int_0^1\dfrac{x-1}{x^2-2x+5}\,dx$.

13. $\int\dfrac{\cos 2x}{\sin^2 x\cos^2 x}\,dx$.

14. $\int_1^e\dfrac{1}{x\sqrt{1+\ln x}}\,dx$.

15. $\int_0^\pi\sqrt{1-\sin 2x}\,dx$.

16. $\int\dfrac{x}{\sqrt{x-3}}\,dx$.

17. $\int_0^1\dfrac{\ln(1+x)}{(3-x)^2}\,dx$.

18*. $\int_{-1}^0\dfrac{1}{x^2+4x+3}\,dx$.

19. $\int \dfrac{\ln\left(1+\dfrac{1}{x}\right)}{x(x+1)}\mathrm{d}x.$（提示：令 $t=1+\dfrac{1}{x}$）

20. 已知 $f(x)=\begin{cases} x^2+1, & -2\leqslant x\leqslant 0, \\ x+1, & 0<x\leqslant 2, \end{cases}$ 计算 $\int_{-2}^{2} f(x)\mathrm{d}x.$

四、综合题

21. 求由曲线 $y=\dfrac{1}{x}$，$y=-1$，$x=1$，$x=2$ 所围成的平面图形的面积.

22. 求由曲线 $y=\mathrm{e}^x$ 与该曲线的过原点的切线及 y 轴所围成的平面图形的面积.

23. 在抛物线 $y=-x^2+1(0<x\leqslant 1)$ 上找一点 M，使得过该点的切线与抛物线及两坐标轴所围成的平面图形的面积最小．

24. 已知某产品总产量的变化率是时间 t 的函数 $f(t)=2t+1$，求开始五年的总产量．

25. 设生产某产品的固定成本为 1 万元，边际收益和边际成本分别为（单位：万元/百台）

$$R'(x)=8-x, C'(x)=4+\frac{x}{4}$$

（1）产量由 100 台增加到 500 台时，总成本增加多少？

（2）产量为多少时，总利润最大？

第4章 多元函数微积分学

第4章练习题(一)

一、选择题

1. 下列各组函数中,定义域相同的是( ).

 (A) $z=\ln\dfrac{1-y^2}{1-x^2}$ 和 $z=\sqrt{\dfrac{1-y^2}{1-x^2}}$

 (B) $z=\sqrt{1-x^2}+\sqrt{1-y^2}$ 和 $z=\sqrt{1-x^2-y^2}$

 (C) $z=|x-y+3|$ 和 $z=\sqrt{x-y+3}$

 (D) $z=\sqrt{1-xy}$ 和 $z=\dfrac{1}{\sqrt{1-xy}}$

2. 设 $f'_y(x_0,y_0)=1$,则 $\lim\limits_{h\to 0}\dfrac{f(x_0,y_0+2h)-f(x_0,y_0)}{h}=$( ).

 (A) 3   (B) 2   (C) 1   (D) 0

3. 设 $z=\ln(x^2+\ln y)$,则 $\mathrm{d}z|_{(1,\mathrm{e})}=$( ).

 (A) $\dfrac{1}{2}\mathrm{d}x+\dfrac{1}{2}\mathrm{d}y$ (B) $\mathrm{d}x+\dfrac{1}{2}\mathrm{d}y$

 (C) $2\mathrm{d}x+\dfrac{1}{\mathrm{e}}\mathrm{d}y$ (D) $\mathrm{d}x+\dfrac{1}{2\mathrm{e}}\mathrm{d}y$

4. 二次积分 $\int_0^1 \mathrm{d}x \int_{x^2}^x f(x,y)\mathrm{d}y$ 交换积分次序后得( ).

 (A) $\int_0^1 \mathrm{d}y \int_y^{\sqrt{y}} f(x,y)\mathrm{d}x$ (B) $\int_{-1}^0 \mathrm{d}y \int_y^{\sqrt{y}} f(x,y)\mathrm{d}x$

 (C) $\int_0^1 \mathrm{d}y \int_{\sqrt{y}}^y f(x,y)\mathrm{d}x$ (D) $\int_{-1}^0 \mathrm{d}y \int_{\sqrt{y}}^y f(x,y)\mathrm{d}x$

5*. 将二重积分 $\iint\limits_D \sqrt{x^2+y^2}\mathrm{d}x\mathrm{d}y$,$D=\{(x,y)\,|\,x\leqslant y\leqslant \sqrt{2-x^2},0\leqslant x\leqslant 1\}$ 化成极坐标下的二次积分,则得( ).

(A) $\int_0^{\frac{\pi}{4}} d\theta \int_0^2 r^2 dr$ (B) $\int_0^{\frac{\pi}{4}} d\theta \int_0^{\sqrt{2}} r^2 dr$

(C) $\int_{\frac{\pi}{4}}^{\frac{\pi}{2}} d\theta \int_0^2 r^2 dr$ (D) $\int_{\frac{\pi}{4}}^{\frac{\pi}{2}} d\theta \int_0^{\sqrt{2}} r^2 dr$

二、填空题

6. $\lim\limits_{\substack{x \to 1 \\ y \to 3}} \dfrac{\sqrt{xy+1}-1}{x+y} = $ _____.

7. 设 $u = e^{xy} \sin x$,则 $\dfrac{\partial u}{\partial x} = $ _____.

8. 设 $z = z(x,y)$ 由方程 $yz + x^2 + z = 0$ 所确定,则 $dz = $ _____.

9. 设 $D = \{(x,y) \mid x^2 + y^2 \leqslant 1\}$,则 $\iint\limits_{D} (1-y) dx dy = $ _____.

10. 若积分区域 $D = \{(x,y) \mid 0 \leqslant x \leqslant 2, 0 \leqslant y \leqslant 3\}$,则 $\iint\limits_{D} e^{x+y} dx dy = $ _____.

三、计算题

11. 设 $z = x \ln(x+y)$,求 $\dfrac{\partial^2 z}{\partial x^2}, \dfrac{\partial^2 z}{\partial x \partial y}, \dfrac{\partial^2 z}{\partial y^2}$.

12. 设函数 $u = \left(\dfrac{x}{y}\right)^z$,求 $\dfrac{\partial u}{\partial x}, \dfrac{\partial u}{\partial y}, \dfrac{\partial u}{\partial z}$.

13. 设 $z = f(2x+3y, xy)$,其中 f 具有二阶连续偏导数,求 $\dfrac{\partial^2 z}{\partial x \partial y}$.

14. 设 $z = y^2 f(x, e^{x-y})$，其中函数 f 具有二阶连续偏导数，求 $\dfrac{\partial^2 z}{\partial y \partial x}$.

15. 设 $z = z(x,y)$ 是由方程 $\ln(2y + z^3) + xy + yz^2 = 0$ 确定的函数，求 $\dfrac{\partial z}{\partial y}, \dfrac{\partial z}{\partial x}$.

16. 计算二重积分 $\iint\limits_{D} xy\,dxdy$，其中 D 是由 $y = \sqrt{x}, y = x^2$ 所围成的平面区域.

17. 计算二重积分 $\iint\limits_{D} x^2\,dxdy$，其中 D 是由曲线 $y = \dfrac{1}{x}$，直线 $y = x, x = 2$ 及 $y = 0$ 所围成的平面区域.

18. 计算二重积分 $\iint\limits_{D} y \mathrm{d}x\mathrm{d}y$,其中 D 是由曲线 $y=\sqrt{1-x^2}$,直线 $y=x$ 及 y 轴所围成的闭区域.

19.* 计算二重积分 $\iint\limits_{D} \sqrt{x^2+y^2}\mathrm{d}x\mathrm{d}y$,其中平面区域 $D=\{(x,y)|x^2+y^2\leqslant 2y,$ 且 $x\geqslant 0\}$.

四、综合题

20. 设 $z=\dfrac{y^2}{3x}+\varphi(xy)$,且 φ 可微,证明:$x^2\dfrac{\partial z}{\partial x}-xy\dfrac{\partial z}{\partial y}+y^2=0$.

21. 设 $b>a>0$,证明:$\int_a^b \mathrm{d}y\int_y^b f(x)\mathrm{e}^{2x+y}\mathrm{d}x=\int_a^b (\mathrm{e}^{3x}-\mathrm{e}^{2x+a})f(x)\mathrm{d}x$.

22. 求函数 $f(x,y)=2xy-3x^2-4y^2+2x+14y$ 的极值.

23. 某人计划用 240 元钱购买订书机和打印纸,假设购买 x 个订书机和 y 包打印纸的效用函数为 $U(x,y)=4\ln x+\ln y$. 已知订书机的单价为 8 元,打印纸的单价为 16 元. 问如何安排购买才能使总的效用水平最大?

24. 某企业生产甲、乙两种产品,总成本 C(单位:万元)与甲、乙两种产品的产量 x,y(单位:件)之间的函数关系是 $C=5x^2-2xy+3y^2+1000$.

(1) 若两种产品一共生产 100 件,求最小成本;(2) 求两种产品的边际成本.

25. 某种激光打印机的销售量为 Q,其不仅和自身价格 P_1 有关,还和相关材料硒鼓的价格 P_2 有关,具体关系式为 $Q=20000+\dfrac{50000}{P_1}-80P_2-P_2^2$,求 $P_1=1000$,$P_2=100$ 时,商品的价格弹性.

第 4 章练习题(二)

一、选择题

1. 函数 $f(x,y)$ 在点 (x_0,y_0) 处的两个偏导数存在是函数在该点连续的( ).
   (A) 充分而非必要条件 (B) 必要而非充分条件
   (C) 充分必要条件 (D) 既非充分又非必要条件

2. 已知 $z(x,y)=x^2y+y^2+\varphi(x)$ 且 $z(x,1)=x$,则 $\dfrac{\partial z}{\partial x}=$( ).
   (A) $2xy+1-2x$ (B) x^2+2y
   (C) $-x^2+x-1$ (D) $2xy+1+2x$

3. 设 $z=f(x,y)$ 为由方程 $z^3-3yz+3x=8$ 所确定的函数,则 $\dfrac{\partial z}{\partial y}\bigg|_{\substack{x=0\\y=0}}=$( ).
   (A) $-\dfrac{1}{2}$ (B) $\dfrac{1}{2}$ (C) -2 (D) 2

4. 如果二重积分 $\iint\limits_{D}\mathrm{d}\sigma=1$,则 D 有可能是由( )所围成的闭区域.
   (A) $|x|=1$ 及 $|y|=1$ (B) $|x\pm y|=1$
   (C) $y=\dfrac{1}{2}x-1,y=0,x=0$ (D) $y=x+1,y=0,x=0$

5. 二次积分 $\int_0^1\mathrm{d}x\int_0^{3\sqrt{x}}f(x,y)\mathrm{d}y+\int_1^{\sqrt{10}}\mathrm{d}x\int_0^{\sqrt{10-x^2}}f(x,y)\mathrm{d}y$,交换积分次序后是( ).
   (A) $\int_0^3\mathrm{d}y\int_{\sqrt{10-y^2}}^{\frac{y^2}{9}}f(x,y)\mathrm{d}x$ (B) $\int_0^2\mathrm{d}y\int_{\frac{y^2}{9}}^{\sqrt{10-y^2}}f(x,y)\mathrm{d}x$
   (C) $\int_0^3\mathrm{d}y\int_{9y^2}^{\sqrt{10-y^2}}f(x,y)\mathrm{d}x$ (D) $\int_0^3\mathrm{d}y\int_{\frac{y^2}{9}}^{\sqrt{10-y^2}}f(x,y)\mathrm{d}x$

二、填空题

6. 函数 $z=\dfrac{\ln xy}{\sqrt{x-y}}$ 的定义域为_____.

7. 空间直角坐标系中两点 $(1,2,-2)$ 和 $(3,1,0)$ 之间的距离为_____.

8. 设函数 $f(x,y)$ 满足 $\dfrac{\partial^2 f(x,y)}{\partial y^2}=2$,且 $f(x,0)=1$,$f'_y(x,0)=x$,则 $f(x,y)=$_____.

9. 设函数 $z=x-x^2-y-y^2$，则 z 的极大值是 _____ .

10. 设 $z=\tan(y\sqrt{x})$，则 $\mathrm{d}z\big|_{(\frac{\pi^2}{9},1)} =$ _____ .

三、计算题

11. 设 $z=1+xy-\sqrt{x^2+y^2}$，求 $\dfrac{\partial z}{\partial x}\bigg|_{\substack{x=3\\y=4}}$.

12. 设 $z=(x-2y)^{y-3x}$，求 $\dfrac{\partial z}{\partial x}$，$\dfrac{\partial z}{\partial y}$.

13. 设 $z=f(x^2y, x-y)$，其中函数 f 具有二阶连续偏导数，求 $\dfrac{\partial^2 z}{\partial x^2}$.

14. 设 $z=xf\left(\dfrac{y}{x}, y\right)$，其中函数 f 具有二阶连续偏导数，求 $\dfrac{\partial^2 z}{\partial x \partial y}$.

15. 函数 $z=z(x,y)$ 由方程 $xyz^3+x^2+y^3-z=0$ 所确定,求 dz.

16. 已知 $f(x+y,x-y)=x^2+y^2$,求 $\dfrac{\partial f(x,y)}{\partial x}+\dfrac{\partial f(x,y)}{\partial y}$.

17. 计算二重积分 $\iint\limits_{D} y\,dxdy$,其中 D 是由曲线 $y=\sqrt{x-1}$,直线 $y=\dfrac{1}{2}x$ 及 x 轴所围成的平面闭区域.

18. 计算二重积分 $\iint\limits_{D}(x+y)\,dxdy$,其中 D 是由直线 $y=x,y=-x$ 与 $y=1$ 所围成的平面闭区域.

19. 计算二重积分 $\iint\limits_{D} x \,\mathrm{d}x\mathrm{d}y$，其中 $D=\{(x,y) \mid \sqrt{y} \leqslant x \leqslant \sqrt{2-y^2}, 0 \leqslant y \leqslant 1\}$.

20*. 计算二重积分 $\iint\limits_{D} \ln(x^2+y^2) \,\mathrm{d}x\mathrm{d}y$，其中 $D=\{(x,y) \mid \mathrm{e}^2 \leqslant x^2+y^2 \leqslant \mathrm{e}^4\}$.

21*. 已知二次积分 $I=\int_0^2 \mathrm{d}x \int_{\frac{x^2}{2}}^{\sqrt{4x-x^2}} \dfrac{1}{\sqrt{x^2+y^2}} \mathrm{d}y$，试用极坐标变换计算该积分.

四、综合题

22. 求函数 $f(x,y)=3xy(a-x-y)$ 的极值.

23. 设生产某产品的数量 Q(吨)与所用两种原料 A,B 的数量 x,y(吨)间有关系式 $Q(x,y)=x^2y$. 现准备向银行贷款 30 万元购原料,已知 A,B 原料每吨单价分别为 0.2 万元和 0.8 万元,问怎样购进两种原料,才能使产量最大?

24. 已知两种商品的需求函数分别为 $Q_1=\dfrac{P_2^2}{P_1}$,$Q_2=\dfrac{P_1}{P_2}$,求需求量 Q_1,Q_2 关于价格 P_1,P_2 的价格偏弹性,此时这两种商品是替代品还是互补品?

25. 已知某城市人口密度函数为 $p(x,y)=6e^{-\frac{1}{2}\sqrt{x^2+y^2}}$ (单位:万人/km²),求距市中心方圆 2 km 区域内的人口数.

参 考 答 案

第1章练习题(一)

1. C. **2.** A. **3.** C. **4.** D. **5.** A. **6.** x^2-3x+2. **7.** 3. **8.** 2. **9.** 0.

10. $x=-1$. **11.** $\sqrt{2}$. **12.** 3. **13.** 0. **14.** 0. **15.** 4. **16.** $\dfrac{5}{3}$. **17.** 2. **18.** e^3.

19. e^2. **20.** $\dfrac{1}{2}$. **21.** $a=-3, b=-1$. **22.** $\lim\limits_{x\to 0}f(x)=1, \lim\limits_{x\to -1}f(x)=0$.

23. $x=0$ 为可去间断点，$x=-1$ 为无穷间断点.

24. $a=1$. **25.** (1) $L=-20+6x-x^2$；(2) 当 $x=10$ 时 $L=-60<0$，表示亏本.

第1章练习题(二)

1. D. **2.** B. **3.** C. **4.** D. **5.** C. **6.** $\dfrac{1}{1-x}$. **7.** $\dfrac{1}{3}$. **8.** $\dfrac{1}{2}$. **9.** 4. **10.** $x=1$.

11. 1. **12.** 3. **13.** 0. **14.** 0. **15.** 3. **16.** e^{-2}. **17.** e^2. **18.** 2. **19.** $\dfrac{1}{3}$. **20.** $\dfrac{1}{4}$.

21. $a=1, b=-2$. **22.** $\lim\limits_{x\to 0}f(x)=2, \lim\limits_{x\to 1}f(x)=3$. **23.** $x=0, x=1$ 为无穷间断点.

24. $a=3$. **25.** (1) $C=200+6x$；(2) 当 $x=50$ 时，$C=500$ 元，$\overline{C}=10$ 元/件.

第2章练习题(一)

1. A. **2.** C. **3.** C. **4.** C. **5.** B. **6.** $2a$. **7.** $(4,8)$. **8.** $30(x+10)^4$. **9.** $\dfrac{1}{3}\tan 3x+C$.

10. $f(4)=8, f(0)=0$. **11.** $\dfrac{5}{6\sqrt[6]{x}}+\dfrac{3}{4\sqrt[4]{x}}+\dfrac{2}{3\sqrt[3]{x}}$. **12.** $\dfrac{3x^2+\cos x}{x^3+\sin x}$. **13.** $\dfrac{x+y-1}{y-x}$.

14. $-\dfrac{2}{3}e^{2t}$. **15.** $x^{\sin 2x}\left(2\cos 2x\ln x+\dfrac{\sin 2x}{x}\right)dx$. **16.** $-4\sin 2x f'(\sin 2x)+4\cos^2 2x f''(\sin 2x)$.

17. 2. **18.** 0. **19.** 1. **20.** 可导，$f'(0)=0$.

21. 函数的增区间为 $(0,2)$，减区间为 $(-\infty,0),(2,+\infty)$；在 $x=0$ 处取得极小值 0，在 $x=2$ 处取得极大值 $4e^{-2}$.

22. 曲线的凸区间为 $(-\infty,-1)$，凹区间为 $(-1,+\infty)$，拐点为 $(-1,1-e^{-2})$.

23. 边际成本为 $C'(Q)=200$，边际收入为 $R'(Q)=300-\dfrac{Q}{2}$，边际利润 $L'(Q)=100-\dfrac{Q}{2}$.

24. (1) 产量为 1500 件时的边际成本为 43，意味着产量为 1500 件时，多生产一件，企业成本会增加 43 元；(2) 生产 3000 件产品时平均成本最小，为 10(元/件).

25. 船速为 10 千米/时时费用最少，最少总费用为 937.5 元.

第 2 章练习题（二）

1. A. **2.** B. **3.** D. **4.** B. **5.** B. **6.** $-a$. **7.** $y=8x-15$. **8.** $\frac{1}{2}e^{x^2}+C$.

9. $f(4)=\frac{3}{5}, f(0)=-1$. **10.** $y=-1, x=1$. **11.** $e^x[\cos(3x+1)-3\sin(3x+1)]$.

12. $\frac{2e^{2x}(x-1)}{x^3}+\frac{6x}{3x^2+1}$. **13.** $\frac{y-\cos(x+y)}{\cos(x+y)-x}$.

14. 切线方程为 $x+y-2=0$，法线方程为 $y=x$.

15. $y''=e^{x^2}(8x^3+12x), y''|_{x=1}=20e$. **16.** $dy=-\frac{\cos f(x)}{\sin^2 f(x)}\cdot f'(x)dx$.

17. $-\frac{1}{3}\sqrt[3]{\frac{(1-x)(1-2x)}{(1+x)(5+x^2)}}\left(\frac{1}{1-x}+\frac{2}{1-2x}+\frac{1}{1+x}+\frac{2x}{5+x^2}\right)$. **18.** $-\frac{1}{2}$. **19.** 0. **20.** 0.

21. 函数增区间为 $(e, +\infty)$，减区间为 $(0,1), (1, e)$；在 $x=e$ 处取得极小值，$f(e)=2e$.

22. 曲线 $y=\ln(1+x^2)$ 在 $(-\infty, -1)$ 和 $(1, +\infty)$ 上是凸的，在 $(-1, 1)$ 上是凹的；拐点是 $(-1, \ln2), (1, \ln2)$.

23. 银行付给存款人的利率应为 12%.

24. (1) $60000+20Q, 20$；(2) $60Q-\frac{Q^2}{1000}, 60-\frac{Q}{500}$；(3) $-\frac{Q^2}{1000}+40Q-60000, 40-\frac{Q}{500}$.

25. (1) 需求弹性为 $\eta(P)=-\frac{P}{600-P}$，$P=300$ 为所求单位弹性时的价格. (2) 价格为 300 时有最大收入 45000. (3) 当 $0<P<300$ 时，$|\eta(P)|=\frac{P}{600-P}<1$，为低弹性，随着价格 P 上涨，总收入 R 也会增加，且价格上涨 1%，总收入增加的百分比约为 $(1-|\eta(P)|)\%$，即 $\frac{600-2P}{600-P}\%$.

当 $300<P<600$ 时，$|\eta(P)|=\frac{P}{600-P}>1$，为高弹性，随着价格 P 上涨，总收入 R 将会减少，且价格上涨 1%，总收入减少的百分比约为 $(1-|\eta(P)|)\%$，即 $\frac{600-2P}{600-P}\%$.

第 2 章练习题（三）

1. B. **2.** C. **3.** D. **4.** A. **5.** A. **6.** $y+\frac{\sqrt{2}}{2}x-\frac{\sqrt{2}}{2}-\frac{\sqrt{2}}{8}\pi=0$. **7.** $\frac{1}{x}$. **8.** $\ln(3x+1)+C$.

9. $1, -3$. **10.** $f\left(\frac{3}{4}\right)=\frac{5}{4}, f(-5)=-5+\sqrt{6}$. **11.** $y'=\frac{x\cos x-\sin x-1}{(x-\cos x)^2}$.

12. $y'=\cot\left(x-\frac{1}{x}\right)\cdot\left(1+\frac{1}{x^2}\right), y'|_{x=2}=\frac{5}{4}\cot\frac{3}{2}$. **13.** 3. **14.** $\frac{e^y}{1-xe^y}$. **15.** $-\frac{4}{3}$.

16. $\sin 2x[f'(\sin^2 x)-f'(\cos^2 x)]dx$. **17.** 0. **18.** 0. **19.** $\frac{1}{2}$. **20.** e^2.

21. 函数增区间为 $(-1, 1)$，减区间为 $(-\infty, -1)\cup(1, +\infty)$；在 $x=-1$ 处取得极小值 $f(-1)=-\frac{1}{2}$，在 $x=1$ 处取得极大值 $f(1)=\frac{1}{2}$.

22. 提示：作辅助函数 $f(x)=\ln(1+x)-\frac{x}{1+x}, x\in(0, +\infty)$.

44

23. 曲线的凸区间为$(-1,1)$,凹区间为$(-\infty,-1)\cup(1,+\infty)$,拐点为$(-1,-6)$,$(1,10)$.

24. (1)$L'(Q)=40-\dfrac{Q}{5}$;(2)产量为 200 吨时,利润最大为 $L(200)=2000$ 万元,此时价格为 80 万元/吨.

25. (1)当销量 $x=10$ 时,再多销售一台此型号电器收入约增加 640 元(或 655 元);(2)销量 $x=50$ 台,价格 $P\approx 367.88$ 元时,取得最大收入为 18394 元;(3)当价格 $P=300$ 时,若价格提高 1%,收入将增加 0.17%.

第 3 章练习题(一)

1. C. **2.** A. **3.** B. **4.** B. **5.** D. **6.** 0. **7.** $\dfrac{1}{a}F(ax+b)+C$. **8.** 0. **9.** 2. **10.** $-\dfrac{1}{x^2}$.

11. $-\cos x+\dfrac{1}{2}\mathrm{e}^{2x}+\pi x+C$. **12.** 111. **13.** $\ln|x+4|+C$. **14.** $\dfrac{1}{2}\arctan\dfrac{x}{2}+C$.

15. $-\dfrac{1}{4}\ln 3$. **16.** $2\sqrt{x+4}+C$. **17.** $7+2\ln 2$. **18.** $\dfrac{1}{2}x\mathrm{e}^{2x}-\dfrac{1}{4}\mathrm{e}^{2x}+C$. **19.** $\dfrac{41}{12}$.

20. $-\dfrac{1}{2}\ln\dfrac{3}{5}$. **21.** $\dfrac{4}{3}$. **22.** $\dfrac{1}{4}$. **23.** $y=-\dfrac{1}{5}x^4+\dfrac{21}{5}$.

24. (1) $C(Q)=0.2Q^3-Q^2+10Q+8$,$L(Q)=-0.2Q^3-3Q^2+120Q-8$;(2)成本增加 23.6 万元,收益增加 196 万元;(3)当 $Q=10$ 时,利润最大为 692 万元. **25.** 250.

第 3 章练习题(二)

1. D. **2.** B. **3.** C. **4.** C. **5.** A. **6.** 5. **7.** $-F(\mathrm{e}^{-x})+C$. **8.** $-\sqrt{3}$. **9.** $\dfrac{1}{2}$.

10. $\dfrac{\pi}{2}F\left(\dfrac{2}{\pi}x+\dfrac{\pi}{2}\right)+C$. **11.** $-2x^{-\frac{1}{2}}-2x^{\frac{1}{2}}+\dfrac{4}{3}x^{\frac{3}{2}}+C$. **12.** $3\mathrm{e}+\dfrac{4}{\ln 3}-\dfrac{13}{4}$.

13. $\dfrac{2}{3}(\sin x)^{\frac{3}{2}}+C$. **14.** $2\sin(\sqrt{x}+1)+C$. **15.** $4-2\arctan 2$. **16.** 0.

17. $\dfrac{1}{4}\sin(2x^2-1)+C$. **18.** $\dfrac{4}{3}$. **19.** e. **20.** $\dfrac{1}{4}\ln\left|\dfrac{x-3}{x+1}\right|+C$. **21.** $\dfrac{32}{3}$. **22.** $\dfrac{9}{2}$.

23. 57.5,132.5.

24. (1) $C(x)=\dfrac{1}{6}x^2+3x+1$,$R(x)=7x-\dfrac{x^2}{2}$,$L(x)=-\dfrac{2}{3}x^2+4x+1$;(2)当 $x=3$(百台)时,利润最大为 5 万元.

25. 总成本增加 178.75 万元,总收入增加 460 万元.

第 3 章练习题(三)

1. B. **2.** C. **3.** A. **4.** B. **5.** D. **6.** 2. **7.** $\dfrac{2}{3}$. **8.** $\dfrac{1-\cos t}{\sin t^2}$. **9.** 0. **10.** $-\dfrac{1}{x^2}$.

11. $-\dfrac{1}{2}\cos(2x-5)+C$. **12.** $\ln 2-\dfrac{1}{2}\ln 5$. **13.** $-\dfrac{2}{\sin 2x}+C$. **14.** $2\sqrt{2}-2$. **15.** $2\sqrt{2}$.

16. $\dfrac{2}{3}(x-3)^{\frac{3}{2}}+6\sqrt{x-3}+C$. **17.** $\dfrac{1}{2}\ln 2-\dfrac{1}{4}\ln 3$. **18.** 发散.

19. $-\dfrac{1}{2}\ln^2\left(1+\dfrac{1}{x}\right)+C$. **20.** $\dfrac{26}{3}$. **21.** $\ln 2+1$. **22.** $\dfrac{\mathrm{e}}{2}-1$.

23. 当 $x=\dfrac{1}{\sqrt{3}}$ 时,面积最小为 $\dfrac{1}{4}\left(\dfrac{1}{3\sqrt{3}}+\dfrac{2}{\sqrt{3}}+\sqrt{3}\right)-\dfrac{2}{3}$.

24. 30. **25.** (1) 19;(2) 产量为 320 台时,总利润最大为 54 000 元.

第 4 章练习题(一)

1. C. **2.** B. **3.** D. **4.** A. **5.** D. **6.** $\dfrac{1}{4}$. **7.** $e^{xy}(y\sin x+\cos x)$. **8.** $-\dfrac{2x}{y+1}dx-\dfrac{z}{y+1}dy$.

9. π. **10.** $(e^2-1)(e^3-1)$. **11.** $\dfrac{\partial^2 z}{\partial x^2}=\dfrac{x+2y}{(x+y)^2},\dfrac{\partial^2 z}{\partial x\partial y}=\dfrac{y}{(x+y)^2},\dfrac{\partial^2 z}{\partial y^2}=-\dfrac{x}{(x+y)^2}$.

12. $\dfrac{\partial u}{\partial x}=\dfrac{zx^{z-1}}{y^z},\dfrac{\partial u}{\partial y}=-\dfrac{zx^z}{y^{z+1}},\dfrac{\partial u}{\partial z}=\left(\dfrac{x}{y}\right)^z\ln\dfrac{x}{y}$. **13.** $\dfrac{\partial^2 z}{\partial x\partial y}=6f''_{11}+(2x+3y)f''_{12}+xyf''_{22}+f'_2$.

14. $\dfrac{\partial^2 z}{\partial y\partial x}=2yf'_1+(2y-y^2)e^{x-y}f'_2-y^2e^{x-y}f''_{12}-y^2e^{2(x-y)}f''_{22}$.

15. $\dfrac{\partial z}{\partial y}=\dfrac{-2y^2-yz^3}{3z^2+4y^2z+2yz^4},\dfrac{\partial z}{\partial x}=-\dfrac{2+2xy+xz^3+2yz^2+z^5}{4y^2z+2yz^4+3z^2}$. **16.** $\dfrac{1}{12}$. **17.** $\dfrac{7}{4}$. **18.** $\dfrac{\sqrt{2}}{6}$.

19. $\dfrac{16}{9}$. **20.** 略. **21.** 略. **22.** 极大值 $f(1,2)=15$. **23.** 购买 24 个订书机和 3 包打印纸.

24. (1) 15000;(2) $\dfrac{\partial C}{\partial x}=10x-2y,\dfrac{\partial C}{\partial y}=-2x+6y$. **25.** $\dfrac{EQ}{EP_1}=-\dfrac{1}{41},\dfrac{EQ}{EP_2}=-\dfrac{560}{41}$.

第 4 章练习题(二)

1. D. **2.** A. **3.** B. **4.** C. **5.** D. **6.** $D=\{(x,y)\mid xy>0,x>y\}$. **7.** 3. **8.** y^2+xy+.

9. $\dfrac{1}{2}$. **10.** $\dfrac{6}{\pi}dx+\dfrac{4\pi}{3}dy$. **11.** $\dfrac{17}{5}$.

12. $\dfrac{\partial z}{\partial x}=(x-2y)^{y-3x}\left[-3\ln(x-2y)+\dfrac{y-3x}{x-2y}\right],\dfrac{\partial z}{\partial y}=(x-2y)^{y-3x}\left[\ln(x-2y)+\dfrac{6x-2y}{x-2y}\right]$.

13. $\dfrac{\partial^2 z}{\partial x^2}=2yf'_1+4x^2y^2f''_{11}+4xyf''_{12}+f''_{22}$. **14.** $\dfrac{\partial^2 z}{\partial x\partial y}=f'_2-\dfrac{y}{x^2}f''_{11}-\dfrac{y}{x}f''_{12}$.

15. $dz=\dfrac{yz^3+2x}{1-3xyz^2}dx+\dfrac{xz^3+3y^2}{1-3xyz^2}dy$. **16.** $x+y$. **17.** $\dfrac{1}{12}$.

18. $\dfrac{2}{3}$. **19.** $\dfrac{7}{12}$. **20.** $3\pi e^4-\pi e^2$. **21.** 2.

22. 当 $a>0$ 时,有极大值 $f\left(\dfrac{a}{3},\dfrac{a}{3}\right)=\dfrac{a^3}{9}$;当 $a<0$ 时,有极小值 $f\left(\dfrac{a}{3},\dfrac{a}{3}\right)=\dfrac{a^3}{9}$.

23. 购进 A 原料 12.5 t,B 原料 100 t.

24. $\dfrac{EQ_1}{EP_1}=-1,\dfrac{EQ_2}{EP_2}=-1,\dfrac{EQ_1}{EP_2}=2,\dfrac{EQ_2}{EP_1}=1$,甲、乙两种商品为替代品. **25.** 39.8 万.